高等院校秘书类专业核心技能“十三五”系列教材

办公室事务管理

（第二版）

◉ 主　编　李强华　吴良勤
◉ 副主编　夏　超　张宇红　郑雅君
◉ 参　编　晋长杰　孙　杰　田彩瑞

华中科技大学出版社
http://www.hustp.com
中国·武汉

内容简介

办公室事务的管理是每一位刚刚走入职场，尤其是秘书岗位的人员，必须面对并要努力做好的一项普遍性的工作。本书针对当今职场的特点，精选案例，认真编排了每一单元的内容，利于学习者掌握完整的理论体系和岗位技能要求，可以成为企事业单位提高办公室工作质量和效率的辅助工具书。全书共分10个单元，分别为办公环境及用品管理、通讯工作、印信工作、日常接待、文书工作、会议组织、沟通与协调、差旅安排、值班工作、工作效率和时间管理。

本书从内容上避免了与其他秘书实务类图书内容的重复，着眼于办公室人员在岗位工作中需要处理的工作及相关技能，体现了针对性、实用性和技能性。

图书在版编目（CIP）数据

办公室事务管理/李强华，吴良勤主编. —2版. —武汉：华中科技大学出版社，2017.7(2022.11重印)
高等院校秘书类专业核心技能“十三五”系列教材
ISBN 978-7-5680-3154-7

Ⅰ.①办…　Ⅱ.①李…　②吴…　Ⅲ.①办公室工作-管理-高等学校-教材　Ⅳ.①C931.4

中国版本图书馆CIP数据核字（2017）第170988号

办公室事务管理（第二版）　　李强华　吴良勤　主编
Bangongshi Shiwu Guanli (Dierban)

策划编辑：袁　冲
责任编辑：史永霞
封面设计：原色设计
责任监印：朱　玢
出版发行：华中科技大学出版社（中国·武汉）　电话：(027) 81321913
武汉市东湖新技术开发区华工科技园　邮编：430223
录　　排：华中科技大学惠友文印中心
印　　刷：武汉科源印刷设计有限公司
开　　本：710 mm×1000 mm　1/16
印　　张：16.25
字　　数：336千字
版　　次：2022年11月第2版第5次印刷
定　　价：36.00元

本书若有印装质量问题，请向出版社营销中心调换
全国免费服务热线：400-6679-118　竭诚为您服务
版权所有　侵权必究

第二版前言

2011 年，原教育部高职高专文秘类专业教学指导委员会联合华中科技大学出版社策划出版了一套文秘类专业核心技能“十二五”规划教材，《办公室事务管理》是其中之一。

《办公室事务管理》教材自出版以来，全国各地数百所院校教师选择该书作为课程教材。经过几轮使用，我们收到全国各地文秘及相关专业师生的来信来函：他们在对教材的出版给予祝贺的同时，反馈了在教学中使用这本教材遇到的一些具体问题，并与编者就有关问题进行了探讨。对同行们提出的意见和建议，编写组进行了认真研讨，并确定要对该教材进行修订，修订的想法得到了出版社的大力支持。2016 年底我们开始着手该教材的修订工作。

教材是职业教育的纲，纲举才能目张。在过去的五年时间里，我国秘书教育事业蓬勃发展，一大批院校纷纷开办了秘书学本科专业，编写一本适应社会经济发展的秘书教育发展教材迫在眉睫。因此，我们对教材的修订工作不敢有丝毫的懈怠，因为我们深知教材的修订，并非简单的查漏补缺、修修补补。为了做好教材修订工作，增强教材的实用性，彰显秘书职业特色，我们听取了多方意见。一方面，我们对使用教材的相关院校师生进行了广泛而深入的调研，认真听取了他们的意见；另一方面，我们征询了业界相关专家、企事业单位一线工作人员对教材内容设置的建议。与此同时，在内容设置方面我们兼顾了“专本衔接”的需求，既考虑到知识传授和技能培养，又考虑到了研究学理的深度。

教材在修订过程中，我们根据调研及相关院校师生的反馈情况，在编写体例上，基本延续了教材第一版的任务驱动式的体例，通过“删”“并”“增”“减”等环节，对教材内容进行整合。删除了原版教材中陈旧的、过时的内容，合并了原版教材中内容关联性比较大的内容，增加了适应信息化建设的相关内容，加大了档案提供利用的篇幅，适当减少了第一版中理论性过度阐述的内容。

本教材可供秘书学、文秘及相关专业核心课程“办公室事务管理”教学使用，也可作为各级党政机关、社会团体、企事业单位等业务培训教材和参考书。参与教材修订的编者大都是从事职业院校、应用型本科院校秘书及相关专业教学，具有丰富教学经验和工作实践经验的一线教师。修订工作由李强华、吴良勤统筹，夏超、张宇红、郑雅君、晋长杰、孙杰、田彩瑞等人员修订。具体分工是：李强华、吴良勤担任主编，夏超、张宇红、郑雅君担任副主编，晋长杰、孙杰、田彩瑞参编。

本教材的修订和出版工作得到了华中科技大学出版社的大力支持，在此表示由衷的谢意！我们在编写过程中，参考了诸多文献及网络资料，援引、借鉴和改编已有的例文和训练教材，一部分资料已经标注了说明，有的资料无法查明出处，在此对原作者一并表示感谢！

由于我们水平有限，本书编写的疏漏与不足之处，敬请专家学者和广大读者批评指正，以便我们在编写下一版《办公室事务管理》时继续修改订正，使其更加完善。

目　录

第一单元

办公环境及用品管理

办公室环境卫生和办公用品的管理是每一个秘书工作人员必须面对的一项基本工作，也是作为秘书必备的基本技能。本单元主要学习如何有效地利用、管理办公空间，创造良好的工作环境，缩短工作流程，提高工作效率，维护组织良好形象，促进组织健康发展。通过对日常消耗性办公用品的计划、采购、分发和保管等一系列任务的学习，目的在于规范办公用品的管理和流程，减少浪费，节约成本，提高办公效率。

任务1　办公室布局

学习目标

学习办公室布局的基本要求和原则，掌握办公室布局的方法。

任务描述

近日，应市场需要，宏达集团新成立了特油营销部，设酥油、奶油、黄油、代可可脂等四个部门，组建由营销经理、经理秘书及各部门营销员共16人组成的团队，负责公司面向全国各地特种食用油的营销工作。

为尽快进入工作，集团要求特油营销部经理王亮和秘书胡艳，尽快将新的办公室布局设计好，并组织人员布置到位。

工作处理

一、任务分析

办公室是企业文化的物质载体，要努力体现企业物质文化和精神文化，反映企业的特色和形象，办公室的布局要能够对置身其中的工作人员产生积极的、和谐的影响。在办公室的布局中,一方面要美观大方,能够创造出一个赏心悦目的良好的工作环境,另一方面要经济实用,尽量降低费用,追求最佳的功能费用比。

二、形成方案

特油营销部经理王亮和秘书胡艳接到任务后,立即进行了研究,并决定由胡艳草拟布局方案。胡艳认真分析部门的工作场地、人员、工作内容、特点及相关设备后,认为本办公室的设计以开放式为佳,并提出了整套办公室布置的方案,与部门经理王亮进一步协商,并向有关领导汇报后,最终提出办公室的布局构想(如图 1-1)。主要环节如下:

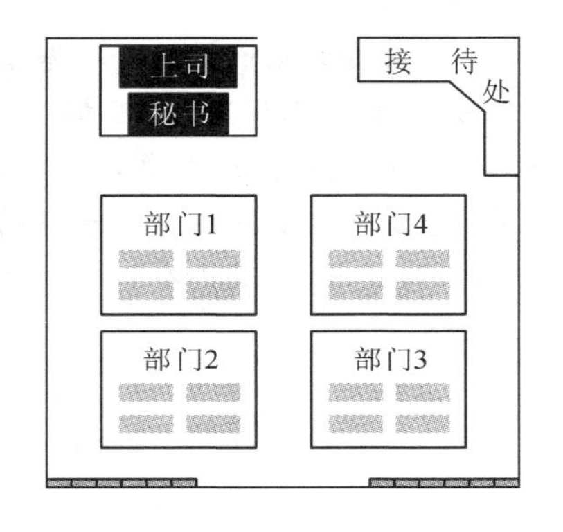

图 1-1 办公室布局构想

(1) 办公室设为开放式,所有本营销部的工作人员都在一间大的办公室内工作。

(2) 根据现有办公场地的条件,办公桌以直线式条块摆放,各部门人员集中办公,办公桌之间用屏风隔开。

(3) 部门经理有相对独立的办公室,以不透明玻璃板隔开,并装有隔音设施。

(4) 秘书办公区设在部门经理办公室外侧,以便为经理和各部门人员服务。

(5) 门口处设接待处,摆放沙发、茶几和饮水机等待客用品,并布置绿植优化环境。

(6) 员工个人办公用设备如电话机、计算机等摆放在个人办公桌上;公用设备如传真机、打印机、档案柜等集中放在办公室的后半部分,倚墙摆放。

三、工作实现

办公室设计的方案确定后,秘书会同本部门工作人员迅速进入实施过程中,将本办公室的各项设备、物品摆放到位,很快进入愉悦的工作中。

▶▶ 相关知识

一、办公室布局类型

就目前的办公室布局来讲,大致可分为两类。一类是较为传统的办公室布局,即把组织内部各职能部门独立安排在一个个小房间内,组成一个个小办公室,叫做封闭式布局(如图 1-2)。另外一类,是将一个大工作间切分成若干个相对独立的工作单元,把组织内部各职能部门的所有工作人员按照工作程序安排在各个工作单元中开展工作,叫做开放式布局(如图 1-3)。

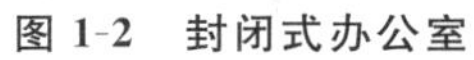

图 1-2　封闭式办公室

图 1-3　开放式办公室

开放式办公室与封闭式办公室各有其优、缺点，如表 1-1 所示。

表 1-1　开放式与封闭式办公室的优缺点

办公室类型	优　点	缺　点
开放式办公室	1. 灵活多变，工作位置能随需要而移动、改变 2. 节省面积和门、墙等，节省费用，能容纳更多的员工 3. 易于沟通，便于交流 4. 易受监督，员工的行为容易得到上司的督察 5. 容易集中化服务和共享办公设备	1. 难保机密 2. 员工很难集中注意力，容易受电话、人员走动等干扰 3. 房间易有噪音，如说话声、打电话和操作设备声 4. 员工难以找到属于自己的私人空间
封闭式办公室	1. 比较安全，可以锁门 2. 易于保证工作的机密性 3. 易于员工集中注意力，从事细致或专业工作 4. 易于保证员工隐私	1. 费用高，墙、门、走廊等占用空间多并要装修维护 2. 上司难于监督工作人员的活动 3. 难于交流，员工被分隔开，易感觉孤独

二、办公室布局的原则

（一）方便

秘书应将自己的座位设在能够清楚看到出口的地方，客人在进入上司办公室时最好能先经过秘书的办公桌。不过，秘书应避免自己的座位与上司的座位面对面的这种摆放。

（二）舒适整洁

光线、色彩、气候、噪音、工作间的布置等因素在不同程度上对上司的情绪都会有所影响,所以对于上司办公室来说,很重要的一点就是舒适整洁。整洁有序的工作环境有助于工作效率的提高。办公室、办公桌,抽屉等位置,不要放置与办公无关的东西,办公文具的摆放要井然有序。此外,上司的座位应设在从门口不能直接看到的地方。

(三) 和谐统一

办公环境中如果有和谐的人际关系,就能激发工作人员的团队精神,取得最优的工作效果。同时,如果办公桌椅、文件柜等办公室用品的大小、样式、颜色等协调统一,不仅能增强办公室的美观,而且能强化成员之间的平等观念,创造出和谐一致的工作环境。

(四) 安全

保证组织的物品安全和信息保密是秘书的重要职责之一,也是优化办公环境不可忽略的一个原则。布置办公室时要留意附近的环境和办公室存放财物的安全,一些保密信息如纸质文件、存储在计算机里的数据等的安全和保密能否得到保障。

三、小型封闭式办公室的布置标准

(1) 领导桌椅摆放整齐有序,面对来人方向就座。桌面上可摆放国旗、地球仪等。
(2) 电话放在左边,电脑放在右边,电脑屏幕不要对着来人方向。
(3) 保险柜、资料柜放在主人身边或身后,柜中资料摆放整齐。
(4) 沙发、饮水机、报架等要求方便来宾。
(5) 办公室优雅、整洁、安全,有绿色植物美化空间。

四、大型开放式办公室布置标准

(1) 办公室中央区域为业务处理区,所有座位应统一朝向大门,或分成若干排,双向而坐。
(2) 彼此间可用1米左右高度的屏风分隔。采用屏风当墙,因其易于架设,且能随意重排。
(3) 办公桌上左摆电话,右摆电脑,文件柜放置于桌面下,公用设备摆放在四周。
(4) 工作流程应成直线对称布置,避免倒退、交叉与不必要的文书移动。
(5) 主管座位应位于部属座位的后方,使主管易于观察工作地点发生的事情。
(6) 上司应有专门的办公室,以便其可以集中精力处理重要事务。
(7) 秘书的位置要在上司办公室门外一侧,起守护、挡驾作用。
(8) 接待处应设在近门的地方,会客室或客区单独设置在接待处旁边或大门旁边。

五、办公室布局的几点要求

无论是哪类人员的办公室,在布局上都应符合下述基本要求:

(1) 符合企业实际。不可一味追求办公室的高档、豪华、气派，要根据单位的实际物力、财力来安排。

(2) 符合行业特点。如五星级饭店和校办科技企业由于分属不同的行业，因而办公室在装修、家具、用品、装饰品、声光效果等方面都应有显著的不同。

(3) 符合使用要求。如总经理办公室在楼层、面积、室内装修、配套设备等方面都与一般职员的办公室不同，并非因为身份不同，而是不同工作内容对办公室有不同的使用要求。

(4) 符合工作性质。如技术部门的办公室需要配备微机、绘图仪器等技术工作必需的设备，而公共关系部门则更需要传真机、沙发、茶几等与对外联系和接待工作相应的设备和家具。

实训演练

一、训练目标

能够合理布局各种类型的办公室。

二、知识要求

(1) 熟悉办公室布局的基本原则。

(2) 掌握开放式、封闭式办公室布局的标准和要求。

三、训练要求

(1) 通过演练，掌握一般办公室合理布置的方法。

(2) 各种办公室布局效果要符合要求。

四、操作说明

(1) 利用 2 学时，分小组进行。结束后，教师引导学生对每一个任务进行点评。

(2) 实训的准备工作需要课外完成。做好模拟办公室设计的前期准备非常重要，所以一定要安排好小组负责人，合理分配任务，在小组长的统一协调下，成员相互合作，共同完成。

(3) 训练前布置学生掌握办公室布局的有关知识与要求，明确工作思路，分工合作完成训练任务。

五、操作提示

在这项训练中，学生最好利用课外时间到不同行业的各类办公室参观学习，注意观察并总结其优劣，为本次实践活动提供借鉴。

六、任务描述

为新来的营销部业务经理布置办公室,要求如下:

(1) 独立办公室。

(2) 室内设备:办公桌椅 1 套,沙发茶几 1 套,饮水机 1 台,电脑 1 台,电话机 1 部,一体机 1 台,文件柜 2 组,衣架 1 个。

(3) 要求布局整洁、有序、宽敞,符合工作要求。

天宇广告策划公司刚刚筹建,现有办公用房 3 间,各为 20、30 和 80 平方米,现已招聘员工 15 人,设总经理、策划总监、执行总监各 1 人。目前办公桌、现代化办公设备等已备齐。开业已有两个月,王总发现员工状态不佳、效率低下,认为是办公室的布局存在问题。请你针对公司现状为该公司设计出合理的办公室布局。

任务 2 办公环境管理及优化

学习目标

学习办公室环境构成要素及要求,掌握办公室环境管理和优化的方法。能够识别办公室内的安全隐患并采取相应预防和处理措施,创造和维护安全、有序、高效的办公环境。

任务描述

牛丽是南京人,2011 年 3 月到广州市某科教技术开发有限公司从事少儿早期教育。2011 年 5 月初,该公司在童心路一儿童活动中心租了 150 平方米的场地,5 月 20 日,牛丽与十几名同事一起搬进了刚装修好的办公室。牛丽说,装修后的办公室散发出刺眼、刺鼻的异味,每天早上一进办公室,就感到气味刺鼻,接着就流眼泪。3 天后牛丽开始感到口渴咽干,喉咙难受,头晕,没有食欲,疲劳的感觉加重。5 月 25 日中午,牛丽开始发烧,头痛。28 日中午发烧更加厉害,头痛,胸部也痛,口苦,于是在同事的陪同下到广东省第二中医院就诊。经医生检查,牛丽体温 39.7℃,咽部充血,扁桃体Ⅰ度肿大,白血球降低,血小板降低,血色素也降了下来。牛丽马上被送到中山大学第一附属医院治疗。血液病专家教授经过初诊,白细胞不正常下降,同时伴有咽部红肿充血、呼吸音粗等症状,建议牛丽入住血液病科。经过 15 天的治疗,牛丽终于退烧,但呼吸依然急促,并经常出现憋气现象。生病期间,牛丽的医疗护理费共 13 000 元左右。

医生根据牛丽病理变化及病因调查,认为牛丽的病情是由办公室装修造成的室内环境污染所致,得的是一种“装修病”,建议立即对办公环境进行处理。

工作处理

一、任务分析

维护和营造一个整洁、美观、方便、舒适、健康、安全的环境有利于办公室日常工作的进行，有利于提高工作效率，有利于员工的身心健康。作为负责办公室日常事务的秘书或助理来讲，维护和管理办公环境是其分内的职责。

二、处理方法

牛丽病倒一事，引起公司领导高度重视，特聘请专家对办公室环境进行了测试。测试结果显示，室内空气中甲醛、苯等有害气体含量严重超标。

甲醛具有强烈的致癌和促癌作用。研究表明，甲醛对人体健康的影响主要表现在嗅觉异常、刺激、过敏、肺功能异常、肝功能异常和免疫功能异常等方面。其浓度在空气中达到0.06～0.07 mg/m^3 时，儿童就会发生轻微气喘；当室内空气中甲醛含量为0.1 mg/m^3 时，就有异味和不适感；达到0.5 mg/m^3 时，可刺激眼睛，引起流泪；达到0.6 mg/m^3，可引起咽喉不适或疼痛。浓度更高时，可引起恶心呕吐、咳嗽胸闷、气喘甚至肺水肿。达到30 mg/m^3 时，会立即致人死亡。

为避免再次出现损害员工健康的现象，公司马上采取了整改措施。

(1) 所有员工暂时搬离该办公室，到洁净的临时工作室工作。

(2) 安装空调、排气扇等换气设备，保证室内空气时时流通。

(3) 使用"水洗空气净化器"设备净化空气。受污染的空气进入净化器后，有害物质溶解到水箱中，同时产生负氧离子，释放出湿润、洁净的空气。

(4) 室内摆放不产生二次污染的去甲醛仪或剂状物等化学制剂捕捉空气中的甲醛，并经常替换，保证效用。

(5) 适量摆放一些能吸收甲醛等有害物质的花卉，如吊兰、铁树、天门冬、芦荟和菊花等。

(6) 办公室内多处摆放活性炭包，吸附空气中的甲醛等有害物质。

6个月后，公司再次进行了空气检测，结果甲醛含量已降至检测不到的程度。又经过了6个月的空气处理，公司才放心地请员工搬回了办公室，在洁净的环境里无忧地工作。

相关知识

秘书工作的主要场所是办公室，办公室布置得如何，美化的程度如何，是衡量一个秘书能力与水平的标尺之一。办公室的环境可分为软环境和硬环境。所谓软环境，包括办公室的工作氛围、人际关系、秘书人员的素养等。硬环境包括办公室的空气、光线、声音、色彩、设备的摆放以及办公室的设计布置等。这里主要介绍办公室硬环境的管理及优化。

一、构成办公环境的要素及要求

1. 空气环境

(1) 合理分配办公空间,单位面积内工作人员的数量控制在一定限度之内。人均办公面积以不低于6平方米为宜。

(2) 办公室内应禁止吸烟,安装通风换气设备,保证室内空气新鲜。

(3) 安装各种冷暖、干湿度调节设备,保持适宜的温度和湿度。一般来讲,办公室的温度冬天在20℃～22℃、夏季在23℃～25℃之间为最宜。最适宜的湿度为40%～60%。

2. 光线环境

(1) 办公照明尽量采用自然光,人工光源只作补充性照明。

(2) 合理布置灯具,使办公室光照度比较均匀。亮度不宜太高,否则会带来眩光,使视觉效能下降。

(3) 对特殊工作要求,采取人工补光措施,保证局部照明达到要求。

3. 声音环境

(1) 办公室内安装吸音、静音装置,减少噪音。一般说来超过70分贝即为噪音,音量达到130～140分贝会造成耳痛,超过150分贝内耳结构遭到破坏,甚至导致耳聋。办公室的理想声强值为20～30分贝,在这个声音强度范围内工作,人们感到轻松愉快,不易疲劳。

(2) 工作人员应养成良好习惯,在办公室内不大声喧哗。

(3) 警惕办公室"低噪音"的危害,减少电脑主机、传真机、空调机等工作带来的低噪音影响,在工作、学习一段时间后到户外适当地活动、放松一下。

4. 色彩环境

(1) 办公室内颜色使用要适当,除警戒色彩外,基本色彩在四种以下,并且彩度要低,减少对眼睛的刺激,给人以平静感。

(2) 地面覆盖物的颜色和类型应与墙壁、天花板的颜色协调一致,以保证办公环境的统一、和谐。

(3) 摆放一些花草等,既净化空气、美化环境,又能缓解视觉疲劳。

5. 安全环境

(1) 办公区建筑坚固安全,门窗有防盗设施。

(2) 办公设备摆放整齐,布局合理。机具的安置要有利于减少和避免对工作的干扰,同一区域内各种柜架高度一致,尽可能倚墙倚角摆放,既方便工作人员使用,又保证安全。

(3) 办公室内电源布局要合理,必要处设警示标志,并配备足够的灭火器材。

二、秘书对办公责任区的管理

1. 秘书办公责任区的管理范围

（1）个人办公责任区。主要包括对个人用办公桌椅、办公设备的管理。

（2）公用区域。指对办公室内工作人员共同使用的办公设备、用品及室内整体环境的管理。

（3）由秘书辅助的领导的办公区域。指秘书对自己的主管领导、直接上司的办公设备、用具及办公室环境的管理。

2. 秘书对责任区的管理

（1）经常清洁个人的责任区。保持个人工作区域的整洁有序，桌面无杂物和私人用品，为自己创造良好的工作环境，保持良好的工作状态。

（2）自觉清洁整理本人参与的公用区域。经常清理公共办公环境中的卫生，保证物品整洁、摆放安全整齐，共同创造愉悦的工作环境。

（3）自觉整理领导的办公区域。对主管上司的办公室要经常整理，每天上班首先保证领导办公环境的洁净、安全、井然有序，为领导的工作提供良好的硬环境。

（4）及时发现并主动清除办公场所中有碍健康和安全的隐患。

三、办公环境的优化

1. 美化措施

（1）绿色植物增添生机。

办公环境应选择庄重优雅的观叶植物。走廊、墙角可放置苏铁、发财树、巴西铁等大中型盆栽植物，或席地而放，或置于花架上；沙发旁宜选用较大的散尾葵、鱼尾葵等；窗台摆放文竹、龙舌兰、绿宝石等；茶几和桌面上有空间可放小型盆栽植物，如君子兰等；柜架顶端放置常青藤或绿萝等悬垂植物，以欣赏植物的自然美，使房间显得明快，富有自然气息。若办公室面积较小，则宜选择娇小玲珑、姿态优美的小型观叶植物，如文竹、金橘等，或置于案头，或摆放窗前，这样布置，既不拥挤，又不空虚，与房间大小相协调，充分显示出室内观叶植物装饰的艺术魅力，使办公环境充满生机。

（2）艺术字画渲染氛围。

字画选择应与所处行业、装饰风格等整体格调一致。欧式风格的房间适合搭配油画作品，中式风格的房间最好选择国画、水彩和水粉画等，图案以传统的写意山水、花鸟鱼虫为主。画的内容要与室内气氛相协调，画框要与书画风格相配。长方形画框最为常用，一般选用长∶宽＝1.618∶1的黄金分割比例，这种比例无论在美学和数学上都最为合适。字画要挂在引人注目的墙面开阔处，如迎门的主墙面、茶几沙发上方或写字台上方等处。室内角落及阴影处不宜挂字画。最佳挂画位置是在墙面的2/3处。所挂字画的数量不宜多，否则会使人眼花缭乱，精心挑选一两幅作品，起到画龙点睛的作用即可。

2. 办公室美化应注意的问题

(1) 办公室的美化要与整个单位的行业性质和组织文化特点相适应。

(2) 办公室布置要整齐清洁,物品摆放有序。

(3) 办公室色调要求单纯、柔和,使人感觉平静和舒适。

(4) 适当摆放花草、盆景及其他适宜的陈列品。

(5) 墙壁的修饰,要突出单位的特色。

(6) 办公室的美化要避免奢侈和俗气。

四、办公室常见的健康和安全隐患

办公环境中的健康安全隐患一般存在于细小的地方,但麻痹大意就有可能酿成事故。秘书要加强健康安全意识,了解和识别办公环境中各种有碍健康和安全的隐患,减少和抑制危险的发生。

1. 办公室健康和安全隐患的种类

(1) 建筑隐患。

主要是地面、天花板、门窗等。例如,地面缺少必要的防滑措施,天花板未安装烟雾报警器,离开办公室前忘记关门窗等。

(2) 环境隐患。

主要指室内环境要素不符合要求。例如,室内光线不足或刺眼,温度过低或过高,空气不流通,装修材料不够环保等。

(3) 办公家具隐患。

主要是由柜架等家具摆放和使用不合理造成。例如,办公家具和设备有突出棱角、柜顶堆放大件或太重物品、有倾斜危险等。

(4) 设备隐患。

现代办公设备的电源安全及电子辐射等都是很普遍的安全健康隐患。例如,电源线磨损裸露,插座接口不稳固,各种电线拖曳,因计算机显示器摆放位置不当有反光刺眼,复印机放置空间狭小等。

(5) 人为隐患。

指对办公设备及其他用品的使用不按要求操作,或因个人性格原因常出现惊险动作或拖拉行为,对本人和同事造成安全隐患。例如,站在带轮的椅子上举放物品、复印后将保密原件遗忘在复印机玻璃板上、下班忘记锁门等。

(6) 消防隐患。

多是由电源布置不合理或使用不当,或消防设备过期或损坏,或在消火栓前、消防通道摆放物品,或应急照明灯出现故障等原因造成。

2. 办公环境安全检查

(1) 确定检查周期。

办公环境安全检查分为定期检查、节假日检查和随机检查。定期检查一般是根据组织实际情况安排,如每月或每季度进行全面检查。节假日检查指春节、五一、国庆等重大节假日前实施检查。随机检查是一种不定期的随机性检查。

（2）发现隐患后报告并解决。

检查中发现办公环境及设备的隐患时，要及时予以处理。属于秘书职责范围内的要立即采取措施解决，不属于职责范围内的或个人无力排除的隐患，要及时报告有关部门。重要的、危害较大的隐患要报告领导，寻求解决方案。

（3）记录隐患处理过程及结果。

安全隐患的报告及处理结果要做好记录，作为档案备查。如果是办公环境和办公设备的安全隐患，要填写《安全隐患记录表》（见表1-1）。如果是设备运行过程中出现的故障，则填写《设备故障记录表》（见表1-2）。

表1-1　安全隐患记录表

序号	时间	地点	隐患表现	隐患原因	可能危害及后果	发现人	处理人	处理措施及结果

表1-2　设备故障记录表

序号	时间	地点	设备名称	使用部门及人员	故障表现	故障原因	处理人	处理措施及结果

实训演练

一、训练目标

（1）掌握秘书维护和管理办公环境的范围和职责。

（2）掌握办公环境中常见的安全隐患类型，熟悉安全检查步骤。

二、知识要求

（1）掌握办公室环境的构成要素、要求及优化措施。

（2）秘书管理办公环境的范围职责。

（3）熟悉办公室常见的健康与安全隐患。

三、训练要求

（1）能够根据具体情况布置办公环境。

（2）学会制定秘书办公环境管理的职责范围，要求维护和管理的范围区域划分合理、准确，职责具体、明确。

(3) 能够识别办公环境内的安全隐患并采取相应预防措施,能够实施安全检查并做好记录。

四、操作说明

(1) 学生 4～5 人为一组,每组自行分析讨论教师提出的工作任务,在充分讨论、实地考察后分工完成各个项目。

(2) 利用课上 2 学时,选取一组学生进行演示汇报,教师根据学生演示情况做出点评和总结,或由学生互评。

(3) 学生分享实训的经验和收获。

五、操作提示

项目实训前,教师可播放资料或根据现场环境提出任务,由学生自行组织到实地观察、体会,自己设计实训模式。

六、任务描述

(1) 秘书小李每天上班和下班前都将自己的工作区域清洁一遍,整理得干干净净,物品也都摆放整齐。同时,她也主动清洁整理自己常用的复印机、打印机、饮水机、档案柜、公用书架等。每当遇到复印纸被拿零乱、公用字典被随便地扔在窗台上、废纸桶满了没人倒等情况,她都会及时做些清洁整理工作,主动维护办公环境的整洁。

秘书小王每天也都认真清洁自己的办公桌,常用的笔、纸、回形针、订书器、文件夹以及专用电话等都摆放有序。下班前,她也将办公桌收拾得干净整齐,从不把文件、物品乱堆放在桌面上。但是,小王很少清理和维护公用区域,也常把公用资源如电话号码本、打孔机、档案夹等锁进自己的抽屉里,常常使别人找不到,影响了工作。

秘书小张上班总是匆匆忙忙,接待室的窗台布满灰尘,办公桌上堆得满满当当,电脑键盘污迹斑斑,上司要的文件总是东查西翻,每日常用的"访客接待本"也总是找不到。自己的办公桌都乱成一片,更无暇顾及他处。

分析上述 3 位秘书的工作表现,说明秘书应该如何管理办公环境。

(2) 小李所在的公司办公面积较小,她所在的一间不大的办公室就放了十张办公桌,过道狭小拥挤,地上凌乱地摆着电线及插座。这天,其他部门一位穿高跟鞋的女士兴高采烈地走进办公室,边走边和同事打招呼,因地板滑险些跌倒,桌旁的小李赶紧扶住了她。同屋的小刘去文件柜里取文件,回来时差点被地上的电线绊倒。小李为大家冲咖啡,不小心把热水洒到旁边同事的身上,办公室顿时乱作一团。快下班的时候,天色忽然暗了下来,一位客户匆匆走进公司大门,也许是心急,也许是天暗,客户径直走了进来,头重重地撞在了玻璃门上,后被送到医院缝了 6 针。当时玻璃门擦得很干净,从门外往里看好像没有玻璃门一样,而且上面没有任何警示标志。

请根据案例分析办公环境常见的安全隐患有哪些,并说明有关注意事项。

(3) 凌力是一家咨询公司的经理,一天他来到老朋友丁辉的公司,看到朋友的公司非常凌乱,显然没有清扫整理过。于是他问朋友,为什么会这样,是不是公司遇到什么难题了?朋友说那倒还没有,只不过今天保洁公司的员工有事未能及时前来打扫而已。听了朋友的这番话,凌力觉得很诧异,问道:"那秘书呢?她也没在吗?"

丁辉说:"在啊。"

"那她为什么不打扫呢?"凌力觉得无法理解。

没想到,丁辉一脸苦笑地说:"她说她是秘书,不是清洁工。"

正说着呢,电话响了。透过玻璃窗,凌力看见秘书向文站起身来走到位于窗户附近的公用话机前去接电话,电话是找经理助理的。这会儿助理没在,对方要留言,只见小向回到办公桌旁的抽屉里翻找用来做记录的纸张。记录完毕,小向把这张纸压在了经理助理的水杯下面。刚在电脑前坐下,公关经理进来要一份资料,小向又赶忙起身走到文件柜前找资料。拿着文件走向公关经理的时候,小向的高跟鞋带住了有点脱落的电脑电源线,只见电脑屏幕闪了几下,小向也差点跌倒,亏得公关经理手快扶了她一把。不长的时间里,小向已经在屋里转了好几个圈,真是够忙乱的。

看到这里,凌力对朋友意味深长地说道:"秘书固然不是清洁工,但创造一个整洁、舒适、方便、安全的办公环境却是一个秘书应尽的职责,你应该让她好好学学。"

请根据案例情景作如下分析:

① 秘书应如何为上司提供良好的工作环境?

② 案例中的安全隐患是如何形成的?如何管理办公室的安全?

任务3 易耗品管理

学习目标

学习办公用品采购、发放、使用及管理的程序,掌握库存管理的方法,有效利用办公资源。

任务描述

新年伊始,天宇广告策划公司准备采购一批低值易耗的办公用品,包括中性笔、铅笔、橡皮、胶水、胶带、墨盒、档案盒、档案袋、复印纸、笔记本等。

请为其制定一套办公用品采购、发放及管理的方案。

工作处理

一、任务分析

办公用品分为消耗性办公用品和非消耗性办公用品。消耗性办公用品包括笔、纸、墨盒等。非消耗性办公用品包括桌椅、公文柜、电话机、电脑、打印机、复印机等。在日常办公过程中,无论是消耗性还是非消耗性办公用品,都要严格遵守资产采购、发放及管理的相关制度。

二、任务处理

1. 采购方案

(1) 根据公司的实际情况,制定需求数量。

(2) 因消耗性办公用品既零散、采购费时,存放起来又占用较大的空间,应集中采购,以每季度采购一次为宜。

(3) 制定办公用品的采购、核验、登记、入库、报销等相关制度,按章办事。

2. 发放方案

(1) 按各部门使用计划,适时适量发放。

(2) 贵重用品如计算器等,如需再次领用时,应凭原物件领取。

(3) 制定办公用品使用制度,厉行节约,杜绝浪费。

3. 管理方法

(1) 员工个人用办公用品由个人负责,部门公用办公用品由部门秘书或主管负责。

(2) 公私分明,禁止将办公用品带出办公室作为私用。

(3) 部门主管协助办公用品管理人员每半年核对低值易耗品的购买、库存及领用情况。发现问题,及时纠正。

▶▶ 相关知识

一、办公用品的采购

(1) 各部门应于每月25—30日根据工作需要编制下月的办公用品需求计划,由部门主管填写《办公用品申购单》(见表1-3)交公司指定采购部门。

(2) 采购部门统一汇总、整理各部门的采购申请,并经核查各部门办公经费预算和库存状况后填写《办公用品采购计划表》(见表1-4),呈报主管领导审核同意后实施采购任务。

(3) 各部门若需采购临时急用的办公用品,由部门主管填写《办公用品申购单》,并注明急需采购的原因,经采购部门审核报主管部门批准后由采购部门实施采购任务。

(4) 对专业性物品的采购,由所需部门协助采购部门共同进行采购。临时急需物品可经采购部门同意后使用部门自行采购。

(5) 要正确选择办公设备和办公用品的供货商。

表 1-3　办公用品申购单　　　　编号：

申请人				申请日期		
申　购　物　品						
序号	名称	数量	规格	单价	总价	需求日期
1						
2						
3						
合计						
用途						
审核	签名：　　年　　月　　日					
审批	签名：　　年　　月　　日					

单位(盖章有效)：　　　　表 1-4　办公用品采购计划表

序号	商品名称	品牌、型号、规格	数量	市场价格(元)	金额(元)	备注
金额合计(大写)						
审批意见	签名：　　年　　月　　日					

二、办公用品入库

(1) 办公用品入库前须进行验收，对于符合要求的，由办公用品管理人员登记入库；对不符合要求的，由采购人员负责办理调换或退货手续。

(2) 物品采购发票应由财务部办公用品管理人员签字、确认入库后，方可报销。

三、办公用品发放

(一)填写领用单

领用物品的员工到本部门办公室秘书处领取两联办公用品领用单并填写。两联领用单要装订成册，连续编号，填写项目要齐全(见表 1-5、表 1-6)。

表 1-5　××××公司办公用品领用单样例一

存　　根	××××公司办公用品领用单
领用人签名： 领用物品名称及数量： 部门负责人签名： 年　月　日	部门名称： 领用人签名： 领用物品名称及数量： 部门负责人签名：　　　　(部门公章) 年　月　日

表 1-6　××××公司办公用品申领表样例二

<table>
<tr><td>部门</td><td colspan="2"></td><td>日期</td><td colspan="4">年　月</td><td>编号</td><td></td><td>类别</td><td></td></tr>
<tr><td colspan="8">申领内容</td><td colspan="3">核发</td><td rowspan="2">备注</td></tr>
<tr><td>月</td><td>日</td><td>品名</td><td>规格</td><td>用途</td><td>单位</td><td>数量</td><td>申领人</td><td>数量</td><td>经办</td><td>主管</td></tr>
<tr><td></td><td></td><td></td><td></td><td></td><td></td><td></td><td></td><td></td><td></td><td></td><td></td></tr>
<tr><td></td><td></td><td></td><td></td><td></td><td></td><td></td><td></td><td></td><td></td><td></td><td></td></tr>
<tr><td></td><td></td><td></td><td></td><td></td><td></td><td></td><td></td><td></td><td></td><td></td><td></td></tr>
<tr><td></td><td></td><td></td><td></td><td></td><td></td><td></td><td></td><td></td><td></td><td></td><td></td></tr>
<tr><td></td><td></td><td></td><td></td><td></td><td></td><td></td><td></td><td></td><td></td><td></td><td></td></tr>
<tr><td></td><td></td><td></td><td></td><td></td><td></td><td></td><td></td><td></td><td></td><td></td><td></td></tr>
</table>

(二) 审批领用单

领用物品的员工将填写完的领用单交给所在部门负责人审批，所在部门负责人若同意则在领用单上签名。

(三) 领用单盖章留底

领用物品的员工将领导签名的领用单交给本部门秘书，在两联骑缝处盖本部门公章，撕下一联交还员工用于领物，另一联留底，用于对账。秘书要确认领用单内容是否符合规定。

(四) 登记领物

领用物品的员工将领用单交库房保管员，并在物品库存分类记录上登记，领取物品。物品库存分类记录表样表如表 1-7 所示：

表 1-7 ××××公司公司领用物品分类记录表样例

编号： 类别： 第 页

品名	单位	数量	出库日期	领用人	当前库存	领用单号	备注

四、库存保管注意事项

（1）储藏间或物品柜要上锁，保证安全，减少丢失，储藏需要的面积取决于单位对所需物品储存量的大小。

（2）各类物品要清楚地贴上标签，标示类别和存放地，以便能迅速找到物品。

（3）新物品置于旧物品的下面或后面，先来的物品先发出去，保证不会因过期而不得不销毁。

（4）体积大、分量重的物品放在最下面，减少从架子上取物时发生事故的危险。

（5）小件物品、常用的物品，如订书钉盒，应放在较大物品的前面，以便于取用。

（6）要经常检查库房的温度、湿度、通风、隔热、防火、防水等的措施，防止霉、虫、鼠等各种有害因素的侵蚀。

（7）储藏办公用品的房间应有良好的照明，以便容易找到物品。

（8）加强库存记录和库存监督，即时填写《库存控制卡》（见表 1-8）。

（9）建立严格的领用审批登记制度，保证账、物、卡的统一。

表 1-8 库存控制卡

<table>
<tr><td colspan="5">单位名称：天宇广告策划公司</td><td colspan="5">物品名称：DCD 光盘</td><td colspan="4">计数单位：张</td></tr>
<tr><td colspan="14">月消耗量</td></tr>
<tr><td>2016 年</td><td>1 月</td><td>2 月</td><td>3 月</td><td>4 月</td><td>5 月</td><td>6 月</td><td>7 月</td><td>8 月</td><td>9 月</td><td>10 月</td><td>11 月</td><td>12 月</td><td>合计</td></tr>
<tr><td>消耗量</td><td></td><td></td><td></td><td></td><td></td><td></td><td></td><td></td><td></td><td></td><td></td><td></td><td></td></tr>
<tr><td>断货天数</td><td></td><td></td><td></td><td></td><td></td><td></td><td></td><td></td><td></td><td></td><td></td><td></td><td></td></tr>
<tr><td colspan="14">库存控制指标</td></tr>
<tr><td>更新时间</td><td colspan="3">2016 年 3 月 31 日</td><td colspan="3">2016 年 6 月 30 日</td><td colspan="3">2016 年 9 月 30 日</td><td colspan="4">2016 年 12 月 31 日</td></tr>
<tr><td>平均月
消耗量</td><td colspan="3"></td><td colspan="3"></td><td colspan="3"></td><td colspan="4"></td></tr>
<tr><td>最小库存</td><td colspan="3"></td><td colspan="3"></td><td colspan="3"></td><td colspan="4"></td></tr>
</table>

续表

单位名称:天宇广告策划公司		物品名称:DCD光盘		计数单位:张
最大库存				
缓冲库存				
运输时间				
供应周期				
物品申请接收完成情况				
申请日期	申请数量		接收数量	接收日期

五、办公用品使用管理

(1) 制定有效的办公用品节约制度。

(2) 办公用品如分配给个人使用的,由个人负责管理,如计算机、笔、尺、橡皮等;如给部门共同使用的,由部门主管指定专人管理,如文件架、打印机、复印机等。

(3) 财产发生损坏时,使用人或责任人需负相应的责任。

(4) 主管级以下人员未经允许不能私自使用非己负责设备。

(5) 员工要爱护公司所有的公共设备,离开办公室,要检查关闭所有设备电源及容易发生危险的器具,保证安全。

(6) 任何人未经领导批准,不能将专用办公设备带出办公地点,否则一切后果自负。

实训演练

一、训练目标

(1) 能够制定办公用品的采购程序。

(2) 掌握办公用品使用、管理的基本要求。

(3) 学会库存管理建档及运行记录。

二、知识要求

(1) 制定办公用品采购流程。

(2) 制定办公用品管理制度。

(3) 掌握库存管理方法。

三、训练要求

(1) 办公用品采购流程符合规范,明细、具体,可操作。

(2) 办公用品管理制度责任明确,提倡节约。

(3) 库存管理科学、到位、高效。

四、操作说明

(1) 利用2学时,分小组进行。由组长负责组织本组学生根据"任务描述"中的情景,对其中提及的关于办公用品的工作作出具体说明。

(2) 对任务中所涉及工作,制定具体的工作方案。

(3) 各小组制订方案后,分组交流。

(4) 结束后,教师引导学生对每一个任务进行点评。

五、操作提示

(1) 可引导学生把这项任务视同本学期学习用品或班级活动用品的采购。

(2) 制定各项制度时要充分考虑单位的业务性质。

六、任务描述

(1) 钟苗刚刚成为办公室秘书的时候,在管理办公室物品时曾经手忙脚乱:同事急着要复印明天参展的资料,却发现储物间的复印纸已所剩无几;每次购买办公用品时,不知道到底该买多少才能既够用又不造成闲置;有的同事三天两头来领同一种物品……后来,钟苗认真学习了有关库存管理的相关知识,为每类办公用品制作了库存控制卡,加强了办公用品的管理和监督,成为办公设备和办公用品库房的好管家,深得好评。

(2) 某公司办公室秘书李丽发现各部门在购买办公用品时较为随意,经常自作主张,而且有时甚至没有进行登记就直接发放了。为规范办公用品的采购,李丽制定了办公用品采购的流程,经领导签发,以文件的方式下发到各部门。

任务4　办公设备的使用与维护

学习目标

学习常用办公设备的使用与维护,掌握常用办公设备的使用方法,熟悉常用办公设备的使用注意事项。

任务描述

某单位需要从DELL公司邮购一个服务器电源。按照DELL公司的工作流程,首先由 DELL 公司通过电子邮件发送一份报价单,然后单位通过银行汇款到 DELL 公司指定账户,并把签字盖章的报价单和汇款底单通过传真机回传给 DELL 公司,最后等待 DELL 的发货。收到货物后,整个任务就完成了。

▶▶ 工作处理

一、任务分析

在完成这个任务的过程中,一共用到了两个办公设备:复印机、传真机。复印机用来复印汇款底单和有单位红色印章的报价单,传真机用来回传单据。

二、复印和传真过程

(一) 复印机的使用

图 1-4 理光 MP1801 复印机

所有办公设备在初次使用前都要仔细学习设备说明书,按照说明进行规范操作。在遇到常见问题时也可以查阅说明书,说明书会给出解决办法或提示。图 1-4 为理光 MP1801 复印机。

复印机种类虽多,但其一般操作步骤如下。

(1) 检查设备。在复印前要检查是否接通电源,是否有符合标准的纸张,确保机器能够正常运行。

(2) 打开电源开关。操作面板上的电源指示灯亮起,复印机在进入复印就绪状态前有预热的过程,预热时电源指示灯为红色,预热完成后变成绿色,此时,复印机就可以开始工作了。

(3) 检查原稿。要注意检查原稿的纸张尺寸、质地、颜色、装订方式、页数以及有无图片等。原稿如果有些地方不清晰,在复印前可以描写清楚。可以拆开的原稿应拆开,以免复印件出现阴影。

(4) 放置原稿。打开曝光玻璃上的盖板,将原稿正面朝下放在曝光玻璃上,根据原稿的尺寸放在曝光玻璃的适当位置,曝光玻璃的周围会有定位标记和刻度可以作为放置原稿的依据。最后轻轻放下盖板。

(5) 复印设置。设置包括复印缩放比例、复印纸尺寸、图像浓度、原稿类型、复印份数等。复印机一般放大缩小倍率多以 A3-A4、B4-B5 或百分比表示。了解了复印纸的尺寸就比较容易选择缩放比例了。根据原稿尺寸和缩放比例选取复印纸尺寸。根据原稿字迹适当调节浓度。根据原稿中是否有图片来选择复印类型,只有文本选择文本类型,包含图片则选择图片类型。使用复印机的操作面板上的数字键输入份数,如果输入错误可以按清除键清除后重新输入。

(6) 复印。按下复印键,机器开始复印。

（7）本复印任务应注意的问题。

本次复印任务，汇款底单由于是手写复印件，字迹会不太清楚，复印时要适当增加图像浓度。其他材料的复印不使用缩放，复印纸尺寸选择 A4，原稿类型为文本类型，份数就一份。整个过程较为简单。

（二）传真机的使用

传真机的种类繁多，不同的品牌型号操作方法也有很大区别，因此，传真机的使用应按其购买的机型的说明书进行操作和管理。图 1-5 为佳能 FAX-L100 普通纸激光传真机，图 1-6 为松下 KX-FT992CN 热敏纸传真机。

图 1-5 佳能 FAX-L100 普通纸激光传真机

图 1-6 松下 KX-FT992CN 热敏纸传真机

下面以普通纸激光传真机为例，来完成本任务。

1. 发送传真步骤

（1）发送传真前的检查工作。第一，检查发送文件的纸张质量。为了避免卡纸，发送的文件纸张不能折叠，不能太薄或太厚。如果文件纸张尺寸不同，也不能同时发送。另外还要把文件上的曲别针、订书钉等杂物去掉。一次发送的文件张数一般不超过 20 张，如果一次发送的比较多，要等发送出去几张后再添加。第二，检查发送文件的分辨率和对比度。当发送的文件纸张发黄、字迹不清时则需要调整分辨率和对比度。

（2）打开传真机，并根据文件质量设置分辨率、对比度等。

（3）放置文件。根据传真机的指示方向正确放入文件，调整文件导板使文件两侧紧靠纸槽两边，文件要放置到传真机能够检测到的位置。

（4）发送传真。发送传真的方法一般有四种：自动发送；通话后发送；预约发送；定时发送。当接收方的传真机处于自动接收状态，只要正确放置文件，然后拨通对方传真号码，当听到对方的信号后，按确认键开始发送文件，发送完成后挂机。通话后发送传真时，首先放置好文件，然后拨通对方的号码与对方通话，对方同意并给出接收传真的信号后，按发送或确认键开始发送传真。预约发送和定时发送传真属于传真机的高级应用，要阅读说明书，根据说明书上的提示操作。

2. 接收传真

接收传真的方法有自动和手动接收两种。接收传真前要完成接通电源、装入传真纸等准备工作。自动接收传真，要把传真机模式调整为自动模式，当有传真来时，传真机就会自动接收。手动接收方式，接收传真前先把传真机调整到电话模式，电话铃响时，拿起电话与对方通话，对方有发送传真要求时，按确认键，对方就可以发送了。

3. 本传真任务的说明

如果接收传真一方的传真机为自动接收方式，只要正确放置传真文件，拨通对方传真号码就可以发送了。最后，不要忘记与对方确认是否收到传真。

▶▶ 相关知识

下面介绍复印机和传真机的日常维护与保养，以及其他常用办公设备的使用。

一、复印机的日常维护与保养

复印机在复印达到一定数量后或质量明显下降时，需要进行维护和保养。适当的维护和保养才能保证复印的质量和复印机的使用寿命。

(1) 选择合适的地点安装复印机，要注意防高温、防尘、防震、防阳光直射。同时，要保证通风换气环境良好，因为复印机会产生微量臭氧，而操作人员应该每工作一段时间就到户外透透气，休息片刻。平时尽量减少搬动，要移动的话一定要水平移动，不可倾斜。为保证最佳操作，至少应在机器左右各留出 90 cm，背面留出 13 cm 的空间(如机器接有分页器，则大约需要 23 cm 的距离)，操作和使用复印机应小心谨慎。

(2) 应使用稳定的交流电源。

(3) 在使用前，应预热半小时左右，使复印机内保持干燥。

(4) 要保持复印机玻璃稿台清洁、无划痕、不能有涂改液、手指印之类的斑点，否则，会影响复印效果。如有斑点，要使用专用的玻璃清洁剂清理。

(5) 在复印机工作过程中一定要盖好挡板，以减少强光对眼睛的刺激。

(6) 复印机的清洁保养。在日常保养中注意做到以下几项工作。

① 盖板的清洁。由于接触各种原稿和被手触摸，洁白的塑料衬里或传送带会变黑，导致复印件的边角出现黑色污迹。用湿棉纱布反复擦拭，然后用干棉纱布擦干即可。注意不要用酒精、乙醚等有机溶剂擦拭。

② 稿台玻璃的清洁。稿台玻璃容易受到稿件和手的玷污，同时也容易被划伤，所以应定期清洁保养才能保证良好的复印效果。在工作中要避免用手直接接触稿台玻璃，复印前，应将原稿上的大头针、曲别针、订书钉等拆掉，并放在指定位置。涂改后的原件一定要等到涂改液干了以后再复印。清洁稿台玻璃时，应避免使用有机溶剂擦拭。

③ 机器内部的清洁。复印机因长时间在高压下工作，吸附了大量的粉尘，从而造成电子元件间的电阻率降低，引起电流击穿电子元件，烧毁线路板。应定期按照操作说明清洁机器内部部件。操作时，应首先切断电源，以免触电或烧毁机器。

二、传真机的日常维护与保养

(1) 传真机的环境及摆放位置。传真机要避免受到阳光直射、热辐射，远离强磁场、潮湿、灰尘多的环境，也不要放在接近空调、暖气机等容易被水溅到的地方。同时要防止水或化学液体流入传真机，以免损坏电子线路及器件。为了安全，在遇有闪电、雷雨时，传真机应暂停使用，并且要拔去电源及电话线，以免雷击造成传真机的损坏。在摆放位置上，应当将其放置在室内的平台上，左右两边和其他物品保持一定的空间距离，以免造成干扰，并且有利于通风，前后方应保持 30 cm 的距离，以方便原稿与记录纸的输出操作。

（2）使用时应注意的事项。要减少开、关机的数量，因为每次开、关机都会使传真机的电子元器件发生冷热变化，而频繁的冷热变化容易导致机内元器件提前老化，每次开机的冲击电流也会缩短传真机的使用寿命。另外，传真机在打印过程中，不要打开纸卷上面的合纸舱盖，如果真有需要，必须先按停止键，以避免发生危险。同时打开或关闭合纸舱盖的动作不宜过猛，因为传真机的感热记录头大多装在纸舱盖的下面，合上纸舱盖时动作过猛，轻则会使纸舱盖变形，重则会造成感热记录头的破裂和损坏。

（3）传真纸张的选择。传真纸张的选择十分重要，需参照传真机说明书，选择推荐的传真纸。劣质传真纸的光洁度不够，容易损坏感热记录头和输纸辊。记录纸上的化学染料配方不合理，会造成打印质量不佳，保存时间短。并且记录纸不要长期暴露在阳光或紫外线下，以免记录纸逐渐褪色，造成复印或接收的文件不清晰。

（4）保持传真机内、外部的清洁。要经常使用柔软的干布擦拭传真机，保持传真机外部清洁。对于传真机内部，除了每半年将合纸舱盖打开使用干净柔软的布或使用纱布沾酒精擦拭打印头外，还有滚筒与扫描仪等部分需要清洁保养。因为经过一段时间使用后，原稿滚筒及扫描仪上会逐渐累积灰尘，最好每半年清洁保养一次。当擦拭原稿滚筒时，同样必须使用清洁的软布或沾酒精的纱布，需要注意的是，不要将酒精滴入机器中。

三、打印机的使用与维护

打印机是日常办公中最为常见的输出设备，常见的打印机有：针式打印机、喷墨打印机、激光打印机。图 1-7、图 1-8、图 1-9 为几款常见的打印机。

图 1-7　爱普生 LQ-1600 KIIIH **针式打印机**

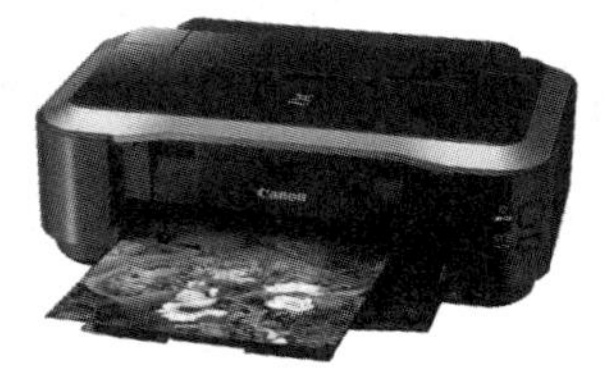

1-8　佳能腾彩 PIXMA iP4880 **喷墨打印机**

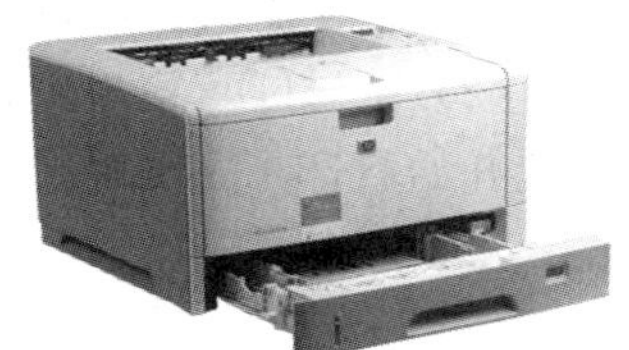

图 1-9　HP Laser Jet 5200 **激光打印机**

（一）打印机的安装

打印机的安装一般分为两步：打印机与计算机的硬件连接；安装驱动软件。

1. 硬件连接

打印机一般有信号线和电源线两条连接线,信号线用来连接计算机,目前打印机与计算机相连有并行口和USB接口两种。在连接前确保打印机和计算机电源处于关闭状态,连接好后就可以进行下一步驱动的安装了。

2. 安装驱动软件

不同品牌的打印机安装驱动软件也不太一样。一般分为Windows XP系统自带驱动程序和打印机附带驱动程序两种安装。Windows XP系统自带驱动程序的安装步骤如下。

(1) 打开计算机控制面板,找到"打印机和传真",双击打开"打印机和传真"窗口,点击左边窗格中"添加打印机",打开"添加打印机向导"对话框,点击"下一步",打开"本地或网络打印机"选择连接对话框。

(2) 选择第一项"连接到此计算机的本地打印机",勾选"自动检测并安装即插即用打印机"。点击"下一步",打开"新打印机检测"对话框。

(3) 检测后,点击"下一步",打开"选择打印机端口"对话框,点选"使用以下端口",在右边的下拉列表中选择推荐的打印机端口"LPT1"。点击"下一步",打开"安装打印机软件"对话框。

(4) 在"厂商"列表中,点击厂商名;在"打印机"列表中,选择打印机型号。点击"下一步",打开"命名打印机"对话框。

(5) 在"打印机名"文本框中输入打印机名,点击"下一步",打开"打印机共享"对话框。点击"下一步",打开"打印测试页"对话框。点击"下一步",出现"正在完成添加打印机向导"对话框,点击"完成"按钮完成安装。

如果Windows XP系统中无法找到适合该打印机的驱动程序,可用打印机附带的光盘驱动软件进行安装,一般按照安装向导就能完成安装。

(二) 打印机的使用

打印机使用简单,下面以打印Microsoft Word文档为例说明。

(1) 打开需要打印的文档,点击"文件"菜单,选择"打印"命令。

(2) 在"打印"窗口中选择打印机,设置打印范围、份数等,点击"确定"按钮,打印机就开始打印了。

(三) 打印机的日常维护与保养

(1) 打印机与传真机类似,要避免受到阳光直射、热辐射,远离强磁场、潮湿、灰尘多的环境,也不放在接近空调、暖气机等容易被水溅到的地方。

(2) 保持打印机内、外部的清洁,要经常使用柔软的干布擦拭打印机,保持打印机清洁。

(3) 打印纸要保持干燥,避免使用潮湿的打印纸在打印时出现卡纸现象。

(4) 使用并行口接计算机连接打印机不能带电插拔信号线。

四、扫描仪的使用与维护

扫描仪作为计算机的输入设备,已逐步成为日常办公中必不可少的外设。它能够把图片、文件等快速地输入到计算机中。图 1-10、图 1-11 为两款常见扫描仪。

图 1-10　爱普生 V200 **扫描仪**

图 1-11　佳能 CanScan 5600F **扫描仪**

(一) 扫描仪的安装

一般来说,只要将扫描仪与计算机连接好,再根据向导提示安装好驱动程序和扫描软件,就完成扫描仪的安装操作了。

1. 连接扫描仪

扫描仪在与计算机连接时要注意先关闭计算机以及扫描仪等设备,然后根据扫描仪的说明书上的提示,将扫描仪与计算机用扫描仪配套的信号线连接。接好信号线后再接通扫描仪电源。最后打开扫描仪电源,启动计算机。

2. 安装驱动程序

与计算机相连的设备一般需要安装驱动程序,扫描仪在出厂时随机附件中会带有软件光盘或软盘。扫描仪的随机软件应有驱动程序、扫描软件和文字识别软件(Optical Character Recognition,即光学字符识别,简称 OCR)。这三种软件的安装一般来说按照安装向导,点击"下一步"就可以安装完成。如果驱动软件盘丢失,可以到生产厂家的官方网站去下载,注意要根据扫描仪的型号去查找配套的驱动程序。

3. 不同接口类型的扫描仪的安装

目前扫描仪与计算机的连接有三种接口:普通接口、USB(通用串行总线)接口、SCSI(小型计算机)接口。

(1) 普通接口扫描仪的安装。

普通接口扫描仪是最为常见的一种。在安装时,先连接硬件,将扫描仪连接线的一端连接到扫描仪背部标有"Port A"标志的端口上,再将扫描仪连接线的另一端连接到计算机中的 LPT 打印口上。连接好硬件后,先接通扫描仪的电源并打开扫描仪,扫描仪启动几秒钟后,再接通计算机电源启动计算机系统,随后计算机也会检测到已经连接的扫描仪。接下来就可以安装扫描仪驱动程序,安装完驱动就可以测试扫描仪了。

(2) USB接口扫描仪的安装。

USB接口扫描仪非常常见。USB接口的特点是支持热插拔,使用起来也比较方便。不同品牌型号的USB接口扫描仪安装基本相同,一般会遵循下面的几个步骤:首先进行硬件连接,将USB连接线的一端插入扫描仪,另一端与计算机的USB接口连接好;接着检查一下扫描仪的CCD扫描元件是否被固定住,如果已经固定应该将扫描仪开锁;然后接通扫描仪和计算机的电源,计算机会自动检测到USB接口扫描仪,再根据安装提示来完成扫描仪驱动程序和扫描软件的安装。

(3) SCSI接口扫描仪的安装。

SCSI接口扫描仪也是目前很常见的一种扫描仪,该扫描仪在安装上比前面两种类型的扫描仪要复杂一些。在安装SCSI接口的扫描仪时,首先需要打开与扫描仪相连的计算机的机箱,检查主板中是否有空闲的PCI(外部控制器接口)插槽,如果有,将扫描仪随机附带的SCSI接口卡插入到PCI插槽中,再用螺丝将SCSI接口卡固定在计算机的机箱中;然后接通计算机电源,启动计算机,计算机进入系统后会自动检测安装的SCSI接口卡,并安装SCSI接口卡的驱动。根据操作系统的版本不同,低版本的系统如果不能自动安装SCSI接口卡的驱动,可以找到SCSI接口卡的驱动,根据向导安装。安装完SCSI接口卡驱动后关闭计算机,再用扫描仪随机附带的SCSI数据线,将扫描仪与对应计算机机箱中的SCSI卡上的接口相连;随后按照先扫描仪、后计算机的顺序来接通电源,计算机进入系统后会自动识别到连接在SCSI接口卡上的扫描仪,最后安装扫描仪驱动,完成扫描仪的安装。

(二) 扫描仪的使用

下面以爱普生V200为例介绍扫描仪的使用方法和操作步骤。

1. 扫描文稿或图片

(1) 接通扫描仪电源,启动计算机。扫描仪接通电源后,扫描仪指示灯能够指示扫描仪状态。绿灯常亮,代表扫描仪正常,准备扫描图像;绿灯闪烁,代表初始化或正在扫描;红灯闪烁,代表发生错误,不能进行扫描。

(2) 将原始文稿放置在扫描仪上。首先打开扫描仪文稿盖,将文稿或图片正面朝下放置在文稿台上,确保将文稿或图片放置在文稿台的右下角且与箭头标记对齐。如果您同时扫描多张图片,请将每张图片与其相邻图片之间至少距离2 cm放置。最后轻轻合上文稿盖,以免移动原始文稿。

(3) 启动扫描软件。启动扫描软件可以使用扫描仪按键启动,也可以通过运行计算机已经安装好的扫描程序来启动。

(4) 设置扫描选项。首先,选择扫描模式,该款扫描仪有全自动、家庭和专业的三种扫描模式。其次,设置文件保存位置与文件保存格式;最后,其他设置,如文件类型、图像类型、调整扫描区域、分辨率等。

(5) 完成扫描。设置完扫描选项后即可点击扫描按钮开始扫描。

2. 将扫描的文稿转换成编辑文本

扫描仪的一个重要功能就是通过 OCR 软件将扫描后的文字图像转换成文本格式的文件，使文字处理软件能够调用处理。这样可以大大提高文字录入速度，极大地提高工作效率。目前，文字识别软件主要有汉王 OCR、紫光 OCR、丹青 OCR 等。为了更好地使用 OCR 软件，应注意以下几点。

(1) 文稿类型的选择。OCR 软件一般无法识别手写字符，类似传真、字符间距或行间距很小的文本、表格中的文本或带下划线的文本、草体或斜体字体和 8 磅以下的字体、复印件的复印件等 OCR 软件也难以识别。

(2) 要保持工作环境的清洁，扫描仪的玻璃板以及若干个反光镜片及镜头，其中任何一部分脏污都会影响扫描文字图像的效果。因此，保持扫描仪的清洁是确保文字图像扫描质量及识别率较高的重要前提。

(3) 扫描文稿放置要保持水平，扫描出来的图像有一定角度的倾斜会严重影响识别率，这种情况建议摆正原稿重新扫描。

(4) 分辨率的选择。对日常的文字识别而言 300 dpi 的分辨率效果最好。

(三) 扫描仪的日常维护与保养

(1) 一旦扫描仪通电后，不要热插拔 SCSI、EPP(增强型并行接口)的电缆，以免损坏扫描仪或计算机。USB 接口除外，因为它本身就支持热插拔。

(2) 扫描仪在工作时请不要中途切断电源，一般要等到扫描仪的镜组完全归位后再切断电源。

(3) 扫描文稿带有订书钉等物品时不要随便移动以免划伤玻璃，影响扫描效果。

(4) 要长距离运送扫描仪或要将其长时间存放之前，需要先锁定扫描仪的扫描头以防止损坏。

(5) 保持扫描仪较佳的运行状态，需要定期对其进行清洁。清洁前要拔下扫描仪的交流电源适配器来关闭电源。用中性清洁剂和水浸湿的软布清洁扫描仪外壳。如果文稿台的玻璃面脏了，要用柔软的干布将其擦干净。如果玻璃表面上粘有油或其他不易除去的物质，请用少量玻璃清洁剂和软布将其擦去，并将残留的液体擦干净。

五、多功能一体机的使用与维护

多功能一体机集传真、打印、复印、扫描等功能于一身，成为办公的得力助手，图 1-12、图 1-13 为两款一体机。

图 1-12 惠普 CM4540 一体机

图 1-13 兄弟 7340 一体机

(一) 一体机的使用

一体机可以看做是把传真、打印、复印、扫描等功能模块固化在一个整机之内的特殊的办公设备。因此,一体机对工作环境的要求就应该与扫描仪、打印机、传真机以及复印机等设备是一样的。多功能一体机的使用与打印、复印、传真和扫描的具体操作步骤相同。

(二) 一体机的日常维护与保养

除了要按照处理扫描仪、打印机、传真机以及复印机的清洁要求来维护一体机外,还应该特别注意保护一体机的光学成像部分。因为一体机的光学成像部分设计最为精密,光学镜头或反射镜头的位置稍有变动就会影响成像的质量。而且一体机在进行复印工作时,光从灯管发出后到成像元件接收,其间要经过玻璃板以及若干个反光镜片及镜头,其中任何一部分落上灰尘或其他微小杂质都会改变反射光线的强弱,从而影响复印的效果。因此,工作环境的清洁以及光学成像部分的保护是确保文件复印质量的重要前提。

在对一体机进行清洁时,可以先用柔软的细布擦去外壳的灰尘,然后用清洁剂或水对其认真地进行清洁,再对玻璃平板进行清洗。由于玻璃板的干净与否直接关系到复印质量,因此,在清洗玻璃板时,先用玻璃清洁剂来擦拭一遍,再用软干布将其擦干擦净。清洁好以后,一定要用防尘罩把一体机遮盖起来。

六、投影仪的使用与维护

投影仪作为大屏幕显示设备,在教育和培训等环境中应用广泛,图 1-14 为一款 NEC 投影仪。

图 1-14 NEC NP410+投影仪

(一) 投影仪的使用

对于固定安装好的投影仪,使用较为简单。便携式投影仪在使用时需要安装调试,其安装步骤如下。

（1）连接投影仪与计算机。投影仪与计算机一般通过 VGA（视频图像阵列）接口连接，计算机的 VGA 输出接口通过 VGA 信号线连接到投影仪的 VGA 输入接口。如果投影仪有 VGA 输出接口可以通过 VGA 信号线连接到显示器，使投影仪和显示器同时显示计算机内容，连接如图 1-15 所示。如果投影仪没有 VGA 输出接口，还需要显示器、投影仪同时显示，需通过视频分配器来完成。要将计算机的 VGA 输出接口连接到视频分配器的视频输入接口，再从分配器的视频输出接口分别连接显示器和投影仪（如图 1-15）。

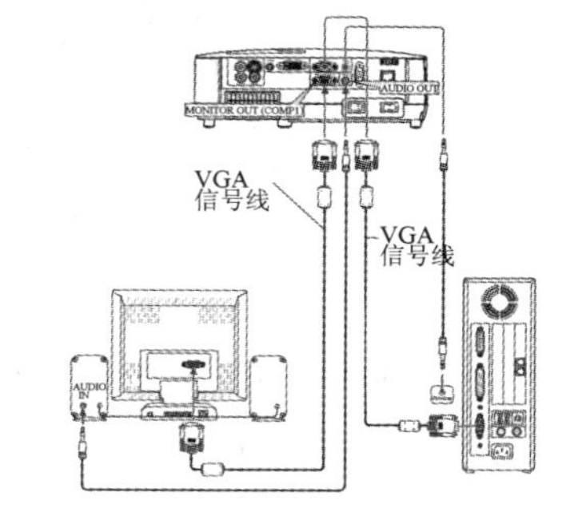

图 1-15　投影仪与计算机的连接

如果投影仪与笔记本电脑连接，笔记本电脑一般提供一个 VGA 接口，只要用信号线连接投影仪即可。

（2）接通电源，启动计算机和投影仪。设置投影仪的信号输入源，使银幕上显示图像信息。

（3）调整图像。首先调整计算机的分辨率，根据投影仪支持的分辨率调整；然后调整投影仪与银幕的距离。之后调整焦距，如有梯形变形，还可以通过投影仪的梯形修正来调整，使图像充满整个银幕。图像的亮度、对比度等可以按需要调整。

（4）使用完后按要求正常关闭投影仪等设备。

（二）投影仪的日常维护与保养

投影仪作为大屏幕显示设备在教育行业得到了广泛的应用，然而投影仪是一种高度精密的电子产品，在日常使用与维护中要注意以下几点。

（1）切忌关机即断电。投影仪在关机后不能马上断开电源，因为投影仪关机后机内的温度仍然很高，其散热系统还在工作，马上关断电源会使热量无法发散出去而对机器造成损害。因此，关机时要先关闭投影仪，过 5 分钟左右等散热风扇停转后，再关掉设备总电源开关。

（2）防止震荡。强烈的震荡能造成投影仪内部 LCD（液晶显示屏）晶片的位移，影响投影时三片 LCD 的会聚成像，出现 RGB（红绿蓝）颜色不重合的现象。不小心的磕碰也有可能使光学系统中的透镜、反光镜产生变形或损坏，影响图像的投影效果。

（3）注意通风与散热。要保证投影仪的通风口畅通，不要在通风孔处放置任何东西，以免通风不畅，否则会影响散热。经常清理空气过滤网也有助于通风散热。

（4）避免频繁开关机。投影仪使用过程中尽量避免频繁开关机，关机后要保证投影仪完全冷却后再开机。非正常关机，会引起机器内部热量无法正常快速散出，对投影仪及灯泡寿命会造成严重影响。

(5) 避免长时间使用。投影仪灯泡作为投影仪的主要耗材,有使用寿命,为了延长其寿命,每天使用时间不宜过长。

(6) 严禁带电插拔线缆。连接设备时一定要在断开电源的条件下进行。

(7) 使用环境。投影仪使用环境的温度和湿度不能过高或过低,避免在过多的油烟或香烟烟雾的环境中使用,长时间在灰尘过大的环境中使用会使滤网堵塞,影响投影机内部通风并造成光学系统污染。这是导致投影仪亮度降低、机器及灯泡使用寿命缩短的最主要原因。

七、考勤机的使用与维护

考勤机分两大类。第一类是简单打印。打卡时,原始记录数据通过考勤机直接打印在卡片上,卡片上的记录时间即为原始的考勤信息,对初次使用者无需做任何事先的培训即可立即使用;第二类是存储式。打卡时,原始记录数据直接存储在考勤机内,通过计算机采集汇总,再通过软件处理,最后形成所需的考勤信息,或查询或打印,其考勤信息灵活丰富,对初次使用者需做一些事先培训才能逐渐掌握其全部功能。本书介绍第四代生物身份识别考勤机,它是利用人的生物特征来识别的,这种考勤机只要人的一个手指、手掌、人脸放在或面向读头就可以识别,非常方便,而且可以防止代打卡现象,提高管理效率。图 1-16 为一款触摸式考勤机。

图 1-16　中控 X628plus 触摸考勤机

(一) 生物身份识别考勤机的使用

1. 登记指纹

在登记指纹时,需要选择使用质量较好的指纹,如褶皱少、不起皮、指纹清晰、清洁无污物,尽量使手指接触指纹采集区域面积大一些,并等待一秒左右的时间。

2. 刷指纹方法

将已经登记指纹的手指尽量大面积接触指纹采集窗,轻轻按压,看显示器或语音提示信息,提示考勤成功时再移开手指。如果提示不正确,将手指拿开,再重新按压,不要将手指一直放在指纹采集窗上。

(二) 使用生物身份识别考勤机的注意事项

1. 使用前保证手指的清洁

不要沾油污、沾水。手指脏、爆皮、干燥、过凉会出现考勤不识别现象。如果因手指干燥或天气冷手指凉引起不识别,请将手指放嘴边哈气后重新识别。

2. 指纹采集方法

按上述刷指纹方法采集指纹。如果使用三次仍然提示不正确,要及时与管理员取得联系,切勿自行对考勤机进行其他操作。

3. 保护指纹采集窗

采集指纹时，不要用力按压指纹采集窗，轻轻按平即可，也不要用指甲或其他硬物划伤指纹采集窗。

八、碎纸机的使用与维护

碎纸机也是一种常见的办公设备，随着文件保密的观念越来越被人们所接受，碎纸机这种可以简简单单为公司解除后顾之忧的产品，成为了军事部门、政府机关、公司、团体在办公中必不可少的成员。图 1-17 为一款科密 C-868 碎纸机。

1-17　科密 C-868 碎纸机

（一）碎纸机的使用

（1）检查机器是否摆放平稳，电源是否符合标准。
（2）接通电源，按下启动开关。
（3）将纸张缓慢插入碎纸机的进纸口。
（4）碎纸完毕后关闭电源。
（5）取出碎纸桶，清理碎纸屑。

（二）碎纸机的日常维护与保养

1. 刀具的维护

刀具是碎纸机中精密程度最高的部件，碎纸前要将文件上的订书钉、曲别针等金属制品去掉，以免损伤刀具。

2. 纸量适宜

为了延长机器寿命，每次碎纸量应低于机器规定的最大碎纸量。不具备粉碎光盘、磁盘、信用卡等硬质物品的机器，请勿擅自粉碎这些物品。

3. 及时清理

碎纸桶满后，要及时清理，以免影响机器正常工作。清洁机器外壳，要先切断电源，用软布沾清洁剂或软性肥皂水轻擦，切勿让溶液进入机器内部，不可使用漂白粉、汽油或洗涤液刷洗。

实训演练

一、训练目标

学生通过学习本任务，应能熟练操作使用办公设备，并能对办公设备进行日常的维护与保养。在教学中注重培养学生的实际操作能力，让学生走进仿真环境，亲身体会，动手操作。

二、训练内容

(1) 复印机的基本操作。
(2) 使用传真机收发传真。
(3) 打印机驱动程序安装与文档打印。
(4) 扫描照片、杂志、文档,并能使用 OCR 软件把扫描文档转换成可编辑文本。
(5) 使用多功能一体机进行复印、打印、扫描、传真等。
(6) 投影机与计算机的连接及投影机的功能设置。
(7) 指纹考勤机的使用。
(8) 碎纸机的使用。

任务 5　零用现金管理

学习目标

了解零用现金的作用,掌握零用现金的支取、使用、报销等管理方法。

任务描述

小王刚到公司三个月,担任办公室助理职务,主要负责办公室日常的环境卫生、邮件收发和电话接打等事务性工作。近三个月,办公室电话费都由小王个人垫付,因为公司财务负责报销的人员暂时休假,所以一直未能及时报销。小王由于还在试用期,工资收入较低,又新到这座城市,各方面花销较多。想买部笔记本电脑的愿望一直未能实现,甚至连基本生活都有些拮据。小王自尊心很强,碍于面子,从未向办公室同事提起电话费一事,但心中又很着急,苦不堪言。

工作处理

一、任务分析

办公电话是办公室开展业务必备的办公设备之一,电话费用的缴纳必须及时,以免影响正常使用。为保证各项工作的正常运转,企事业办公室往往会备用一定的零用现金以供平时使用,电话费就可以从零用现金中支付。

小王对工作虽有很强的责任心,自己出资垫付办公电话费,但在个人财力比较拮据的情况下,大可不必采取这样的方式来处理,可以公事公办,从办公室支取零用现金来缴纳电话费或支持办公室日常的小项开支。

二、解决措施

小王采取了如下办法，缓解了自己当前的财力紧张状况。

(1) 认真学习了公司的财务管理制度，特别是零用现金的管理制度。

(2) 向办公室主任汇报了三个月来电话费垫付的事情及自己生活拮据的状况，并提出支取零用现金的想法，得到办公室主任的理解和支持。

(3) 按三个月来发生的办公电话费用，填写了《零用现金支取申请单》(见表1-9)，交办公室主任核验。

表 1-9　零用现金支取申请单

申请日期		领用部门及人员	
费用科目		领用金额(元)	
说明			
负责人签批		签名：	年　月　日

(4) 在办公室主任的帮助下，进一步完善了现金支领申请单上的用途、内容等项目，并请主管经理签批。

(5) 经理签批后到办公室主任处领取了现金。

(6) 小王整理好 3 个月来的办公电话缴费发票，交与办公室主任，抵消现金支领申请单。

▶▶ 相关知识

一、零用现金的功能

在企业的运营过程中，许多开销不可能用支票来支付，一些小额的办公费用又难以多次去财务临时支取。因此，许多企业办公室常常设立一笔零用现金(或称作备用金)。

这笔零用现金主要用来支付市内交通费、邮资、办公电话费、接待用茶点费、停车费和添置少量办公用品的费用。它通常是由企业领导和财务负责人批准后由秘书保管和支出。零用现金的数额根据企业的规模和平时小额支出的次数来决定。秘书领取零用现金后，应将现金存在保险柜内，并负责保管和支付。

二、零用现金管理的方法

1. 建立零用现金账簿

秘书必须建立一本零用现金账簿(见表 1-10)，清楚注明收到现金的日期、收据编号、金额数量和支出现金的日期、用途、零用现金凭单编号、金额、余额等。有时还要对账目进行分析，了解花销的情况。

表 1-10　零用现金明细表

年　　月　　日至　　月　　日

日期	项目	摘要	金额(元)		票据编号
			支出	收入	
合计					

制表：　　　　　　　　　　　　主管：

2. 填写零用现金支取申请单

内部工作人员需要领取零用现金时，应填写《零用现金支取申请单》(见表 1-7)，提交开销的项目和用途、日期、金额。一般情况下，零用金的暂支不超过 1 000 元，特别情况应由企业部门经理核准。

3. 零用现金使用审批

秘书要认真核对零用现金凭单，经审批人签批后，方可将现金支付给领用者。审批人通常是企业中分管财务的负责人。

4. 认真核对内容

秘书要认真核对领取者提交的发票等单据上的用途、内容、金额是否与零用现金凭单上填写的内容完全一致，然后将发票等单据附在零用现金凭单后面。

5. 做好支出记录

每支出一笔现金，秘书均须及时在零用现金账簿上登记。

6. 及时冲账

零用现金的借支，经手人应于一星期内取得正式发票或收据加盖经手人与主管的费用章后，交零用现金管理人冲转借支。

7. 定期财务报销

当支出的费用到一定数额后或月末，秘书填报《零用金报销清单》(见表 1-11)到财务部门报销并将现金返还进行周转。

表 1-11　零用金报销清单

部门：　　　　　　　　　　日期：　　　　　　　　　　　　　编号：

支付日期	部门	子目	摘要	单据张数	报销金额	明细账页次
合计						
上期领用金额：		本期报销金额：		本期结存金额：		

制表：　　　　　　　　　　　　主管：

8. 保存相关资料

办公室的零用现金收支变动后，秘书应即时把收支情况进行统计，填写《现金存款日计表》(见表 1-12)，以便了解办公开支的情况，也可以作为资料存查。

表 1-12　现金存款日计表

月份：　　　年　　月

日期	现金(元)			存款(元)		
	本日收入	本日支出	本日余额	本日存入	本日提款	本日余额
月　日						

实训演练

一、训练目标

掌握办公室零用现金的使用及管理。

二、知识要求

了解零用现金的用途及使用程序。

三、训练要求

掌握与零用现金的管理和使用相关的各种表格的填写方法。

四、操作说明

利用 2 学时，分小组进行。结束后，教师引导学生对每一个任务进行点评。

五、操作提示

在这项训练中，学生最好利用课外时间到不同行业的各类办公室请教学习，了解零用现金的主要用途及使用方法。

六、任务描述

(1) 为某公司设计一个适合的零用现金管理账簿。这个公司规定日常零用现金每月是 1 000 元，由秘书负责零用现金的报销。根据零用现金的报销内容，写出零用现金管理账簿的各个项目。同事乔某来报销昨天发生的交通费用，拿了一张交通费的凭据，一张填好的《零用现金凭单》，上有负责人的签字。

(2) 王小姐是金心公司总经理的秘书。总经理要去北京开会，让王秘书给他安排一下行程和申报商务费用。王秘书填写了详细的申请报销的商务费用项目，经总经理审核后，交给财务部，财务部作出同意申报的决定。王秘书电话订购了飞往北京的机票，下午打车前往领票。王秘书把打车费用直接在办公室零用现金中报销，飞机票费用在商务费用中报销。总经理开会回来，王秘书把总经理在北京发生的，且事先经财务部同意的费用事项凭证整理，附在《出差报销凭单》后面，交财务部领取支票或现金。

分析王小姐在费用的报销上是否正确？

第二单元 通讯工作

本单元主要学习接打电话的原则、程序和技巧，邮件收发的方法和技巧，正确处理各种实物邮件和电子邮件。

任务1 接打电话

学习目标

掌握接打电话的原则，熟悉接打电话的程序和技巧。能够熟练准确地接打电话，讲究电话礼仪，树立良好的单位形象。

任务描述

天宇集团公司是一家专门从事洗衣机的开发、生产、销售的企业。近年来，公司凭借着优良的品质，完善的售后服务及高瞻远瞩、长远规划的营销策略，经过全体员工的不懈努力，业绩逐年攀升。产品不仅占领了国内市场，在国际市场上也打开了销路，公司在激烈的市场竞争中成长壮大。

王娜刚从某大学工商管理专业毕业，新进天宇集团公司办公室工作，主要负责接听电话。王娜觉得这实在是太简单了，因此感到非常放松。不料，刚接了第一个电话，她就遇到了不少的麻烦。原来，王娜听到电话铃声，很是兴奋，铃声刚一响，她立即拿起听筒，礼貌地问："请问你找谁?"对方说要找"老马"，王娜赶紧把电话递给了对面的马秘书。没想到，马秘书拿过电话没讲几句，就和对方争吵起来，最后马秘书大声说道："你今后要账时，先找对人再发火。这是办公室，没有你要找的那个马铭富!"说罢就挂断了电话。原来，这个电话是打给销售部马铭富的，结果错打到了办公室，而对方只是含糊地说找老马，王娜误以为要找马秘书，结果造成了这场误会。

王娜陷入了困境中，接听电话这么小的事情，怎么会有这么多问题呢？王娜该怎么做呢？

工作处理

一、任务分析

电话是秘书处理日常事务时最常用、最不可缺少的交流工具，人们在使用电话时的种种表现，会使通话对象如见其人，给通话对象留下深刻的印象，也会使通话对象对打电话者所在单位产生明显的好恶感觉。很多客户最先往往是通过电话接触和了解所要交往的单位的，可能因为秘书人员温柔、谦和、礼貌的话语给单位带来意想不到的利益，也可能因为秘书人员一次粗鲁的态度给单位造成重大的经济损失。因此，电话在组织形象中扮演了重要角色，秘书人员必须重视电话接打问题，在电话里表现出良好的职业素养，从而树立良好的组织形象。

二、工作过程

王娜恭恭敬敬地向办公室里的前辈们行了拜师礼，请他们在工作中多多指点自己，认认真真地学起了接打电话的技巧。

办公室刘主任首先对王娜说："小王，电话要等第二遍铃响后再接，才显得稳重大方，铃声刚一响就拿起话筒说话，对方会感到很突然，甚至会觉得我们迫不及待，无事可干。当然让对方久等也是不礼貌的，对方在等待时心里会十分急躁，你的单位会给他留下不好的印象。所以即便电话离我们比较远，听到电话铃声后，附近没有其他人，我们也应该用最快的速度拿起听筒，这叫'铃响不过三'。"马秘书说："接电话时不能轻率地问对方你找谁、你是谁，这是很不礼貌的。首先要自报家门，如果你说是天宇公司办公室，他要找的是销售部，也许就不会出现刚才的情景了。"王娜连说谢谢。

正说着话，电话铃又响了，王娜在铃声响了两声之后不慌不忙地拿起听筒，自报了家门。还真巧，对方要找的还是销售部，王娜一听就告诉对方："你打错了。"然后就挂断了电话。马秘书对她笑了笑，表扬了她开始的电话用语，接着说："接到打错的电话时，要尽量为对方提供帮助：'这里是天宇公司办公室，电话是1234567，你要找的销售部的电话是7654321'。刚才你那种给别人回话的方式，也不够礼貌。如果对方是我们的客户，你刚才接电话的方式可能会中断公司之间的商务往来，给公司带来损失。"

当电话铃再次响起的时候，王娜在铃声响了两次之后不慌不忙地拿起听筒，自报了家门。电话是公司的一个合作伙伴丰益公司老总梁骞打来的，要王娜帮他查找一份以前的合同。王娜请梁总稍等，立即打开了档案柜，但因为王娜对工作还不熟悉，十几分钟之后才找到了那份合同。但是梁总可能等不及了，已经把电话挂了。张秘书知道了这件事，告诉王娜，如果在接电话时不得不中止电话而查阅一些资料，应有礼貌地问问对方的意思："您是稍候片刻，还是过一会儿我再给您打过去？"如果查阅资料的时间超过我们所预料的时间,可以每隔一会儿拿起电话向对方说明你的进展。例如说:“梁总,我已经快替您找完了,请您再稍候片刻。”

王娜又接了一个电话,电话是找马总的,从电话里的声音王娜感到对方好像很着急。王娜刚刚看到马总走到里间的办公室,于是告诉对方马总刚回办公室,请对方稍等,自己马上去叫马总接电话。马总问王娜谁来的电话,王娜说不清楚,只是对马总说对方好像挺着急。马总皱了一下眉头,拿起了话筒。不一会儿,马总的声音大了起来,好像吵架一般。马总挂断电话后,生气地对王娜说:“以后有找我的电话麻烦你先问问清楚。”王娜很委屈。一旁的白秘书悄悄对她说,接听直接找上司的电话,一定要先问清楚对方的单位、姓名、身份等,然后再根据实际情况处理。可以用一些有弹性的话,例如“请您稍等一下,我去看看马总在不在”,或者“马总刚刚出去,我马上去找找看”。

王娜正听得入神,电话又响了起来,原来又是一个找马总的电话。王娜礼貌地问清了对方的身份,原来是一个自称马总同学的人,王娜告诉对方马总不在公司,对方问马总的手机号码,王娜热情地帮他查了号,并在对方的道谢声中说了再见。王娜觉得这次做得很好,应该受到表扬了,心里美滋滋的。第二天,马总刚走进办公室,就大声责备王娜,不该在没有弄清情况时就把他的手机号码给了别人,干扰了他的谈判。王娜马上意识到了自己的错误,连忙向马总道歉。

三、经验总结

王娜虚心向前辈们学习,每遇到一个问题就记在小本子上。一个月后,王娜总结了一些电话接听的技巧。

1. 对错拨或中断电话的处理

如果遇到对方拨错号码时,不能大声怒斥或用力挂断电话,应礼貌告知对方。遇到中断的电话,秘书应马上把电话打过去,并告诉对方电话中断的原因。如果双方地位悬殊,地位低的人要把电话首先打回去,这是对对方的一种尊重。

2. 对直接找上司的电话的处理

在没有弄清对方的身份和目的之前,不能随便回答上司在与否。不论哪种情况,首先都要问清楚对方的单位、姓名、身份等,然后根据具体情况作进一步的处理。秘书人员要用职业性、策略性的方法来与对方沟通,既要弄清楚对方的身份和意图,又不能使对方反感。因为秘书没有任何理由去审问对方,只有帮助对方的义务,因此最好是讲究技巧,诱导对方说明来意。

如果上司正在开会或会客,只要不是很急的事,就不要让上司来接电话,等散会或会客后再说。这时秘书可以主动介绍自己,让对方了解自己的职责,主动承担转达的责任。例如转告对方会议预定在几点结束,询问是否由我方打过去,请对方留言等。遇有急事或重要事情应说:“实在对不起,总经理刚散会,我去看看他在不在。”然后放下话筒,给上司递个纸条,写明是谁的电话,大致情况,询问他是否接听。如果上司不愿意去接电话，就回答对方："实在对不起，这会儿不知总经理上哪儿去了，等会儿见着他，请他给您回电，您看这样可以吗？"

如果上司不便接电话，也不要照实说，最好用善意的谎言："马经理现在不在这儿，方便让我转告他吗？"

如果上司不想接电话，可以直接回绝："马经理出去办事，今天不回来了。您有什么事情吗？"如果对方仍固执纠缠，应礼貌地拒绝："对不起，我还有急事要办。我一见到他，立即转告他，好吗？"

3. 对同时打来的几个电话的处理

首先请正在交谈的一方稍等，告诉他有电话打进来，需要处理。然后迅速接听另一部电话，如果打来电话的人只是有一些小事，应立即回复，然后回到第一个电话上。如果第二个电话一时不能处理完，也不属于紧急内容，则告诉对方还有一个电话没有结束，建议一会儿再给他回电话，然后马上回到第一个电话上。如果第二个电话是紧急的事情，则马上向第一个来电者道歉，建议他先挂上电话稍等或快速处理完第一个电话。无论如何，回到第一个电话时，都要向来电者致歉。

4. 对投诉电话的处理

首先要心平气和，冷静耐心地听，等对方发完火后，再诚恳地向其解释原因或提出建议。例如，可以把电话直接转至有关的业务部门，或者告诉对方维修方式"您购买的产品出现了问题，可以直接找我们的维修中心维修，电话号码是××，地址是××"，或者"我会把您反映的情况及时向上司汇报，有了结果，我将马上联系您"。

5. 对推销电话的处理

在电话中一听出是推销电话，在注意礼貌地拒绝对方的同时，说话不宜过于委婉，一定要把自己的立场表示清楚，即柔中带刚。例如，"我正忙着呢，有空再给您电话。""谢谢您多次打来电话，只可惜我们已选定了办公用品的供应商，有机会我们再合作。"否则对方会死缠烂打，无谓地耽误我们的时间。

6. 对告急电话的处理

首先要沉着、冷静，还要细心，尽快弄清楚发生了什么事，在什么地方，什么人，严重程度等。如果情况紧急又是自己职权范围内的事，要当机立断，迅速地予以处理。如果不是自己职权范围内的事情，应马上请示汇报，并协助有关部门做好工作。

7. 对纠缠电话的处理

当通话者提出的要求超出正常限度的时候，例如要同事家里的电话号码等，无论对方如何请求，都不要被迫接受，而且态度要坚决。例如，"对不起，我们公司没有保留这方面的信息。或许明天你可以打电话到他的办公室。"

8. 对拖延电话的处理

当意识到对方是在故意拖延时间时，应立即做出反应。"真不巧！我正要去机场接一位客人，不得不在5分钟后下楼。"

▶▶ 相关知识

一、使用电话的基本礼仪

在接打电话时,应该特别注意自己的方式和态度,不能因电话数量多而不耐烦,而要认真地对待每一个电话。

(一) 态度热情、礼貌

在通话过程中,要有我"代表我(或单位)形象"的意识,热情、周到、礼貌,让对方感觉到他是受欢迎的,这样对方才愿意和你(或单位)沟通。因此,电话中应尽量使用礼貌用语,如"您好""请""谢谢""欢迎再来"等。

(二) 声音清晰、自然

在电话中的声音应尽量动听悦耳,音质清亮。说话时语速适中,因为语速拖沓会让人感觉到懒散,而语速过快又会让人感觉忙乱、紧张,甚至听不清你在说什么,正常的语速能让人感觉自然。表述逻辑清晰,反应敏捷。音量应以能够让对方听清,又不干扰周围环境为标准。

(三) 语言简洁、明了

电话工作要讲究效率,要善于处理与避免电话中的闲聊和纠缠。电话联络虽然方便快捷,但有时不如书面联络明了、准确。因为人们在讲话时由于发音或表达,可能会让电话的另一方理解困难甚至产生误解。所以平常要注意自己的发音,纠正某些不良的发音习惯。

(四) 注意保密

秘书在接听电话时一定要注意保密问题,一般不在普通电话里谈秘密事项,也不要把电话内容告诉无关的人员。如果对方在电话中问及有关机密的事,可根据情况,或婉言拒绝,或请示领导。

(五) 注意时间

秘书在打电话时,要考虑对方接电话是否方便。非常重要或紧急的电话一般在上班之后 40～60 分钟内拨打。一般的公务电话最好避开对方临近下班的时间,因为这时打电话,对方往往急于下班,很可能得不到满意的答复。午饭前、午休时间、下班之前最好不要打电话。

二、打电话的程序

1. 通话准备

(1) 情绪准备　要调整好情绪和表情，不要在接听电话的过程中流露出自己的不良情绪。

(2) 内容准备　拿起电话听筒之前，先理清自己的思路，准备好通话内容。如果通话内容比较复杂，最好准备通话提纲。提纲的内容包括电话要打给谁，打电话的目的，有几件事情；对提纲内容按轻重缓急排出顺序，把最重要的事放在前面。还要设想对方可能问的问题，准备如何做出回答。如果通话内容比较简单，打好腹稿就可以了。

(3) 材料准备　如果须要参看资料，在拿起话筒前要把材料准备齐全。

2. 核查号码，正确拨号

在拨电话前一定要确认对方的电话号码，以免错拨。有的秘书人员记忆力非常好，记下了很多与单位有关的部门或人员的电话，但是即便这样，也不能过分依赖自己的记忆力，记错一个数字，电话就不知道拨到哪里去了，给对方和自己都会造成麻烦。

3. 确认对方公司、部门名称并做自我介绍

电话接通后首先确认对方公司、部门名称，然后主动报出本公司名称，或者本人姓名、身份，准确说出要找的人。

4. 确定对方是否有适宜的通话时间

秘书人员给对方打电话时，也许对方正忙于某一事情。所以开始通话时，应询问对方现在通话是否方便，表明自己尊重他们的时间。如果对方方便，可以继续交谈；若不方便，可以再约定一个时间，然后挂断电话。

5. 清楚陈述

首先向对方讲明自己打电话的目的，然后按照顺序讲述事情。

6. 确认通话要点

事情陈述完毕，秘书还应对事情的要点进行复述，以确保接电话一方明确谈论的重点，保证沟通效果。

7. 结束通话

秘书应尽可能避免占用对方过长时间。例如，当考虑到对方可能过一段时间才能答复时，可以要求对方回电，然后挂上电话；或者过一会儿再打过去。这样就不会过长时间地占用他人的电话线，以免影响对方的正常业务。

8. 整理记录

无论打电话还是接电话，必要的时候，都应做电话记录(见表 2-1)。记录的内容通常称为“5W2H”。Who(是谁)、What(什么事)、When(什么时候)、Where(什么地方)、Why(为什么)、How(怎么样)、How much(需要多少时间、多少经费等)。

表 2-1 去电记录单

去电公司		通话人	
接听人		通话时间	
去电内容			
通话结果及处理意见			
备注			

三、接电话程序

1. 准备记录用品

在电话旁边准备好《来电记录单》(见表 2-2)和记录笔,等等。

表 2-2 来电记录单

□紧急

<table>
<tr><td colspan="4">来电找寻人姓名:</td></tr>
<tr><td>来电人姓名:</td><td colspan="2">来电人单位:</td><td>来电人电话:</td></tr>
<tr><td>□将再来电</td><td>□将来访</td><td>□请您回电</td><td>□已来访</td></tr>
<tr><td colspan="4">留言内容:</td></tr>
<tr><td colspan="2">记录人:</td><td colspan="2">时间: 年 月 日 时 分</td></tr>
</table>

2. 及时接听

最好在三声之内接听,即“响铃不过三”。左手拿起听筒,右手马上准备记录。大多数人习惯用右手拿起电话听筒,这样在通话中需要做文字记录时,只能将听筒夹在肩膀上面或换左手接听,浪费时间。要想轻松自如,就应用左手拿听筒,右手写字或操作电脑。

3. 礼貌应答

首先亲切问候,然后报出公司或部门名称,并表示服务意愿。例如说:“您好,这里是某某公司,请问我能帮您做什么?”

4. 确认对方身份

确定来电者身份时,应注意给予对方亲切随和的问候,以免对方不耐烦或产生其他想法。

5. 认真听记

首先应听清楚来电目的。如果有没听明白的地方,要及时提出疑问,以便对方重复所讲内容。

如果是需要转接的电话,首先询问对方是否愿意等待转接并解释转接原因,对方接受转机的话,感谢对方等待,然后把电话转过去。

6. 确认要点

如果谈话所涉及的事情比较复杂，应该复述关键部分，防止记录错误，或者因听觉偏差而带来误会。例如，应该对会面时间、地点、联系电话、区域号码等各方面的信息进行核查校对，尽可能地避免错误。

7. 礼貌结束通话

谈话结束时，要真诚地道谢和祝福，并让对方先挂断电话，等对方放下话筒后，再轻轻放下话筒。如果有急事要处理或有客人正等着，确需自己来结束通话，应向对方解释、致歉。

8. 整理电话记录

如果电话记录不完整，要及时整理、补充。

9. 事项办理

根据实际情况，或者亲自处理；或者上报领导，请领导批示；或者转给同事，说明问题。

四、秘书常用电话用语

1. 打电话用语

“对不起，请问我能耽误一下您的时间吗？”

“请问您现在有时间谈话吗？”

“不知现在给您打电话是否合适？”

“您能给我几分钟时间，让我简单地跟您说一下××事情吗？”

“请您在收到传真之后斟酌一下，再给我回个电话，好吗？”

2. 回复电话用语

“对不起，我的办公室还有人等着，我会尽量在短时间内解决，然后给您电话，好吗？”

“我正在接别人的电话，过一会再给你打过去好吗？”

“我对这件事十分关心，我会查实之后给您打电话的。”

“请您给我几分钟让我考虑一下好吗？”

3. 电话转接用语

代接电话的转告：“真不凑巧，李经理不在办公室；估计5点钟回来；请问有什么事吗？”在复述相关事情后，告诉对方：“李经理回来后，我会立刻转告他的。”

在须要把电话转给他人来处理时，要向对方解释转给他人的原因，并请求对方原谅。“高先生会处理好这件事的，请他和您通话好吗？”“我现在就帮你转接过去。”“我将电话转到您需要的部门，请稍候。”如果转接电话确实没人接，“很抱歉，电话占线，如果接通了我们马上给您打电话。”或者建议对方请其他有关人员接听，“对不起，您要找的马经理不在,您是否需要我将电话转接给李经理?李经理也是负责这项工作的。”

五、电话留言

1. 在对方电话答录机中留言

在对方电话预先录制的请留言信息结束、听到特殊的提示音后开始留言。先准确地说出自己的姓名和单位的名称,清楚说明要给谁留言,最好留下全名。然后简明扼要地说明留言的内容,对于姓名和地址等主要词汇,可运用拼写再次确定,如张虹小姐的名字是弓长张,彩虹的虹。如果留言中有数字信息,应缓慢述说,并再次重复。最后说出留言的具体时间。挂断电话之前,要说“谢谢”或其他礼貌用语。

2. 处理电话留言

秘书在处理电话留言时,要抓住要点,对留言者的姓名、单位、电话号码、来电时间、来电的内容等,要非常仔细地听记,不要遗漏。留言中提到的有关日期、时间等数字信息,姓名、地址等重要信息,在记录之后还应再听一遍,作进一步的核查。对于电话留言,秘书要及时办理或转达。

六、接发传真

接发传真与使用普通电话一样要选择合适的时间,注意礼仪修养,维护个人和所在单位的形象。单位的传真电话最好与普通电话分开使用,如果传真电话被占为普通电话使用,往往因电话占线延误传真的收发。

1. 传真的发送

发送传真,必须经领导批准,填写发文登记簿、表,并及时发送出去。

发传真前应向对方通报一下,发送之后还要和对方确认传真的页数、内容等。当然,作为接收传真的一方,收到传真后应尽快通知对方。

发送传真时,应注意传真文书的清晰度。传真文书的字体,应比普通打印的文件字体稍大一些,如果盖有印章,印章要清晰、颜色鲜艳,以确保传真件的文字与图案的清晰。传真的纸张以浅色为佳,这样传真后效果好,又不会浪费传真机扫描的时间。在发送传真时,应有必要的问候语与致谢语。

2. 传真的接收

办公室的传真机最好处于自动接收状态,这样不论办公室是否有人,对方都可以向办公室发送传真件。

在收到他人的传真后,应当立刻采用适当的方式告知对方。传真件的接收要纳入单位收发管理办法范围内,传真件接收后,要填写收件登记簿,并及时分发、处理。

实训演练

一、训练目标

(1) 能够正确拨打电话。
(2) 能够灵活接听不同类型的电话。
(3) 能够协调、处理电话中的问题。

二、知识要求

(1) 熟悉接打电话的工作程序。
(2) 掌握接打电话的具体要求和技巧。

三、训练要求

(1) 明确接听不同电话的处理要求。
(2) 能够快速做好电话记录。
(3) 及时传达电话内容。

四、操作说明

(1) 利用2学时,分小组进行。结束后,教师引导学生对每一个任务进行点评。
(2) 每组分别讨论或演示各项描述中的情景。
(3) 师生共同评议,并改进演示中有缺陷的地方。

五、操作提示

在这项训练中,学生最好利用课外时间留意学校办公室工作人员拨打和接听电话的情景,做好记录和总结,为本次实践活动提供借鉴。

六、任务描述

1. 模拟天宇公司办公室上班时的情景

学生以秘书的身份模拟接打电话,模拟内容如下。
(1) 对方要找马总经理,秘书告知马总不在的电话。
(2) 对方打错了号码,秘书应对的电话。
(3) 顾客购买的产品在使用中出现了问题,进行投诉的电话。
(4) 对方询问公司新产品的情况,要转接到产品部的电话。
(5) 通知部门经理开会的电话。
(6) 客户咨询本公司产品情况时,秘书需要查资料,要对方等候的电话。
(7) 马总正在会见一位客人,有一位自称是马总朋友的人要经理接电话。

(8) 马总想与新天地公司王总今晚在扬州大酒店吃饭,让秘书与之联系的电话。

2. 就下列问题进行讨论并模拟

(1) 当你给他人打电话时,你不能确定对方是否具有合适的通话时间,为了向对方表明尊重他们的时间,你应该如何说?

(2) 有人就某一问题打电话前来咨询,可你却不了解情况,你应该如何回答对方?

(3) 你正在打一个公务电话,这时领导走到你的办公桌旁。你知道电话还要打一段时间,然而领导一直在旁边等着可能会不耐烦。你应如何去做?

(4) 如果你的上司正在召开重要会议,而对方又是因为紧急事情致电你的上司,这时,你应该怎样处理?

3. 实景模拟

(1) 这天上午天宇集团公司总经理马云龙外出办事,忘了带手机。公司董事长孟寒找不到他,便给秘书王娜打电话:"我要明天与天地公司谈判的资料,并且要听一听马云龙的汇报,马云龙回来后,让他给我回电话。"演示王娜接电话,做电话记录。

(2) 上海天宇集团公司与韩国金美公司准备合作开发新产品。最近韩方准备由副总经理带队,与技术部 4 人来上海天宇公司进行技术考察,总经理马云龙让秘书王娜与韩方联系,询问相关事宜。演示王娜给韩方打电话。

4. 案例分析

(1) 一天,秘书王娜接到一个电话:"喂,你是天宇公司吗?我是海燕公司王总。我们现在有急事要用车,请你们支持一下,马上派一部小车来好吗?"王娜回答:"好的,我们马上就派去。"王娜的做法你满意吗?如果是你,会怎样做?

(2) 天宇公司办公室的王娜秘书正在给公司的财会室打电话。"喂,财会室吗?我是经理办公室,今年全年的工资统计表你们做出来了吗?"财会室回答说:"统计出来了。"王娜又说:"我正在给领导写年终总结,急等着要这个表。你给送来吧。"财会室的人听了这话,有些不高兴了,说:"我们也正忙着,你自己来抄好了。"王娜听到"叭"的一声,通话结束了。如果是你,你会怎样打这个电话?

任务 2 邮件收发

学习目标

通过学习,使学生掌握邮件收发的方法和技巧,能够熟练正确地处理各种纸质信函、实物邮件和电子邮件。

任务描述

新年刚过，天宇集团公司的马云龙总经理就去德国和法国进行项目考察了，去的时间还比较长，2月8日启程，预定28日回来。秘书王娜负责处理公司的各类邮件。2月8日，王娜从收发室取回了邮件，其中一封领导亲启的信、三份报纸、一本杂志、一个邮包、四封写给总经理办公室的信件，其中有一封是从江西分公司寄来的。马总经理曾告诉王娜让销售部陆经理处理这封信。王娜在总经理出差的这段时间应该怎么处理这些邮件呢？

工作处理

一、任务分析

邮件的接收在许多人看来是非常简单的事情。但是，如果秘书在接收邮件时对一些细节问题没有注意，例如拆信后没有及时处理，可能造成重要事情的延误。或者将写有领导亲启的私人信件也拆开了，可能引起不必要的麻烦。

二、工作过程

王娜回到办公室，又仔细数了一下邮件的数量，然后打开邮件登记簿，把所有的邮件做了登记。她用报夹把报纸夹好，就开始处理那封标有领导亲启的信。她写了一封简短的回信，告诉发信人信已收到，并说总经理出差了，要等到2月28日以后才能答复对方。然后就把那封来信放到了总经理办公桌上的文件夹里。王娜已经在总经理办公桌上放置了四个不同颜色的文件夹，分别标有"需要签字的信件"、"需要处理的信件"、"需要阅读的信件"、"一般阅读材料"字样。

对江西分公司寄来的那封信，因为马总经理曾说过让销售部陆经理处理。王娜想把信给陆经理送过去，正在这时，销售部的姜岩走进办公室，王娜请姜岩把这封信交给陆经理，并让姜岩在登记簿上签了字，王娜又记上了具体时间。

王娜坐下来拆另外三封给经理办公室的信。在拆信前，她先把信对着阳光照了一下，并在桌上磕了几下，尽可能使信纸沉落下去，然后取出剪刀，小心翼翼地剪开了信口，将信纸从信封中取出。第一封信是电子专业协会邀请总经理参加定于3月1日下午的研讨会，王娜把信做了扫描，用电子邮件发给了马总，并询问马总是否参加。拆开第二封信，拿出信纸，里面还有两张产品样品的照片。王娜看了信的内容，是锐翔公司的信，附件里说明有三张照片，王娜在信封上写上缺少一张照片，并写上了已有的两张照片的产品名称。这个公司前些天刚刚有人来过，王娜马上翻开电话通讯簿，找到锐翔公司的电话，告诉对方缺少一张照片，请再寄一张过来。第三封信是一封客户来信，对天宇公司提出了业务方面的意见。按照惯例，王娜拟好回信，并写好了信封，填好了发函登记，把信放到待发送信函文件夹里。最后，王娜没有忘记将回信作了复印，以备查阅。

王娜拆开邮包，发现是产品研发中心前几天订购的新型材料，一共有五个品种，王娜凭印象觉得订购的是三种，多了两种。王娜找出当时订购新型材料的副本，一核对，确实多了两种，她马上给对方打了一个电话，请对方处理。然后请研发中心的刘清过来，签字后把邮包拿走。王娜还细心地打印一份清单，注明收到的日期，在上面签了字，放入了文件夹。

2月9日，王娜一上班就打开邮箱，马总回邮件说要参加电子专业协会的研讨会，王娜马上起草了接受邀请的回信，明确告知对方马总将参加会议，在信的结尾签上自己的姓名，并注明是马云龙总经理的秘书。又复印了一份，以便马总回来后让马总过目。填好信封，放到待发送信函文件夹里，准备下午与其他信函一同寄出。

三、经验总结

上司出差或有其他活动需要离开单位一段时间时，秘书最好事先与上司做些约定，不同情况下如何处理关于上司的邮件。下面是上司不在时秘书处理邮件的一些具体方法。

(1) 秘书把需要上司亲自处理的一般信件先保存起来，并通知发信人信已收到，告诉对方什么时候可以得到答复。如果是注明“加急”、“快件”等字样的比较急的邮件，应当拆开阅读信的内容，如果确实有必要，马上用传真或其他方式告知上司。如果无意中拆开了不应该拆的邮件，应该立即在邮件上注明“误拆”字样，并重新封好。

(2) 上司指明他不在时把收到的邮件转送某个部门或人员处理。秘书做好登记后，及时把信函交给相应部门或人员，并要求收到的人员签名，注明时间。

(3) 上司授权秘书处理一些应由他处理的邮件。秘书应在全面掌握情况的基础上慎重办理，在回信上还要签上自己的姓名，表明自己的身份，发出前还要复印一份，留待上司过目。如果需要回电或面谈，则应在收到的邮件上写明回电、面谈的时间和内容，以备后查。秘书在处理邮件时遇到棘手的事情，应及时向上司请示。如有可能，可以把那些难以办理而又急需回复的邮件用传真、快件、电子邮件等形式发给上司，请上司定夺。

(4) 如果上司出差时间较长，或者是虽然出差时间短但邮件很多，秘书可以制作邮件摘要表。表上列出收到邮件的时间、处理过程、处理方法、采取了哪些措施，等等。

(5) 如果上司习惯于每天给办公室打电话，秘书应该把需要上司处理的每封信的内容大致记录一下，这样就可以随时向上司汇报。

(6) 秘书把积压的信件分别放入文件夹，标上“需要签字的信件”、“需要处理的信件”、“需要阅读的信件”(这些信件已经答复，但上司可能要过目)、“一般阅读材料”(上司可能想读的报刊、广告、小册子等印刷品)，并按照收到信函的时间连续编号，便于查找，又避免丢失。

也可以依国际标准为信函做标记。信函标记的国际标准如下：优先考虑的信函，用金色标记；例行性的备忘录，用绿色标记；特殊信函，用粉红色标记；绝密信函，用蓝色标记；私人信函，用黄色标记。

▶▶ 相关知识

邮件收发是指秘书人员在邮件的接收和发出过程中所要进行的一系列工作。邮件包括通过邮政系统或快递公司传递的各种邮件，如各类信函、电报、印刷品、包裹等；还包括电子信函，如传真、E-mail 等。

一般来说，私人邮件秘书人员是无权处理的。但实际情况是，很多署名员工个人的邮件往往是关于公务活动的，很难区分公私性质。如果因为署名是个人而没有及时处理，就会给单位造成难以挽回的损失，或者给单位带来麻烦。因此，对于一个单位来说，应该明确这样一个原则：凡员工私人邮件一律禁止寄到单位，否则以公务邮件拆阅处理。

一、接收邮件的程序

1. 签收

实物邮件的送达一般有三种情况：一是传达室或收发室收到邮件，再送到秘书办公室；二是邮件送到单位信箱里，由秘书开启信箱，取出邮件带回办公室；三是邮局派专人把邮件送达秘书办公室，需要秘书人员签收。不论哪种情况，秘书人员都要仔细核对是否是本单位的邮件，然后认真清点件数，检查实收件数与签收清单上的件数是否符合。经清点检查无误后，在“投递回执单”或“送件簿”上签字，并注明收到的具体时间。

2. 分类

秘书收到邮件后应该按照一定的标准进行分类。一般按照邮件的重要性分类，以保证重要信函得到优先处理。

3. 拆封

邮件分好类别后，秘书便对应由自己处理的邮件予以拆封。拆封邮件，要用剪刀、拆信器或电动邮件启封机等工具，注意保持原封的完好，不能损坏信封上的文字、邮戳和其他标志。然后在邮件的右上角加盖收件日期章或手写收件日期，因为有时对于一些信函来说，其成文时间与发出时间可能会有较大的间隔，同时也方便秘书分辨信函是否已经做过处理。必要时，应把信封订在文件后面，一并处理。信件里的证件、凭据等要专项登记和保管。

4. 阅函

阅读信函要仔细认真，应把其中的重点部分用黄色笔做出标记，或者做简要说明。同时还要检查信封、信笺上的地址是否一致，附件是否齐全等。

5. 登记

秘书在拆启邮件及阅读过程中，应按《收件登记簿》(见表 2-3)中所列内容，对重要邮件进行登记。这样既方便秘书对重要邮件的去向、来函办理情况等的掌握和跟踪,也能保证重要信函的安全归档。登记表可根据实际情况自行设计。

表 2-3　收件登记簿

序号	收件日期	来件单位	邮件标题或内容摘要	密级	签收人	接办人	备注

6. 处理

(1) 需要秘书部门自行处理的邮件,要及时处理。办理结果需要让上司知道时,要将已处理的信函及处理结果放在一起供上司审核。

(2) 需要呈送给上司的邮件,要及时呈送上司。呈送时信笺在上,信封在下,用曲别针夹在一起,按照轻重缓急依序放好。信函中的重要内容要用黄颜色的笔标注,如有必要还应将秘书的建议标注在一旁,以提醒上司引起重视。如果以前保存在档案中的资料与现在的邮件有很大的关系,秘书还应把档案中的资料找出来与邮件放在一起呈送。

(3) 秘书部门无权处理的邮件,以及应该转交其他部门的邮件,把信笺在下,信封在上,用曲别针夹在一起。在上面写上具体办理意见,例如,提供信息、征求同意、请转交、请交回、请一起审核、请存档等,及时转交有关部门及人员。

(4) 对报纸和杂志,选出上司可能感兴趣的部分提供给上司,其他的放在报刊架上供员工阅读。

(5) 广告和传单如果有价值也要及时提供给相关部门或人员,或者作为资料保存起来。因为广告和传单是方便、免费的信息来源,可以从中了解到新产品的市场行情和发展趋势,也可以了解一些重要的会议和其他的商业行动等。

7. 办注

办理完毕的邮件要及时在备注栏注明办理结果。

二、发送邮件的程序

1. 内容校核

信函起草完毕后,秘书应该按照规范的格式进行打印,并检查字、词、句及标点的使用是否正确。信函的内容要完整、清楚,防止疏漏。

2. 上司签发

有的邮件需要上司签发,上司的亲笔签名会引起对方对邮件内容的重视,秘书要在恰当的时机把信函呈交上司签字。除紧急的信件必须立即请上司签字之外,一般的信件可以集中在一起,找一个方便的时间请上司统一签字。

3. 复印存档

重要的信函发出前，应复印一份，做好登记，存入档案。

4. 查核邮件

在邮件封装寄发之前，还要仔细查核邮件。一是查核附件，要注意全部附件是否齐全、正确。二是查核信封或外包装，检查收件人姓名、地址与信笺上的收件人姓名、地址是否一致，标记是否注明，如“绝密”、“保密”、“亲启”等。三是查核必须由上司签名寄发的信函是否经过了上司的签署。

5. 装封

邮件装封之前，秘书应该注意将信纸上的小夹子或其他装订用具取下。

6. 登记

对重要邮件在发出前先要在《邮件发出登记簿》(见表 2-4)上登记。

表 2-4　邮件发出登记簿

序号	发件日期	寄发单位	邮件标题或内容摘要	密级	发件部门	经办人	备注

7. 寄发

秘书要了解邮政方面的规章制度和寄发时间，选择适当的邮寄方式。将邮件按境内平信、国际航空、特快专递、大件包裹等分类。因为，不同的邮件类型往往意味着不同的寄发要求，分类能够帮助秘书人员很好地按要求处理邮件。如果时间紧迫，可以采取其他的快速传递方式，如电子邮件、传真、电报等。

如果是快递或是挂号信，秘书要保存好快递或挂号凭证，在凭证背面记下邮件发往单位与收件人，贴在《邮件发出登记簿》上。

三、电子邮件的处理

1. 撰写与发送电子邮件

(1) 脱机撰写　为节约费用，在撰写电子邮件时，尤其是在撰写多个邮件时，应在脱机状态下撰写，并将其保存于发件箱中。准备发送时再连接网络，一次性发送。

(2) 撰写内容要简洁　电子邮件内容要简明扼要，因为电子通信强调的是简洁迅速，要避免长篇大论。撰写电子邮件和写一封书面信函是一样的，一定要精心构思，慎重动笔。如果事情复杂，最好使用序号，列几个段落进行清晰明确的说明。在一次邮件中要把相关信息全部说清楚，不要过两分钟之后再发一封“补充”或“更正”之类的邮件。也不要在一封电子邮件内谈多件事情，电子邮件最好是一文一事。一般信件所用的起头语、客套语、祝贺词等，在在线沟通时都可以省略。但必要的邮件用语还要有，以示对对方的尊重。如果具体内容确实很多，正文应只作摘要介绍，然后单独撰写一份文件作为附件进行详细描述。

(3) 语言要流畅　电子邮件行文要通顺，不要出现让人感觉晦涩难懂的语句，语气语调要恰到好处。切记收信对象是一个“人”，而不是一台机器。尽可能避免拼写错误和错别字，可以使用拼写检查。这是对别人的尊重，也是秘书人员工作态度的体现。要合理提示重要信息，但是不要动不动就用大写字母、粗体斜体、颜色字体、加大字号等手段对一些信息进行提示。过多的提示会让人抓不住重点，影响阅读。也不要大量使用笑脸等表情字符，在商务信函中，使用表情图片会显得不够庄重。

(4) 主题要明确　主题是接收者了解邮件的第一信息。因此，要提纲挈领，尽量写得具有描述性，反映邮件的内容，使接收者迅速了解邮件内容并判断其重要性。切忌使用含义不清的标题。一封电子邮件，最好只有一个主题，可适当使用大写字母或特殊字符来突出标题，引起接收者的注意。但应适度，特别是不要随便使用“紧急”之类的字眼。回复对方邮件时，可以根据回复内容需要更改主题，不要 RE(回复)一大串。当然，电子邮件也不要用空白主题。

(5) 慎重选择发信对象　在电子邮件发送之前，务必仔细阅读一遍，检查行文是否通顺，拼写是否有错误，收信对象是否正确，以免对他人造成不必要的困扰。发送电子邮件要遵守国家法律和社会公德，不能滥发邮件，应确保收到信函的人需要这个信息。

(6) 正确使用抄送和密送　在发送电子邮件给多个人的时候，一般用抄送的方式。这样的话，所有收件人可以分享所有的电子邮件地址。如果不想把电子邮件地址被所有收件人分享，应该使用密送方式。密送的优点是收件人不会知道还有其他接收者的存在。发送电子邮件给多个人的时候，还要注意各收件人的排列应遵循一定的规则。例如，按部门排列，按职位等级排列等。

(7) 正确使用附件功能　首先应要在电子邮件正文里面提示收件人查看附件。其次是应按有意义的名称给附件命名。发送较大附件需要先进行压缩，以免占用收件人信箱过多的空间。在发送邮件之前要确认邮件接收者能够处理所要发送的文件的大小和类型。在一些电子邮件系统中，由于附件功能的缺乏或不成熟，会造成接收者无法顺利阅读文件。所以，如果附件是特殊格式文件，应在正文中说明邮件的打开方式。

秘书人员使用电子邮件应当慎选功能。现在电子邮件软件都非常先进，可有多种字体备用，还有各种信纸可供使用者选择。这固然可以强化电子邮件的个人特色，但是此类功能在商务活动中应该慎用。因为修饰过多的电子邮件，容量会增大，收发时间增长，往往会给收件者以华而不实之感。

(8) 注意电子邮件语言的选择和汉字编码　由于存在中文编码的问题，中文邮件在境外一些地区可能显示成乱码。因此在收件人中有外籍人士，或者收件人是其他国家或地区的华人等，必要的时候应使用英文邮件。如果对方发的邮件使用英文，也要用英文邮件回复。还要选择便于阅读的字号和字体。经研究证明最适合在线阅读的中文是宋体或新宋体，英文是 Verdana 或 Arial 字体，字号用 5 号或 10 号。不要用稀奇古怪的字体或是过大过小的字号。

（9）发送电子邮件时要注明发送者姓名及其身份　除非是熟识的人，否则收件人一般无法从账号识别发件人到底是谁。因此，标明发件人的身份是电子邮件沟通的基本礼节，每封邮件在结尾都应签名。

（10）转发邮件要谨慎　在转发电子邮件之前，要确保收件人需要此消息。点击发送按钮前，检查一下内容，如果有需要，还应对转发邮件的内容进行修改和整理，以突出邮件要点。转发敏感或机密信息要小心谨慎。例如，不要把内部消息转发给外部人员或未经授权的接收人。

2. 接收与回复电子邮件

（1）及时回复　秘书每天都要查看邮箱，以免遗漏或耽误重要邮件的阅读和回复。凡公务邮件，一般应在收件当天予以回复，以确保信息的及时交流和工作的顺利开展。理想的回复时间是 2 小时内，特别是对一些紧急、重要的邮件。对于一些优先级低的邮件可集中在一个特定时间里处理，但一般不要超过 24 小时。如果涉及较难处理的问题，可先告知发件人已经收到邮件，再择时另发邮件予以具体回复。如果由于因公出差或其他原因而未能及时回复，回复时要向对方致歉。

（2）回复要有针对性　要根据电子邮件的内容要求，像书面信函一样做好处理。不要就同一问题多次回复讨论，如果收发双方就同一问题的交流回复超过 3 次，这只能说明交流不畅，此时应采用电话沟通、面谈等其他方式进行交流。电子邮件有时并不是最好的交流方式。因此，在电子邮件的回复中要避免反复交流，浪费资源。

（3）管好自己的收件箱　电子邮件也是很重要的信息材料，秘书人员要保管好自己的收件箱。要定期整理收件箱，把邮件按照优先级、主题、日期、发件人及其他选项进行分类，该保存到其他位置的邮件要选择其他的保存位置，重要的内容应该打印出书面形式予以保存。如果是在公共计算机上收发信件，还要注意保密的问题。可以通过“Internet 选项”的“常规”选项卡删除文件、清除历史记录及删除 Cookie。也可以到“内容”选项卡的“个人信息”栏进行自动完成设置，清除表单及密码等。

（4）妥善保管电子邮件地址　秘书不要把自己收到的电子邮件地址泄漏给他人，甚至家人或朋友。更不能贴在互联网论坛或公告板上、新闻组系统里、聊天室中，或者其他公共区域内。

（5）对误发的电子邮件要回复　当收到他人误发的邮件时，尽可能代为传递或通知原寄送人。如果能从信件内容看出正确的收信者，应迅速转送出去。若无法辨认，也应及时回复发信人并简单解释传送的错误。在网际空间中，要有宽容互助的心胸，原谅别人无心的错误并给予热心协助。

实训演练

一、训练目标

(1) 能够灵活处理接收到的不同类型的邮件。
(2) 能够准确发送不同类型的邮件。

二、知识要求

(1) 掌握邮件收发的工作程序。
(2) 清楚邮件收发工作中处理各项事务的具体要求。

三、训练要求

(1) 明确不同邮件的处理方法。
(2) 电子邮件的撰写要求完整规范。

四、操作说明

(1) 本实训可选择在模拟办公室或教室等场所进行,需配备能上网的电脑。

(2) 实训应分组进行,可以 3 人一组,其中 1 人扮演秘书,1 人扮演通讯的另一方,1 人进行监督和评价。3 人轮流扮演不同角色。

(3) 每个同学在演练过程中一定要严肃认真,言行符合规范。

(4) 老师可以临场发挥,比如增设模拟角色和任务。在同学们模拟具体情景时,组织其他的同学对模拟进行评论。

五、操作提示

在这项训练中,学生最好利用课外时间走访邮局,掌握邮政业务的基本要求,还要注意观察各企业办公室邮件收发人员的具体工作,为本次实践活动提供借鉴。

六、任务描述

(1) 有一次,秘书姜兰不小心误拆了总经理高强的私人信件。信是高总的高中同学寄来的,有一些隐私。姜兰应如何处理这封信?

(2) 一天上午,秘书姜兰准备到邮局寄一封挂号信、两份客户要的资料和给河北分公司的批复文件 2 份。姜兰应怎么做?

(3) 王经理向秘书姜兰口述了一封信的概要,要求姜兰整理出来后,以最快的速度发出,并保证对方也能够在最短的时间内收到这封信。模拟姜兰从整理信函到发出信函的全过程。

（4）一天上班不久，邮递员送来三个邮件：一个是发给马总经理的函件，封面上有“急件”字样；另一个是给周经理的包裹；还有一个是工商局寄来的函件。秘书姜兰在投递单上签收后，将三个邮件放在一边，开始忙昨天未结的工作，直到快中午的时候，才腾出时间处理这三个邮件。姜兰打开工商局的函件，是一份关于新的工商管理办法的文件。姜兰又打开急件，是一封客户请求确认并要立即给予回复的商函。姜兰一看这两个函件，不是重要就是紧急，不敢怠慢，急忙送交马总经理阅办。回来后，姜兰还没有坐稳，办公室刘主任走了进来，叫姜兰外出办一件事情。姜兰于是把包裹放在办公桌上，给周经理打了个电话，让他过来自行取走，然后放下电话出去了。姜兰的处理有什么问题，假如是你应该怎样做？

第三单元 印信工作

本单元主要学习印章、介绍信、证明信的使用和保管的方法。

任务1 印章管理

学习目标

学习印章的作用、种类、刻制要求。了解电子印章的特点与使用方法，掌握印章的使用和管理技巧，熟悉印章保管的注意事项。

任务描述

天地有限责任公司的公章因为使用和保管不善而被损坏了，需要刻制一枚新的印章。总经理吩咐办公室主任王青负责新印章的刻制。王青回想起公司刚成立时刻制印章的情景，真是太麻烦了。正好有一个朋友是刻印章的，他想走一个捷径，通过朋友关系刻制一枚新印章。王青认为反正有旧印章做样子，做个一模一样的印章，应该不成问题。他把想法向总经理一说，满心希望总经理会表扬他能干，不料却受到了总经理的严厉批评，并且让他拿出新印章刻制与启用的工作方案以后再行动。王青应该怎样做好新印章的刻制和启用呢？

工作处理

一、任务分析

公章是机关单位权威性、法定性和效用性的代表和外在形式，是机关单位行使职权的标志，一旦出现问题可能会给单位带来重大损失。加强对印章的管理，严格履行用印程序，是秘书人员的重要职责。单位印章严禁私自刻制，违者将受到法律的惩处。王青接受总经理的任务后，应该与刻制首枚印章一样，严格按照审批手续，到指定地点刻制新印章，履行手续后再启用新印章，销毁旧印章。

二、形成方案

王青受到总经理的批评后，查找了相关资料，意识到印章的重要性和刻制印章的严肃性，也吓出了一身冷汗，多亏总经理的批评，否则自己就要犯大错误了。他连夜起草了一份更换及启用新印章的方案，第二天就交给了总经理。王青还向总经理建议，公司以前的印章管理太混乱，自己也起草了一份《印章管理办法》，以完善相关制度，严格控制印章的使用和管理。

更换及启用新印章方案

（一）提出书面申请。说明刻制新印章的理由，开具公函，详细写明印章的名称、样式和规格，带上旧印章，向当地工商行政管理机关提出书面申请。

（二）持当地工商行政管理局批准的公文、营业执照副本及副本的复印件、法人代表身份证原件及复印件、经办人身份证原件及复印件等材料，到当地公安机关提出申请，填写《印章刻制申请书》。

（三）到当地公安局指定的刻制单位刻制印章。

（四）双人同行，取回印章，选定启用时间。

（五）向相关单位发出附印模的启用通知。

（六）到启用日期，启用新印章，销毁旧印章。

印章管理办法

第一章　总则

第一条　印章是公司经营管理活动中行使职权的重要凭证和工具。印章的管理，关系到公司正常的经营管理活动的开展，甚至影响到公司的生存和发展。为防止不必要事件的发生，维护公司的合法利益，制定本办法。

第二条　公司总经理授权由办公室全面负责公司的印章管理工作，发放、收回印章，监督印章的保管和使用。

第二章　印章的保管

第三条　公司各类印章由各级和各岗位专人依职权保管。

第四条　印章管理人员不得委托他人代为保管印章，不得委托他人代为加盖公章，不得出借印章。

第五条　印章管理人员不在时由总经理指定他人代管，双方做好交接手续。

第六条　印章如有遗失，必须及时向公司办公室报告。

第三章　印章的使用

第七条　使用单位印章需填写用印申请单，经相关领导批准同意后，方可交印章保管人盖章。有关领导因故不能在用印申请单上签字批准的，可以口头通知印章管理人员先行加盖印章，事后经办人员应及时补办批准手续。

第八条　印章保管人应对文件内容和《用印申请单》上载明的签署情况予以核对,经核对无误的方可盖章。

第九条　用印后该《用印申请单》作为用印凭据由印章保管人留存,定期整理后交办公室归档。

第十条　涉及法律等重要事项需使用印章的,须依有关规定经公司法律顾问审核签字。

第十一条　印章原则上不许带出公司,确因工作需要将印章带出使用的,应事先填写印章使用单,载明事项,经公司总经理批准后由两人以上共同携带使用。

第十二条　任何人不得以任何借口要求在空白文书上加盖公章。

第四章　责任

第十三条　印章保管人员必须认真负责,遵守纪律,秉公办事。对违反规定使用印章造成严重后果的,应当追究保管人或负责人的行政责任或法律责任。

第十四条　任何人员必须严格依照本办法规定程序使用印章,未经本办法规定的程序,不得擅自使用。

第十五条　违反本办法的规定,给公司造成损失的,由公司对违纪者予以行政处分,造成严重损失或情节严重的,移送有关机关处理。

第五章　附则

第十六条　本办法解释权归公司总经理。

本办法自公布之日起施行。

三、落实实施

总经理看完两份文稿后,露出了满意的微笑。王青这才舒了一口气,立即按照方案,先请示了工商行政管理局,又拿好相关材料,到公安局填写了《印章刻制申请书》。按照公安局指示,王青到青殷刻章部刻制了新印章。取回新印章后,向相关单位发出了公函。

关于启用新印章的函

各相关单位:

因我公司印章污损严重需要更换,2017 年 5 月 10 日起启用新印章,原印章同时废止使用。

特此函告。

附:印模

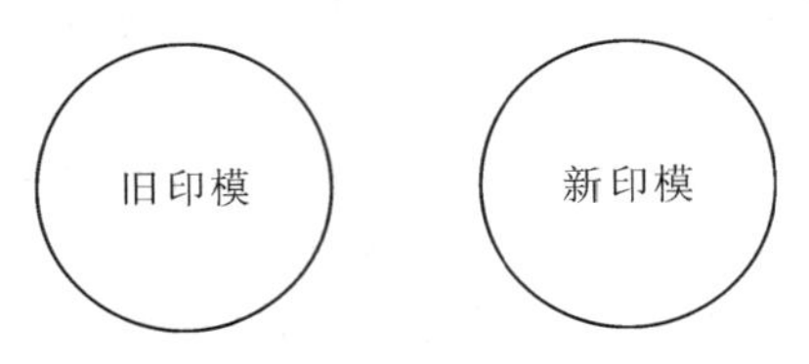

天地有限责任公司(章)

2017 年 4 月 25 日

自此,天地公司严格履行公章使用手续,再也没有因为公章问题给公司带来麻烦和损失。

相关知识

一、印章概说

印章是印和章的合称,现代印章是指刻在固定质料上的代表机关、组织、单位和个人权力的图章。秘书部门掌管的印章主要有三种:一是单位印章(含钢印),又叫公章;二是单位主要领导人因工作需要刻制的个人签名章;三是秘书部门的工作专用印章,如收发章、校对章、封条章等。

有人说:"印下有黄金万千,印下有性命关天。"说的就是印章的重要性。印章的用途主要表现在以下几个方面。

(1) 权威作用。在一定场合下,单位权威的实现是以印章为鉴证的。一个单位的公章及领导人签名章有一定的权威性。加盖印章后,在其职权范围内所发布的命令、指示、规定、制度等,就会发挥效力,所属单位和人员就要服从、执行。

(2) 法律作用。只有得到法律认可的机构或具有法人资格才备有印章,并在印章上以印文的形式标明其法定名称。公文、证件等一旦盖上单位公章,即表示已受到盖章单位的认可而正式生效,在刑事诉讼和民事诉讼中负有法律责任和法律义务。各种各样的文件、凭证、证据等,不加盖公章对外一律无效。

(3) 标志作用。公章是单位对外行使权力的标志。机关、单位行使职权,进行各种公务活动时,公章作为一种标志代表一个单位。有了印章这个标志,各种介绍信、合同、报表等文书才能被人们所承认和执行。

二、公章的样式和种类

公章的规格、尺寸、文字、图案等要严格按照国家有关规定执行,任何单位或个人都不得擅自更改。

1. 公章的样式

(1) 国务院的印章,各省、自治区、直辖市人民政府和国务院各部委的印章,国务院各直属机构的印章,国务院办事机构的印章,国务院所属事业单位及国务院直接批准的全国性公司的印章,中央刊国徽,国徽外刊机关名称,自左而右环行。

(2) 自治州、市、县级和市辖区人民政府的印章,中央刊国徽,国徽外刊机关名称,自左而右环行。

(3) 企业事业单位、社会团体的印章,中央刊五角星,五角星外刊单位名称,自左而右环行。制发办法由公安部会同有关部门另行制定。

(4) 各级党委的公章，其中央图形为镰刀斧头，机关名称呈上半包围样式。

(5) 机关单位内部组织机构的公章，其中央图形为五角星，机关名称呈上半包围样式，内部组织机构名称在五角星下从左至右横排。

2. 公章的种类

公章按性质、作用、材质等，可分为正式印章、专用印章、套印章、钢印、领导人签名章、戳记等六大类。

(1) 单位印章。单位印章是按照法定的规格、外形、尺寸和样式刻制的标明一个单位法定全称的印章，是一个单位的标志和象征，代表单位行使一定的职责、权力。

(2) 专用印章。专用印章是各级各类领导机构为履行某一项专门职责，经过一定批准手续，颁发给所属某一专门机构使用的印章。这种印章不代表整个机关、单位，只反映某项专门业务内容和一定的业务权力。包括财务专用章、合同专用章、业务专用章等。

(3) 套印章。套印章是根据需要，按照正式印章或专用印章的原样复制而成、专供印刷用的模印。主要用于印刷需加盖印章的文件、颁发的通知、布告以及经缩微后在各种凭证的印刷品上使用。套印章用制版印刷的方式代替手工盖印，适用于大宗公文凭证用印，或者用在税务发票及其他专用票等小型票证上。

(4) 钢印。钢印是用钢材制作的印章，既有相当于正式印章的钢印，又有相当于专用印章的钢印。钢印是使用加压设备，采用模压方法加盖无色印章，只显出印章凸出的字样、式样和图样，而不显出图样、字样的颜色。它用于加盖各种证件，一般加盖在贴有照片的证件上。

(5) 领导人签名章。领导人签名章是指刻有单位主要负责人姓名的图章。它表示负责、信用、尊重和信任等，具有权威性。有些文书，例如银行借贷、财务报告、签订合同、布告通告等，除盖公章和专用章外，还须盖领导人签名章才能生效。

(6) 戳记。戳记是刻有一定字样的，带有标志性质的印章。这种印章字迹醒目，常加盖在显要的位置上，起着提示的作用。例如，财务单据上盖的“现金收讫”，文书处理中所盖的“急”、“特急”等。

3. 不同位置公章的作用

公章加盖在文书的不同位置以及在文书处理的不同环节中，其作用也各不相同，主要有落款章、更正章、见证章、骑缝章、骑边章、密封章、封存章等七种。

(1) 落款章。盖于文书作者落款处，表明法定作者及文书的有效性。凡文书都应加盖落款章，无印的机构可以借印。例如，派出机构可以借用所驻机关或单位的印章，共同机构可借用实体机关的印章等。

(2) 更正章。对文书书写中的夺(脱字)、衍(多字)、讹(错字)、倒(颠倒)等进行改正后，要加盖更正章，以作为法定作者自行更正的凭信。一般不用刊有“校对”字样的小色章作为更正专用章，以避免作弊现象。

(3) 见证章。见证章是指对以他人名义出现的文书盖章作证。例如，两个单位签订合同，有时会请双方上级主管部门加盖证见章；为他人出具旁证材料，需要由出具旁证人所在单位加盖证见章；摘抄档案内容，需要由档案保管部门加盖证见章。

(4) 骑缝章。介绍信与存根衔接处须骑缝加盖印章，以便必要时查核。

(5) 骑边章。重要案件的调查、旁证、座谈记录等材料很多是由调查人自作笔录，除了应由当事人盖落款章，所在单位盖证见章外，还必须将该材料多页沿边取齐后均匀错开，从首页至末页骑页边加盖一个完整的公章，以证明该材料各页是同时形成的，避免日后改易之弊。

(6) 密封章。密封章是指在公文封套封口处加盖公章，以确保在传递中无私拆之弊。例如，调取档案时，在档案封口处用纸条加以密封，并盖上公章。

(7) 封存章。封存章是指在封条上加盖印章，以封存财册、文件橱、财物、仓库、住房等。常在节假日前夕或特殊情况下使用。

三、公章的刻制与启用

印章的刻制，必须严格按照国家规定，根据印章的制作权限，到指定的刻字单位刻制，任何人不得擅自刻制公章。我国《刑法》第一百六十七条规定："伪造、变造或者盗窃、抢夺、毁灭国家机关、企业、事业单位、人民团体的公文、证件、印章的，处三年以下有期徒刑、拘役、管制或者剥夺政治权利；情节严重的，处3年以上10年以下有期徒刑。"

1. 印章的制发权限

一个单位的性质、级别、职权范围是由上级机关赋予或认可的。不论刻制哪一级单位的印章都要有上级机关批准成立该单位的正式公文。具体来说，有以下几种情况：

(1) 国务院的印章，由国务院自制。

(2) 各省、自治区、直辖市人民政府和国务院各部委的印章，国务院各直属机构的印章，国务院办事机构的印章，国务院所属事业单位及国务院直接批准的全国性公司的印章，国务院有关部委管理的国家局，国务院有关部委外事司(局)的印章，国务院设置的议事机构、非常设机构的印章，均由国务院制发。

(3) 自治州、县、自治县、市、市辖区人民政府的印章，行政公署的印章，由省、自治区、直辖市人民政府制发。

(4) 乡、镇人民政府的印章，由县、自治县、市人民政府制发。

(5) 驻外国的大使馆、领事馆的印章，由外交部制发。

(6) 国务院各部门和地方各级国家行政机关所属的单位，以及工厂、矿山、农场、商店、学校、医院等企事业单位、社会团体的印章，分别由国务院各部门和地方各级国家行政机关制发，或者由国务院各部门和地方各级国家行政机关另行规定制发办法。

(7) 民营企业、独资企业、三资企业刻制印章,依法到当地工商行政管理机关办理登记,经核准发给营业执照后,持相关手续到当地公安部门备案,由所在地县、市(区)以上的公安部门指定刻制单位刻制。

(8) 民办非企业单位刻制印章,须到当地的民政部门核准并取得登记证书后,向登记管理机关提出书面申请及印章式样,经批准后持登记管理机关开具的同意刻制印章介绍信及登记证书到所在地县、市(区)以上公安机关办理准刻手续后,方可刻制。

(9) 机关单位的内部组织机构,由上级领导机关或主管机构批准成立后,持相关批文依法到当地的公安部门备案,由所在地县、市(区)以上的公安部门指定刻制单位刻制。

2. 公章的刻制程序

(1) 由需要刻制印章的单位向所在上级机关提出书面申请,开具公函,并详细写明印章的名称、样式和规格。

(2) 上级机关批准,开具同意刻制印章介绍信及登记证书。

(3) 持有上级单位批准的公文、单位负责人身份证原件及复印件、经办人身份证原件及复印件等材料,到所在地县、市(区) 以上公安机关填写《印章刻制申请书》,办理准刻手续。

(4) 到公安机关指定的、持有公安部门颁发特种行业营业执照的印章刻制单位刻制印章。

3. 印章的颁发和领取

颁发印章时,应严格履行手续。一般由印章使用单位派专人到颁发机关或是刻制单位领取印章。为安全起见,取公章应实行双人同行制。双方要当面检验印章,然后将印章密封并加盖密封标志,由领取人出具收条带回单位。取回公章后,立即交办公室负责人拆封检验,指定专人保管。

4. 公章的启用

(1) 选定启用时间。最好选择比较好记的时间,以方便有关人员记忆。

(2) 发出附印模的通知。选择好启用印章的时间后,及时向有关单位发出正式启用印章的通知。通知中要注明正式启用日期,盖上所启用印章的印模,印模应用蓝色印油,以表示第一次使用。如果同时有作废的旧章,印模应用红色印油,同时印在“印模栏”内。启用通知的发放范围视该印章的使用范围而定,同时报上级主管部门备案。上级主管部门和使用单位都要把印模和启用日期的材料立卷归档,永久保存。如果以后出现一张票据或证明的日期在印章启用之前,那么,印章的启用通知就能起到辨别真伪的作用。

(3) 启用印章。到指定的启用时间时,启用印章。在启用印章通知规定的启用日期之前,该印章是无效的。

（4）业务用章的启用可以由各单位自行决定。对外产生效用的印章，如财务专用章、收发文件专用章等，在启用时，应该将启用的时间、印章式样通知有关单位。

四、公章的使用

各级机关、企事业单位都应制定印章的使用规定，印章管理人员必须严格按照规定使用印章。印章的使用程序：用印人提出使用申请—领导审核—印章保管人员审核—正确用印—做好登记。

1. 提出申请

主要是用印人填写《用印申请单》（见表3-1）。

表3-1 用印申请单

文件标题			
发往机关		份数	
用印日期		用印申请人	
批准人		备注	

2. 严格审批

原则上，使用单位印章，要由本单位的领导人审核签字。有的机关或单位为避免使领导人陷入一般性行政事务，对一些不涉及重大问题的事项用印时，如开具一般性证明等，往往将权力下放给办公室负责人或印章管理人员。超出规定范围的用印，仍应请示领导人批准。

3. 认真审阅

印章管理人员在用印前，除了审核《用印申请单》，还要认真审核需用印的文书，了解文书的内容和用印目的。例如，检查文书内容是否超越或是降低了本单位公章的职权范围；检查该文书是否已经经过了签发，未签发的文书不得加盖公章；检查文书最后一页有无正文内容，无正文页面不得加盖公章；检查文书有无落款日期，无落款日期不得加盖公章。如果需用印的文书上有错误，印章管理人员要指出来，用印人改正后才能用印。

4. 正确用印

（1）确定印模方向。可在印章的握柄上端做一个“上”标记，以防止出现倒盖印章的现象。

（2）蘸匀印泥。印泥应轻蘸数次，使印章的每一个字都能均匀蘸满印泥。

（3）端正盖印。盖印时应垫有橡胶印垫或其他衬垫，也可垫一些纸张或书籍。加盖的印章应图案端正，痕迹清晰，忌讳重印。

（4）位置正确。印章应盖在署名中间，上不压正文，下要骑年盖月。具体有两种方式:一种是“下套”方式,适用于印章下弧没有文字的印章,印章的图案(如国徽)和文字不压成文日期,仅以下弧压在成文日期上;另一种是“中套”方式,适用于印章下弧有文字的印章,印章中心线压在成文日期上,这样下弧的文字能够清楚地显示出来,也增加了成文日期的清晰度,防止因图案或文字压在成文日期上而使其难以辨认。

单一机关制发的文书在落款处不署发文机关名称,只标识成文日期。成文日期右空 4 个字距;加盖印章应上距正文 1 行之内,端正、居中,下压成文时间。当加盖 2 个印章的时候,应将成文日期拉开,左右各空 7 个字距;主办机关印章在前;两个印章均压成文日期。两印章间互不相交或相切,相距不超过 3 毫米。当需加盖 3 个以上印章的时候,为防止出现空白印章,应将各发文机关名称(可用简称)按加盖印章顺序排列在相应位置,并使印章加盖或套印在其上。主办机关印章在前,每排最多排 3 个印章,两端不得超出版心;最后一排如余一个或两个印章,均居中排布;印章之间互不相交或相切;在最后一排印章之下右空 2 字标识成文时间。

5. 详细登记

加盖印章后,印章保管人员要填写《用印登记表》(见表 3-2),详细登记用印情况。对需留存的材料应在加盖印章后,留存一份立卷归档。一般用印要保留的材料:一般信件应保留有领导人签批的草稿;协议书、合同应保留一份文本;毕业证书、荣誉证书等各类证书要附有颁发文件或领导人批准的书面材料、名册及证书的样本。秘书要逐一核对证书与名册的姓名是否相符,并清点证书数量与名册的人数是否相同。对用印留存的材料进行编号整理,对其中具有查考价值的,要在年终整理、立卷时归档保存。

表 3-2　用印登记表

顺序号	用印日期	文件标题	发往机关	份数	用印人	批准人	盖印人	备注

6. 特殊情况的处理

印章管理人员不允许在空白凭证上盖章。但有些特殊情况,需做特殊处理。例如,有的业务部门以领导单位的名义颁发凭证,如土地使用证等,需要事先加盖领导单位的印章或套印,然后再填发。在这种特殊情况下,应按以下要求进行处理。

(1) 要有单位领导人的特别批准。

(2) 此类凭证要有指明用途的特定格式,除了这种指定的用途以外,不能再用做别的凭证。

(3) 此类凭证要逐页编号,最好将它装订成册,并需留有存根。

公章管理人员对于这种情况只进行宏观上的管理,即只办理领取登记的手续,登记的项目包括凭证名称、起止号码、张数、领取人签名项目。此类凭证的具体管理应由领用部门负责,领用部门要派专人负责管理,填发时应履行批准手续。

五、公章的保管

印章的保管通常由政治上可靠,事业心、责任心强的秘书担任。秘书部门对于保管和使用印章的人员必须严格审查和挑选,并加强平时的教育和考查,对不适合保管印章者,要坚决调离工作岗位。

(1) 选择好公章存放的位置。印章应用专柜保管,一般应放到办公专用保险柜或档案柜中。

(2) 公章必须有专人保管。印章不能脱离印章保管人员的监督,保管者也不能委托他人代盖印章,不能随意将印章带出办公室,不能轻易交给他人代管,更不能"齐抓共管"。保管者应该明确责任,保证印章的正常使用和绝对安全,防止被滥用或盗用。用完印章后要随手锁好,不能将印章随意放在办公室桌上或敞开保管柜。在一般印刷厂套印有单位印章的文件时,应有印章管理人员在现场监印。两个单位联合发文,需要套印单位印章,主办单位应请另一个单位的印章管理人员携带印章,一同到印刷厂监印,而不能到另外一个单位"借"印章到印刷厂套印。

(3) 要建立《印章管理登记表》(见表 3-3),载明印章名称、印文、印模和保管人姓名等基本情况。

表 3-3 公司印章管理登记表

种类	名称	印文	印模	管理负责人	保管责任人	备注
公司印章						
领导签名章						
财务印章						
总务印章						
…						

(4) 印章要定期清洗,保持清洁。如果印章表面沾满印泥,可以先把印章浸湿,擦上肥皂或洗衣粉,再用小刷子反复在清水中刷洗。

(5) 印章如果丢失要立即报告公安机关备案,并以登报或信函等形式通知有关单位,声明印章遗失或作废。

六、公章的停用和销毁

单位印章在单位名称变更、机构撤销、式样改变或其他原因时,应立即停止使用,并做好印章停用的善后工作。

(1) 发文给予本单位有业务往来的单位,通知各相关单位已停止本印章的使用,并说明停用的原因,标明停用印章的印模和停用的时间。

(2) 彻底清查所有的印章。旧印章停用后,应清查全部印章,并把清查结果报告领导,请领导审定旧印章的处理办法。

(3) 根据领导的批示,或者将废印章上交颁发机构切角封存;或者由本单位自行销毁。如果要销毁废旧印章,必须报请上级单位批准,销毁时要有两人监督。销毁废旧印章前要填写《销毁印章申请表》(见表 3-4),并将其作为档案资料保存起来。

表 3-4 销毁印章申请表

<table>
<tr><td>原因</td><td>印章种类</td><td colspan="2">报备机关</td><td colspan="2">核批</td></tr>
<tr><td rowspan="6"></td><td></td><td colspan="2"></td><td colspan="2"></td></tr>
<tr><td>印章文字</td><td>制发日期</td><td>销毁日期</td><td colspan="2">印信管理部门</td></tr>
<tr><td></td><td>年 月 日</td><td>年 月 日</td><td colspan="2"></td></tr>
<tr><td colspan="3">印章模式</td><td colspan="2">销毁印章部门</td></tr>
<tr><td colspan="3" rowspan="2"></td><td>申请人</td><td>主管</td></tr>
<tr><td></td><td></td></tr>
</table>

七、电子印章

电子印章早在我国的《电子签名法》颁布与实施之前就出现了。20 世纪 90 年代中后期,随着传统办公模式逐渐向自动化办公模式转变,纸质文书的流转形式也向电子文书的流转形式转变。为了确保电子文书的有效性,也使电子文书能与传统纸质文书具有相同的视觉效果,从而提出了电子印章的概念。2005 年 4 月 1 日我国正式实施电子签名法之后,电子印章技术及其产品的研究与应用有了较快的发展。

1. 电子印章的特点

电子印章是以先进的数字技术模拟传统实物印章,其管理、使用方式符合实物印章的习惯和体验,其加盖的电子文件具有与实物印章加盖的纸质文件相同的外观、相同的有效性和相似的使用方式。

(1) 电子印章使用安全。从审批制作开始,电子印章便具有从源头杜绝造假的优势。所有审核、认证、制作的人员都要有授权,才可进入全程监控的计算机管理系统。电子印章只在使用电子签名技术验证某份电子文件真实有效时才能够正常显示,避免了不法分子盗用电子印章后在非法的或其他电子文件上显示合法的印章。而且电子印章采用数字纸张技术,具有版面一致性、不可篡改性和不可分割性,保证盖章后的文件不被篡改。电子印章的每一次使用，系统都会自动记录使用人姓名、使用时间和次数，并自动生成签章日志。单位负责人和印章保管人员可以随时查询签章日志，监督使用电子印章情况。

（2）电子印章保管方便。电子印章存储在可移动介质上，这个存储了电子印章的可移动介质就相当于一个实物印章。一个实物印章只能对应一个电子印章，可以像保管实物印章一样保管。

2. 电子印章的载体

使用电子印章时，可采用多种电子信息载体。根据保护电子印章所使用的安全措施不同，其安全级别也不同，实施费用也不同。

（1）USB-KEY（密码锁）。在盖章时使用 USB-KEY 电子印章载体，在验证个人识别密码通过后实现盖章操作。USB-KEY 安全级别中等，USB-KEY 和个人识别密码有被盗用的可能性，但实施费用较低。

（2）IC（智能）卡。在盖章时使用 IC 卡电子印章载体，验证个人识别密码通过后实现盖章操作。IC 卡安全级别中等，还必须配备专门的 IC 卡读卡器，使用不方便且费用较高。

（3）指纹仪。在盖章时使用指纹仪数字签章器，验证指纹通过，实现盖章操作。指纹仪安全级别高，杜绝了身份被盗用的可能性。指纹仪容量也比较大，集成 128M～1G的指纹 U 盘功能，实施费用相对较高。

（4）其他。除上述常用的电子信息存储介质外，还有光盘、软盘等，但安全性较低。其实，电子印章和传统印章一样，主要是管理的问题。如果安全管理措施到位，光盘等电子信息存储介质也是可以使用的。

3. 电子印章使用流程

（1）电子印章的申请。使用电子印章的单位首先需要到电子印章管理中心申请电子印章，在履行完正常手续并确认无误、合法的情况下，电子印章产品提供商为申请者制作电子印章，并将制作好的电子印章导入特定的存储介质，提交给申请者。

（2）电子印章客户端系统。电子印章产品提供商给用户提供电子印章的同时，还会提供一套电子印章客户端系统。这套系统安装到电子印章保管者所使用的终端电脑中，主要作用是进行盖章、验章以及电子印章管理等。

（3）电子印章的使用。电子印章的使用和传统印章的使用方式基本相同。首先经过主管领导的批准，然后将存有电子印章的实体插入电脑终端的 USB 接口，启动电子印章客户端系统，读入需要加盖电子印章的电子文书，在电子文书中需要盖电子印章的地方点击菜单上的“盖章”功能按钮，输入正确的电子印章使用个人识别密码，该文书就被盖上电子印章了。

（4）电子印章的验证。验证带有电子印章的电子文书时，也需要装有电子印章客户端系统的终端电脑。当带有电子印章的电子文书被打开后,电子印章客户端系统会自动验证该电子文书的电子印章是否有效。如果电子文书被非授权修改过,或电子印章是被复制粘贴在当前的电子文书上的,则电子印章客户端系统能够发现并立即警告用户电子文书已被修改过或电子文书上所加盖的是无效电子印章,并且使得电子印章不能正常显示。

(5) 电子印章遗失。电子印章的存储介质如果遗失,应立即到电子印章中心进行挂失,并重新制作新印章。

实训演练

一、训练目标

(1) 能够正确使用印章。

(2) 能够准确在文书上加盖印章。

二、知识要求

(1) 熟悉印章使用程序。

(2) 掌握加盖印章的要领。

三、训练要求

(1) 明确不同印章盖印位置的区别。

(2) 问答题要充分讨论,说明自己做法的依据。

(3) 案例分析要以所学理论为基础进行。

四、操作说明

(1) 利用 2 学时,分小组进行。结束后,教师引导学生对每一个任务进行点评。

(2) 将班上学生分成 6 个小组,分别进行讨论。

(3) 由组长就本组讨论的结果在班上发言。

(4) 每个学生在已拟制好的文件上盖章。

(5) 师生共同评议。

五、操作提示

在这项训练中,学生最好利用课外时间观察学院办公室公章管理人员盖章的实际操作,注意观察具体的盖章情节并总结其得失,为本次实践活动提供借鉴。

六、任务描述

(1) 2016 年 5 月 16 日,销售部李青抱着一大摞材料来到办公室,请办公室印章管理人员王娜盖章。王娜一看,有 10 份开会通知,3 份上报市工业局的销售报表,2 份销售部的 8 月份销售计划,1 份销售部的年终总结。假如你就是王娜,你怎么帮李青盖章?每人分别模拟盖章的具体情节。

(2) 天地电子有限公司销售员马嘉因业务需要,让办公室秘书金丹给其所签合同加盖公章。秘书金丹应履行哪些用印程序?加盖印章时,应采用中套式还是下套式?

(3) 秘书王娜的同事兼好友陆莉来找王娜。原来,陆莉想去广州求职,又不愿意让领导知道,就想让王娜帮忙,在自己所写的一些资料上盖上单位公章,以证明自己的身份和在该单位的工作情况。王娜应该怎么做?

(4) 天桦公司的总经理这段时间事情非常多,为了办公方便,要秘书把公章交他自己保管。这种做法合适吗?作为秘书,应如何做?

(5) 有一天,印章保管秘书小张去经理办公室回来后,发现情况有些不对劲儿,她的钥匙放在办公桌上,这可是从来没有过的事。因为小张做事情比较细心,到办公室后第一件事就是把钥匙放入档案柜里。这是怎么一回事呢?再仔细一看,放有公章的抽屉好像有被动过的痕迹。小张很犹豫,要不要把这件事向领导汇报呢?

(6) 某公司印章管理人员小马为工作方便,带着印章出差到外地。这种做法是否正确?为什么?

(7) 案例分析。

《京华时报》2010 年 3 月 3 日报道,原中国工业合作协会副秘书长姜朝平被协会免职后,拿着单位印章冒名诈骗 15.6 万元。以合同诈骗罪、诈骗罪被判处有期徒刑 3 年半,处罚金 4 000 元。

姜朝平原是中国工业合作协会副秘书长、中国工业合作经济发展中心主任。在其任职期间,因多次涉嫌诈骗,被中国工业合作协会于 2001 年 3 月免除职务并登报予以公示。此后,姜朝平未交出该协会社团法人登记证书副本和工合经济发展中心的印章,对外仍以中国工合协会的名义行骗。

2003 年 6 月至 2004 年 8 月,姜朝平以中国工业合作协会的名义与几家单位签订合同,以发展会员、合作出版年鉴等名义,骗取几家单位 11 万元;以介绍应届毕业生到协会工作为由,骗取学生家长 3 万元;以聘任他人为协会湖南地区首席联络代表为名,骗取发展基金 1.6 万元。

2010 年 1 月底,一审法院认定姜朝平构成合同诈骗罪和诈骗罪,判处其有期徒刑 3 年半。判决后,姜朝平不服,提起上诉。

市二中院认为,一审法院判决认定事实清楚,证据确凿充分,量刑适当,审判程序合法,应予维持。

任务2　介绍信、证明信的管理

学习目标

了解介绍信、证明信的格式和填写要求，掌握介绍信、证明信的保管和规范化的使用方法。能够正确使用和管理介绍信、证明信。

任务描述

某报社办公室人员王涛正在赶一篇稿子，既是同事又是其高中同学的杨亿找上门来，想请王涛帮忙，给他开一封去云南某县采访的介绍信，强调不要写有效期，因为他还不确定什么时候去。王涛按照常规，让杨亿找报社办公室主任审批，杨亿不高兴了，说王涛死心眼，这么个小忙都不帮，太没有同学情意了。王涛应该怎么做呢？

工作处理

一、任务分析

最高人民法院《关于在审理经济纠纷案件中涉及经济犯罪嫌疑若干问题的规定》：个人借用单位的业务介绍信、合同专用章或盖有公章的空白合同书，以出借单位名义签订经济合同，骗取财物归个人占有、使用、处分或进行其他犯罪活动，给对方造成经济损失构成犯罪的，除依法追究借用人的刑事责任外，出借业务介绍信、合同专用章或盖有公章的空白合同书的单位，依法应当承担赔偿责任。

常有别有用心者借用单位介绍信从事非法活动。一旦印信保管和使用不当，会给单位造成无法估量的损失。因此，作为单位介绍信的管理者要认识到介绍信业务的重要性，严格按照工作规程来办理。王涛一定要坚持原则，秉公办事。

二、工作过程

王涛听杨亿说不写有效期，就感觉有点不对劲儿，又听杨亿说不去找办公室主任审批，更是疑惑。他对杨亿讲了介绍信的重要性，又翻出报社的《介绍信管理规定》给杨亿看。

××报社介绍信管理规定

介绍信是在对外联系和商洽工作等公务活动中，用以证明报社员工身份及有关事项的专用信件。介绍信目前分为两种：专用介绍信和空白介绍信。为进一步规范和加强介绍信使用管理，特制定本规定。

一、介绍信统一由办公室印制、编号、发放和管理。

二、介绍信要指定专人负责，妥善管理，不得随处乱放和遗失。

三、对外联系公务，如需开具专用介绍信者，需经单位(部门)负责人签批，然后到办公室审核、盖章。

四、开具介绍信必须用办公室统一的介绍信文本，不得用空白纸和便笺，使用时必须按介绍信文本规定逐项填写被介绍人的姓名、职务、人数、联系工作的具体内容、年、月、日和有效期等。介绍信的内容要文辞达意、字迹工整，一律不得开具空白介绍信。

五、开具介绍信只限本人使用，不得转让他人。开具后未使用的介绍信必须缴回本单位，不得自行留存或销毁。遗失介绍信要及时报告本单位领导，并向所去单位声明，以防冒名顶替。

六、开具介绍信要保留存根。存根填写不全，内容与介绍信不一致的，或无经手人与审批人签字者，不予加盖印章。

杨亿看完《介绍信管理规定》，还有些不高兴，认为王涛是小题大做，不相信自己。王涛又翻出一个资料文件夹，给杨亿看了一个案例。

为给高中同学罗某"帮忙"，某报记者唐某从单位开出了介绍信，罗某随后以记者身份进行敲诈。

2005 年 3 月 28 日，罗某以记者身份和唐某(称其是罗某的秘书)约见邓庄村村委会主任时，以发现乱砍滥伐和贿选问题为由，向对方敲诈 3 万～5 万元。邓庄村村委会主任报警，罗某和唐某被警方当场抓获。

经查，报社没有罗某这个记者，而唐某确系该报社正式职工，但因协从他人犯罪，要与罗某共同被追究刑事责任。8 月 22 日，昌平法院以敲诈勒索罪分别判处罗某、唐某有期徒刑一年和六个月。

杨亿看完后，目光凝重了，对王涛诚恳地说了一句"对不起"。然后按照王涛的建议，确定好采访日期后，逐项填写了《用信审批单》(见表 3-5)，又去找办公室主任签了字，王涛也顺利地给他开具了介绍信。

表 3-5　用信审批单

有信事由			
用信类别		发往机关	
用信字号		有效期截至	年　月　日
用信申请人		批准人	
开信人		开信时间	年　月　日

真是天有不测风云，就在去云南的前一天，杨亿大病了一场，去云南的计划不得

不取消。王涛去医院看望杨亿,还没等王涛说话,杨亿就把那封介绍信拿了出来递给王涛,两个人会心地笑了。

三、经验总结

王涛非常感慨,多亏了自己保留的那些资料,不然杨亿怎么可能有这么大的转变呢。今后自己还要多收集一些关于印信管理的资料,一是充实自己的知识,二是作为有力的证据提供给那些不懂介绍信规矩的员工,比自己苦口婆心说上几个小时还管用呢。

▶▶ 相关知识

介绍信是机关、团体、企事业单位派出人员到其他单位从事各种社会活动或商务活动时,为说明派出人员身份和承担任务所使用的一种专用书信。介绍信是本单位工作人员外出履行公务、联系工作、商洽事宜的重要凭证。介绍信与用印紧密相连,只有加盖印章的介绍信才能起到凭证作用。因此,在一般情况下,介绍信的开具由印章管理人员负责。

证明信是机关、团体、企事业单位以及个人出具的,以证明某人身份、经历或某件事实真相为目的的专用书信。证明信的作用就是确认某人的身份、经历或某事件的真相。例如,某些历史事实不够清楚完整,目前又需要确定其真相时,需要知情人出具证明;某些重要事件发生之后,为弄清事件的前因后果和发生过程,需要在场者或知情人出具证明;某些单位派出人员在完成工作的过程中出现一些意想不到的事情,需要向本单位汇报清楚时,可请知情人出具证明。

一、介绍信的特点

1. 证明性

介绍信的主要作用是证明被介绍人的身份,使对方能够予以信任并配合办理事务。

2. 模式性

介绍信模式性很强,不少单位有事先印制好的空白介绍信,其中一些常用语都已事先写好,只需要将一些事先不能确定的项目填写进去,就是一封完整的介绍信了。即使是临时手写的介绍信,也有固定的格式。

3. 简便性

介绍信篇幅短小,内容一目了然,在办理事务的过程中应用起来十分方便快捷。

4. 时效性

介绍信有有效期,一封介绍信只能在规定的时间内有效,不能长期使用。

二、介绍信的种类与写法

介绍信的种类较多，秘书部门管理的主要是工作介绍信。内容一般包括标题、称谓、被介绍者简况、事由、署名日期和有效期等。从形式上说，介绍信一般有三种，不同形式的介绍信的写法，其格式内容略有差异。

1. 普通介绍信

可以用于各种公务场合。

介绍信

________负责同志：

兹介绍________等________位同志前往你处办理____________________事宜，请接洽并予协助。

（有效期30天）

××市××局（章）

年　月　日

2. 存根介绍信

带存根的介绍信由存根联、正式联和间缝三部分组成。一般分为上下（或左右）两栏，上（左）栏为存根，留作备查。下（右）栏为正式联，作为对外介绍情况或证明之用。存根部分同正文部分之间有一条带针眼孔的虚线，将两栏分开，虚线上有“××字第××号”字样。要与存根的“第×号”一致，数字要用汉字大写，字体也要大些，便于从虚线处裁开后，字迹在存根联和正文联各有一半。同时，应在虚线正中加盖骑缝章，以防假冒和伪造。

存根栏内容可简写，但必须填写使用介绍信的部门、持信人姓名、简要事由。多人使用时，可只写主要持信人姓名和职务、致发单位，同时应写明人数。正式联的写法与普通介绍信相同。

介绍信（存根）

______字第______号

________等____名同志，前往____________联系____________________事宜。

年　月　日

……………………××字第×号……………………

介绍信

______字第______号

×××（致发单位名称）：

兹介绍____________等______名同志，前往____________联系____________事

宜,望接洽并予协助。

此致

敬礼

(有效期____天)

×××(公章)

年　月　日

3. 专用介绍信

专用介绍信也称信函式介绍信,是为请求或希望某种情况而使用的。只能用于某一项专门工作,如党团组织关系介绍信、调查材料介绍信、工作调转介绍信等。开具这类介绍信要求叙事清楚,语气和婉。介绍信的正文要写明被介绍者的姓名、年龄、政治面貌、职务等,还要写明接洽或联系的事项,以及向接洽单位或个人所提出的希望和要求等。

调查证明材料介绍信存根

______字第______号

介绍______同志系中共党员前往______了解______的______________________问题。

年　月　日

..................××字第×号..................

....

调查证明材料介绍信

×××(致发单位名称):

兹介绍______同志系中共党员前往__________________了解____的_________问题。请予接洽并给予协助。

(有效期____天)

×××(公章)

年　月　日

三、证明信的写法

证明信是持有者用以证明自己身份、经历或某事真实性的一种凭证,其作用就在于证明。证明信的格式和写法与介绍信基本相同,只是结尾应写"特此证明",无须填写敬语。其具体结构如下:

1. 标题

证明信的标题由事由和文种两部分构成。例如,"关于×××同志××情况(或问题)的证明”,也可以单独以文种名作标题,如“证明信”、“证明”。

2．称谓

在第二行顶格写受文单位或个人的姓名称呼。有些供有关人员外出活动证明身份的证明信因没有固定的受文者,开头可以不写受文者称呼,而是在正文前用公文引导词“兹”引起正文内容。

3．正文

正文主要写被证明的事实。针对被证明者的要求来写,如果证明的是某人的历史问题,则应写清人名、何时、何地及所经历的事情;如果要证明某一事件,则要写清参与者的姓名、身份,及其在此事件的地位、作用和事件本身的前因后果。

4．结尾

正文写完后,要另起一行,顶格写上“特此证明”四个字。

5．落款

在正文的右下方写上证明单位或个人的姓名,由证明单位或证明人加盖公章或签名、盖私章。

证　明

×××(致发单位名称):

兹证明×××。

特此证明。

×××(公章)

年　月　日

四、介绍信、证明信的使用程序

1．提出申请

需要单位介绍信者,应填写《用信审批单》(见表 3-5)。

2．领导审批

向本单位的主管领导请示,履行签批手续,这样既可以防止个人乱用介绍信,又可以使单位领导掌握情况。

3．开信、盖章

经主管领导批准后,秘书根据审批单填写介绍信、证明信内容,要填写持信人的真实姓名和身份,不得开出空白介绍信。在正本的日期处和存根骑缝处加盖公章,交给需用人后,秘书填写《用信登记簿》(见表 3-6)。

表 3-6 用信登记簿

序号	用信日期	事由	签批人	承办部门及承办人	介绍信编号	页数

4. 登记、保存介绍信存根

存根要妥善保管，重要的介绍信该归入档案的要按要求归档，以备查考。介绍信存根至少保存 3 年，销毁介绍信存根，需经领导批准。

五、介绍信、证明信的使用注意事项

(1) 专人保管，安全存放。介绍信的保管同印章保管一样，要牢固加锁，随用随开，用毕锁好，以防被盗或丢失。

(2) 介绍信要填写有效时间，正本和存根须一致，存根要妥善保管。

(3) 介绍信内容如有写错的地方，必须在修改处加盖更正章。

(4) 开出后未使用的介绍信要及时收回。因情况变化，介绍信领用人没有使用介绍信，应立即退还，未及时退还的，秘书要及时追回。收回后，将介绍信贴在原存根处，并注明原因。

(5) 介绍信如有涉密内容，秘书必须予以保密，严禁散布。

(6) 填写介绍信要用毛笔或钢笔，禁止用铅笔、圆珠笔或红色墨水等。

(7) 一般情况下不得开具空白介绍信。确因特殊情况需要开具的，需报请领导批准，并要求使用者在介绍信存根栏写明用途等相关内容。使用者工作结束后应向印信管理人员说明使用情况，如有剩余应及时交回。秘书要及时向使用者了解介绍信的使用情况，并核对存根栏的内容与使用情况是否一致，如有差错，应及时向领导汇报情况。

(8) 秘书在接待外单位介绍的来客时，应认真查对来人姓名、商办事项与介绍信所开列的内容是否相符。一项工作需要多次联系的，未结束前，其介绍信可继续使用。结束后，秘书要将来人的介绍信收下备查。对前来借物、借款以及商洽较重大事件的人员，当事情已经办妥，在留下介绍信时，秘书应要求该人员在介绍信反面签注办理情况，如经手借到的有关资料文件及数量等，以便日后查对。

(9) 证明信为两页以上的，应加盖骑边章。

▶▶ 实训演练

一、训练目标

(1) 掌握介绍信的编写格式。

(2) 掌握介绍信中印章的盖印位置。
(3) 掌握介绍信、证明信的写作方法。
(4) 掌握介绍信的保管与使用方法。

二、知识要求

(1) 掌握介绍信的管理方法与要求。
(2) 学会使用和管理印信。

三、训练要求

(1) 明确不同种类介绍信的写作方法。
(2) 能够根据实际情况开具介绍信和证明信。
(3) 要以所学理论为基础进行具体案例的分析。

四、操作说明

(1) 利用 2 学时,分小组进行。结束后,教师引导学生对每一个任务进行点评。
(2) 将班上学生分成 6 个小组,分别进行讨论。
(3) 由组长就本组讨论的结果在班上发言。
(4) 每个人分别开具介绍信并在介绍信上盖章。
(5) 师生共同评议。

五、操作提示

在这项训练中,学生最好利用课外时间收集不同类型的介绍信、证明信,认真思考不同的写法,为本次实践活动提供借鉴。

六、任务描述

(1) 姜文明是大禹服饰有限公司的秘书,负责办公室的印信工作,市场部的姜辉明天准备到天地公司洽谈业务,他让姜文明给他开一封介绍信。姜文明应如何做呢?

(2) 10 月 1 日,销售部李经理要到上海参加一个贸易洽谈会,考虑到要与多家公司洽谈业务,需要带几张空白介绍信。作为秘书应该如何处理?

(3) 一天,秘书刘柳接待了一位自我介绍叫王飞的客人,王飞说明来意,他今年想评职称,需要学校出个证明材料,说着还拿出了一封介绍信。刘柳一看,原来是某公司的机械工程师。刘柳通过查阅档案,得知王飞在 1968 年确实考取了本校李乾教授的研究生,1971 年 6 月毕业。由于历史原因,毕业时未能发给研究生毕业证书。请为王飞开具一份证明信。

(4) 王青想让秘书刘柳帮他开封证明信,证明她本科毕业,具有高级职称,是本单位的业务骨干，在去年的科研业绩考核中名列第一。说是她想做一份兼职，对方单位想了解她在单位的表现。王青说这件事不想让领导知道，求刘柳高抬贵手，帮帮她。刘柳应该怎么做？

(5) 宣传部的王谦来找办公室秘书张辉，让张辉给他做个证明，马总让王谦找广告公司做的宣传画页都已经发完了，可钱还没付给广告公司，说着拿出了一张单子，上面写的是收到文轩广告公司宣传画共 8000 张。张辉有些疑惑，王谦连忙解释："是在街头散发的嘛，反正也没有人知道，你签字了，马总也就信了，回头请你吃饭。"张辉应该怎么做？

第四单元 日常接待

本单元主要学习日常接待工作中基本礼仪知识，日常接待工作的一般程序和操作方法，不同情况下的接待原则。使学生能按照行动规范做好接待的准备工作，掌握接待工作方案的制订方法，熟悉外宾接待的基本要求及注意事项。从容应付不同情况的来访者。

任务1 接待礼仪

学习目标

学习日常接待工作的礼仪知识，掌握称呼、介绍、握手、递接名片、乘车、引导等具体的礼仪要求，能够礼貌、得体地做好接待工作。

任务描述

王娜是腾达公司总经理办公室秘书。腾达公司定于2012年1月1日举行十周年庆典，总经理要求王娜负责接待人员的礼仪培训，以便通过接待人员在庆典活动中的表现来从更高层次上展示公司，提升公司形象。王娜应该怎么做呢？

工作处理

一、任务分析

接待是秘书人员的一项最基本也是最重要的工作。接待水平高低能够反映一个公司或部门的整体形象。接待人员的个人形象、言行举止及工作态度，对创造良好的企业形象至关重要，关系着业务能否顺利进行。接待人员应熟练掌握和运用好日常交往中的礼仪。例如，见面的称呼、介绍、握手、递送与接受名片、引领、交谈、馈赠、座次等礼节，尽量使每一位来客满意而归。

二、工作过程

王娜首先从公司各部门选拔了形象较好、自身素质较强的10名男员工、20名女员工作为接待人员，然后拟订了培训内容及具体要求。

腾达公司十周年庆典接待人员礼仪培训内容及要求

1. 行为举止训练

(1) 站姿　头正，颈直，两眼平视前方，挺胸收腹，两臂自然下垂，两腿挺直，双膝内侧相碰，脚跟并拢，身体重心落在两脚正中，从整体上给人一种精神饱满的感觉。男士力求稳健，女士力求优美。

(2) 坐姿　上身同站立时相近，双肩平正放松。坐椅面的前1/2到2/3面积，上身不要完全倚靠椅背。两臂自然弯曲，双手相叠放于腿上，也可以一手放在椅子或沙发的扶手上，掌心向下。女士双膝并拢，双腿正放或收于一侧，双脚并拢或交叠；男士的双膝可以分开一拳左右距离，两脚分开不超过肩宽的距离。

(3) 出入房间　进入房间先轻轻敲门，听到应答声再进入房间。房间门向外开时，打开门后把住门把手，站在门旁，对客人说“请进”并施礼，请客人先进入房间，用右手将门轻轻关上，请客人入座。房间门向内开时，敲门后，自己先进入房内，侧身，把住门把手，对客人说“请进”并施礼。客人进入房间后，轻轻关上门，请客人入座。进入房间后，如果房内之人正在讲话，或有其他客人，要向客人及房内之人打招呼，然后静候稍等，如有急事要打断说话应道歉。

(4) 递送物品　递送文稿要把文字正面面向对方递上去；递送裁纸刀或剪刀等利器，应把手柄一端朝向对方，刀尖等尖锐的一端向着自己。

(5) 奉茶　客人就座后应快速上茶。两手端茶盘，盘子高度位于胸部，向客人点头致意，沏入茶杯七分满。来客较多时，应从身份高的客人开始沏茶，如不明身份，从座位上席者开始。在未给客人上完茶时，不要先给自己人上茶。上茶结束后，左手端茶盘，向客人点头致意。斟茶时，务必带上干净毛巾。茶溢出来了不要惊慌，要先道歉，后擦拭。续水时要远离客人身体、座位、桌子。在一至一个半小时后，应更换茶水。

2. 称呼训练

在接待工作中，正确恰当地使用称呼，既可以显示出接待人员的修养和风度，也是向客人表示尊重的一种方式。称呼的基本要求是庄重、正式、规范。接待客人时的称呼，应视具体环境、场合，并按约定俗成的规矩而定。国内常用称呼有如下几种。

(1) 称职务　以客人的职务相称，以区别身份，表达敬意。如王经理、马科长、姜院长等。

(2) 称职业　对于从事某些特定行业的客人，可直接称呼对方的职业。如周老师、刘秘书、曹律师、王会计、马医生等。

(3) 称职称　对有高级、中级职称者，可直接以其职称相称。如王教授、杨研究员等。

（4）通用称呼　在接待工作中，通用的称呼是“先生”、“小姐”、“女士”。如姜先生、刘小姐等。

（5）对陌生人和初次交往者，可以按照其身份特点进行称呼。如称工人为“师傅”，称文艺界的人为“老师”。

称呼对方时要加重语气，认真、清楚、缓慢地说出称呼语。同时与多人打招呼，要遵循先上级后下级、先长辈后晚辈、先女士后男士、先疏后亲的礼遇顺序。还要注意根据自己的角色和现实位置，不同场合对同一个人采用不同的称呼。

3. 介绍礼仪训练

介绍是日常接待工作中必不可少的一个环节，是接待工作中相互了解的基本方式。介绍有自我介绍和为他人做介绍两种。

1）自我介绍

自我介绍时要抓住时机，选择适当的场合。时间要简短，尽量控制在1分钟之内。

自我介绍的内容要规范。一般包括3项基本要素：姓名、单位，以及具体部门、职务及所从事的工作。自我介绍要实事求是，真实得体，不可夸大其词或过分谦虚。

进行自我介绍，应先向对方点头致意，得到回应后再向对方介绍自己。有名片的话，要先递名片再介绍。自我介绍时态度要自然、友善、亲切、随和，表示自己渴望认识对方的真诚情感。如果有双方都认识的人在场，应等介绍人为双方做介绍，这时候主动自我介绍是不礼貌的。

2）为他人做介绍

如果是第一次来访的客人，接待人员引领来访者进入会客室或领导的办公室后，当领导与来访者见面时，接待人员要简洁地将双方的职务、姓名、来访者的单位和来访的主要目的作一介绍。

为他人作介绍要注意被介绍者的顺序。把职位低者、晚辈、男士、未婚者分别介绍给职位高者、长辈、女士与已婚者，把家人介绍给同事、朋友。介绍来宾与主人认识时，应先介绍主人，后介绍来宾。将多人介绍给一个人时，对较多人的一方要按身份由高到低，或按座次顺序由近及远进行介绍。

为他人做介绍时，根据实际需要，介绍内容也有所不同。一般只介绍双方的姓名、单位、职务，有时为了推荐一方给另一方，可以说明被推荐方与自己的关系，或强调其才能、成果，便于新结识的人相互了解。

为他人做介绍时举止应文雅，掌心朝上，四指并拢，拇指张开，指向被介绍一方，并向另一方点头微笑，切忌以单指指人。当介绍者为被介绍者进行介绍时，被介绍的一方均应起身站立，面带微笑，目视介绍者或对方。介绍完毕，双方应握手，彼此问候。

4. 握手训练

（1）握手姿势　握手时应双眼注视对方，双方的最佳距离为1米左右，以立正姿势，上身稍向前倾，伸出右手，手掌垂直于地面，四指并齐，拇指张开与对方相握，微微抖动3～4次(时间以3秒钟为宜),然后与对方手松开,恢复原状。

(2) 讲究次序　通常情况下,应由年长者、身份高者或女士先伸手,而年轻者、身份低者或男士先表示问候,待对方伸出手后,立即回握。客人到来时,主人应先伸出手来,表示对客人的欢迎;客人告辞时,客人应先伸出手,表示对主人招待的感谢及道别。如果一个人同许多人握手,应先上级后下级,先长辈后晚辈,先女士后男士。

(3) 用力适中　跟上级或长辈握手,不要过于用力。跟下级或晚辈握手,要热情地把手伸过去,时间不要太短,用力不要太轻。异性握手,女士伸出手后,男士应视双方的熟悉程度回握,一般只象征性地轻轻一握,不可用力。

(4) 握手的禁忌　握手时不要贸然伸手,也不应用左手握手。不应戴墨镜、太阳镜、帽子、手套握手。不应交叉握手。不应握手时目光左顾右盼,也不应长久地握住异性的手不放。如果不打算与向问候自己的人握手,可以欠身微笑致意,但不能视而不见或转身就走。

5. 递送名片训练

名片是职场人员的"自我介绍信"和"社交联谊卡",在接待工作中起着十分重要的作用。

(1) 递送名片　递送名片最好用双手,文字正面朝向对方,态度应谦恭,一边递交名片一边清楚说出自己的姓名。眼睛要正视对方,并附有"请多多关照"、"请多多指教"等寒暄语。切忌目光游离,漫不经心。如果同时递给多人名片,应先递给长辈或上级,或是以空间距离由近及远。

(2) 接受名片　接受名片最好用双手,名片拿到手后,要认真看,确认名片上所列对方姓名、公司名称等。如见到不易拼读的字,不要随便念,应向对方询问。然后很郑重地把名片放入名片夹内,不要随手夹在书刊、材料中,或压在玻璃板下,或扔在抽屉里,也不要放在裤兜、裙兜、提包、钱夹中。

(3) 名片交换注意问题　出示名片,应把握时机,一是交谈开始前,二是交谈融洽时,三是握手告别时。不得将涂改过的名片送人;名片上不提供两个以上的头衔;名片应放在随手可取的地方;自己的名片应放入专用的名片夹、名片包里。不可生硬地向客人索要名片,而应以请求的口气说"假如您方便的话,是否可留下名片,以便今后加强联系";也可以含蓄地向对方询问单位、通信地址、电话号码等,如果对方带有名片,就会比较自然地送上。

6. 乘车礼仪训练

(1) 小轿车的座次　双排五座轿车,如果是专职司机驾驶,以后排右侧为首位,左侧次之,中间座位再次之,前排右侧为最后(如图4-1)。如果由主人亲自驾驶,以前排右侧为首位,后排右侧次之,左侧再次之,而后排中间座为末席(如图4-2)。主人夫妇驾车时,则主人夫妇坐前排座,客人夫妇坐后排座。三排七座轿车专职司机、主人驾驶时的座次安排分别如图4-3、图4-4所示。

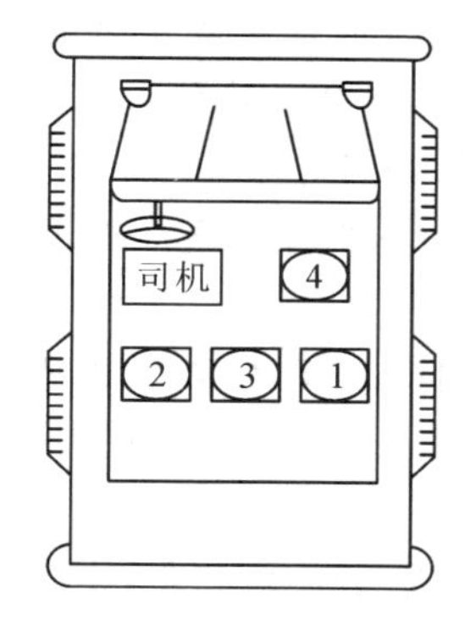

图 4-1　双排五座轿车专职司机驾驶座次

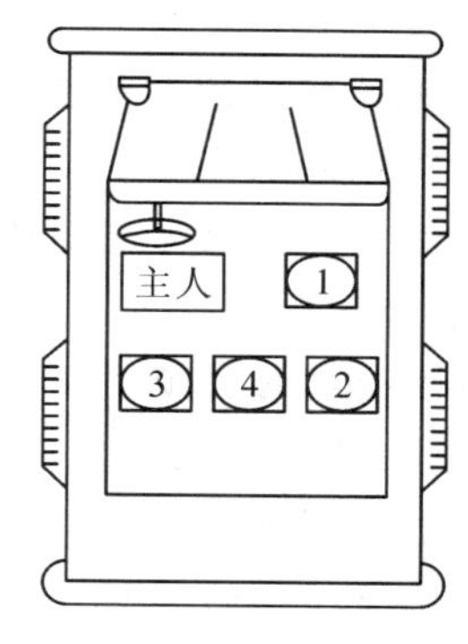

图 4-2　双排五座轿车主人驾驶座次

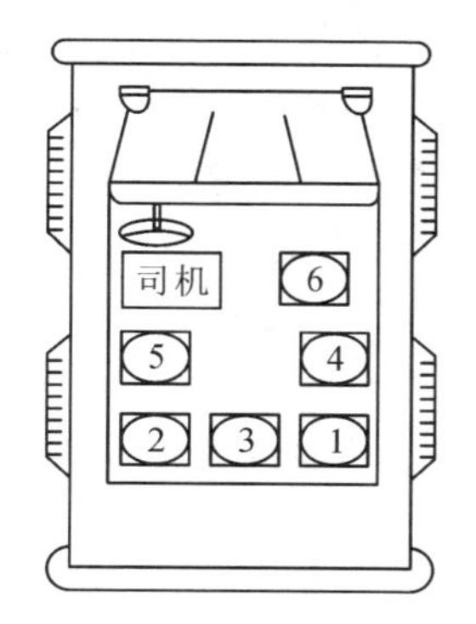

图 4-3　三排七座轿车专职司机驾驶座次

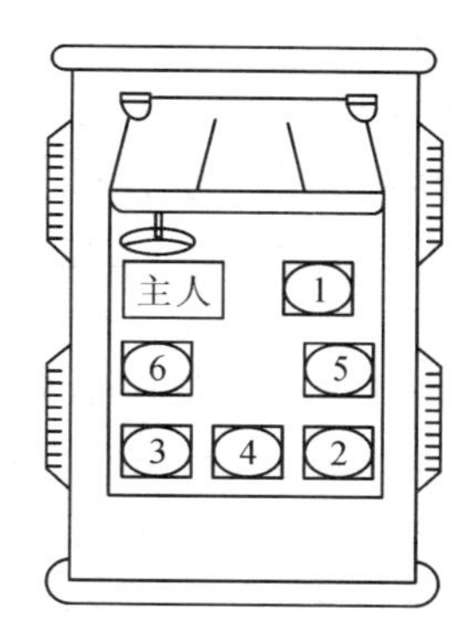

图 4-4　三排七座轿车主人驾驶座次

（2）吉普车的座次　无论是主人驾驶还是专职司机驾驶，都应以前排右座为尊，后排右侧次之，后排左侧为末席（如图 4-5）。上车时，后排位低者先上车，前排尊者后上。下车时等前排客人下来以后，后排客人再下车。

（3）多排座旅行车　多排座旅行车的座次以前排为尊，后排依次为小。每排以右侧为尊，从右侧往左侧递减（如图 4-6）。

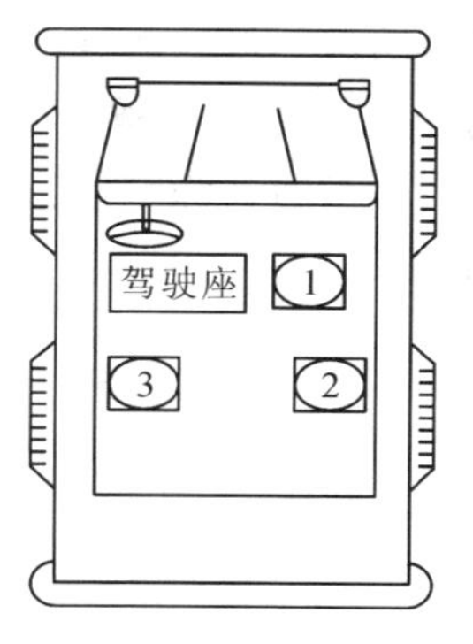

图 4-5　吉普车的座次

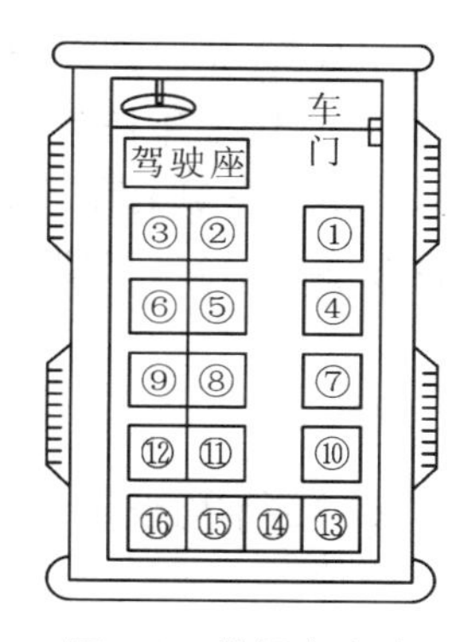

图 4-6　旅行车座次

(4) 女士上下车姿势　女士上车姿势应用“背入式”,即将身体背向车厢入座,坐定后再将双脚同时缩进车里,双膝应保持并拢的姿势。下车时应将身体尽量移近车门,一手撑着座位,一手轻靠门框,膝盖并拢,最好是双脚同时移出车门外,再将身体移出车门。注意如果穿短裙两只脚一定要同时踏出车外,不可一先一后。

7. 引领训练

(1) 在走廊的引领方法　接待人员走在客人左侧两三步之前,让客人走在右侧或中央,并适当地做些介绍。在拐弯或有台阶的地方应使用手势,提醒客人“这边请”或“请注意台阶”等。

(2) 上下楼梯的引领方法　上下楼梯时,接待人员应领先一步,走在客人的前面,并随时注意客人的脚步,以调整自己的步伐。

(3) 乘电梯的引领方法　如果电梯是无人操作的,接待人员先进入电梯,按住“开门”按钮,请客人进入电梯轿厢。电梯内没有其他人员时可略作寒暄。到达目的楼层时,接待人员一手按住“开门”按钮,另一手做出请出的姿势,可说“到了,您先请”。客人走出电梯后,自己立即走出电梯,并热诚地引导行进的方向。如果电梯中有操作人员,接待人员要请客人先进入电梯,先走出电梯。在电梯里先上电梯的人应主动靠后站立,以免妨碍他人乘电梯。

(4) 会客厅里的引领方法　当客人走入会客厅,接待人员先用手示意,请客人坐下。看到客人坐下后,再说明情况,行点头礼离开。

(5) 进上司办公室的引领方法　引领客人到上司办公室门口时,接待人员先敲门向上司请示,得到上司允许后,请客人进入上司的办公室。如果来客与上司是初次见面,接待人员要为双方做介绍,然后奉上茶水。

三、督促实施

培训内容及具体要求落实以后,王娜又根据抽调员工的具体时间制定了训练方案,并先请办公室主任过目,得到肯定后交给总经理。总经理嘱咐王娜一定要落实到位。王娜按照训练方案,首先召开大会,做了培训动员。然后把每一培训项目的负责人召集在一起,明确了具体工作任务,要求他们严格按照方案做好培训工作,为公司的十周年庆典添彩。由于王娜有条不紊的布置和严格的训练,在庆典活动中,接待人员展示了公司的良好形象,给来宾留下了深刻的印象。

▶▶ 相关知识

一、普通来访的接待礼仪

1. 亲切迎客

秘书应该认识到,大部分来访客人对公司来说都是重要的,要表示出热情友好和愿意提供服务的态度。当有客人来访时，秘书应停止手头工作，主动向客人打招呼，起身做自我介绍；并面带微笑，目视对方。即使正在打电话也要对来客点头示意，但不一定要起立迎接，也不必与来客握手。

打招呼时，应轻轻点头并面带微笑。如果是已经认识的客人，称呼要显得比较亲切。陌生的客人光临时，务必问清其姓名及公司或单位名称。如果客人递名片过来，应双手郑重接过，并仔细阅读，认真辨别对方的身份。

2. 真诚待客

秘书接待客人时一定要真诚热情。首先主动询问客人的来意，要问清楚客人来访的真正目的。可以直接询问，如“先生，请问您有什么事吗”。当不明白客人说话的含义时，为了弄清对方的真实想法，秘书可以采取请教性的提问，如“您可以解释一下这是什么意思吗”。

秘书要认真倾听来客的谈话，不要随意打断，也不要轻率表态，应考虑周全后再作答复。对于能够办理的事情，应及时办理，不让客人无谓等待或再次来访。对一时不能作答的，要约定时间再联系。如客人需要其他部门接待，秘书可向客人指示部门名称、路线、方向，还可用电话向该部门告知有某位客人将前来。如果秘书有时间，路线又曲折，可引导客人到达目的地。如果负责人由于种种原因不能马上接见，秘书要向客人说明等待理由与等待时间。如果客人愿意等待，应该向客人提供茶水、杂志等。

3. 礼貌送客

“出迎三步，身送七步”是迎送客人最基本的礼仪。每次接待结束，秘书都要以将再次见面的心情恭送对方。当客人起身告辞时，秘书人员应马上站起身，与客人握手道别。切忌客人还没有行动，秘书人员已经起身，或者先伸手与对方相握。在道别时要选择合适的道别语，如“请您慢走”、“欢迎您再来”。主动帮助客人确认并拿取所携带的物品，并帮助客人小心提送到车上。根据客人身份的尊贵程度，将客人送至电梯间、公司大门口或送上车。对随车接送的贵宾应该主动为其开关车门。车门关好后，秘书不能马上转身就走，而应等客人的车辆启动时，挥手告别，目送车子离开后再离开。秘书人员和上司一起送客时，应在上司稍后一步。

二、重要客人及来访团体的接待礼仪

1. 提前准备

对于事先有约定的重要客人或来访团体，秘书人员在客人到来之前就要做好充分的准备，最好能提前记住客人的名字。

（1）了解基本情况　秘书要了解来宾的单位、姓名、性别、职务、抵达和离开的具体时间、车次航班及乘坐的其他交通工具等。如果是团体来访，还要掌握来宾的人数。要了解来宾来访的意图，是礼节性来访、工作性来访，还是反映情况来访等。对来访者的基本情况了解得越多,越有利于接待工作的顺利进行。

(2) 布置好接待环境　秘书要布置好会客室,事先调试好会客室的温度、灯光等,还要搞好环境卫生。对于重要客人,应事先在醒目的地方张贴欢迎客人的海报或标语。安排好迎送仪式,具体如献花人员的确定、介绍宾主相见的方式、车辆顺序的编排、座次的安排、国旗的悬挂、拍照、摄像等,都要逐项落实。

(3) 物质准备　需要摆放的花束、绿色植物、茶具、茶叶、饮料等要准备齐全。如果需要向来访者赠送礼品,此时也要准备好。

(4) 知识准备　根据来访者的具体情况和来访目的,秘书应熟悉本单位的发展历史,产品特点、规格、种类,各部门设置及领导、职工的情况。还要备齐资料,如当地名胜古迹、游览路线,娱乐场所的名称、地点、联系方式,本地的政治、经济、文化等情况。

2. 礼貌相迎

秘书要到单位大门口或车站、机场、码头迎接重要客人,应提前十分钟在约定地点等候,最好安排与客人身份、职务相当的人员前去迎接;若相应身份的主人不能前往,应做适当解释。客人到达时应主动迎上,有礼貌地询问、确认对方的身份,如:"请问先生(女士),您是从××公司来的吗?"对方认可后,秘书应作自我介绍,如:"您好,我是××公司的秘书,我叫××。"或"您好,我叫××,在××单位工作。请问您怎样称呼?"将客人送到宾馆后,不宜马上离开,应陪客人稍作停留,热情交谈;但不宜久留,以免影响客人休息。

3. 热情相待

当客人应约到达时,秘书应热情接待。"我正在等您,这边请。"将客人引入会客室,安置好客人后,奉上茶水或其他饮料,然后通报上司。如果来访的客人与上司是初次见面,秘书应介绍双方相识。如果客人依约而来,但上司却仍在与前面的客人会谈,秘书人员应把客人安排在适当的位置休息,请客人稍等。然后,用一张便条纸写下来客的姓名、来意以及"可能要等多久",并将此便条送给上司。如果上司回答"再过5分钟左右",秘书人员就可以退出会客室,回复正在等待的客人,请客人稍等片刻;并向客人致歉,说明原委,以取得客人谅解。这种处理方法也等于给上司与会谈的客人提个醒,给上司一个结束谈话的机会。如果事情基本谈完,会谈的客人也会起身告辞;如果上司结束谈话还需要稍长的时间,秘书人员可对新来访的客人作出解释后,将其引入接待室,奉上茶水,并在接待室里放上一些公司的简介资料及杂志,使客户减轻等待的烦躁,同时也进一步了解了公司的情况。

三、拜访约会的礼仪

1. 预约

在现代社会,拜访以前先预约,已是约定俗成的规矩,应尽量不做不速之客。

2. 拜访前的准备

“有备而来”的成功率会比随意而访的成功率大得多。准备得越充分，拜访和商谈就会越顺利。　首先，要做好背景材料以及相关文件的准备工作。其次，要做好心理准备。再次，要做好服饰准备。

3. 赴约

遵时守约的原则。遵守时间是公务交往中最基本的礼仪要求之一。秘书要多了解拜访对象的习惯，以免拜访时产生沟通障碍。约束自己的言行。不论是公务拜访，还是私人拜访，都要注意自己的言行举止，做到举止得体而不拘谨，目光专注而不游移，声调适度而不过高，话题明确而不犯忌。公务拜访时：要先向对方负责接待的人员打招呼，报上自己一行人的单位、姓名以及拜访对象的姓名，然后安静耐心地等待接见。在会客室等待接见时：不可大声谈笑，也不要对会客室的布置指指点点，要按照接待人员的安排就座，安静等待。

4. 及时告辞

要想做受欢迎的客人，及时告辞是要点之一。这一举动能表现出对主人的理解和尊重，并且也能表明我方的工作效率和修养。

四、馈赠礼仪

礼品是传递友谊、增进情感的桥梁。礼尚往来是国际上通行的社交活动形式之一。

1. 礼品的选择

(1) 纪念性　送礼重要的是心意，礼品的选择要突出纪念性，不以价取胜。切不可简单地以金钱替代。

(2) 针对性　送礼应送到受礼方的心坎里，应考虑受赠者的职位、年龄、性别等，也要考虑赠送礼品的原因。

(3) 独特性　送礼应创意出新，体现出礼品的个性色彩和文化品位。最好能体现礼品的民族特色和地方特色。例如，送西方人士礼品，可以选玉饰、景泰蓝、绣品、蜡染或真丝服饰等。商务活动可以选择针对该项活动特别制作的画册等纪念品。

(4) 时尚性　送礼宜顺时尚潮流，礼品应有前瞻性和艺术性。如工程开工奠基仪式、商店开业典礼，可以通过新闻媒体刊登祝贺广告。

(5) 便携性　赠送礼品要考虑受礼者携带是否方便。太大或太沉重的东西、易碎品等，最好不要选择。选购礼品者还应主动索取票据、说明书等一并放在礼品中，以免除受礼者的后顾之忧，让受礼者感受到送礼者的一份细心。

2. 礼品的禁忌

由于受赠者风俗习惯、宗教信仰、文化背景及职业道德不同或是受赠者个人原因等，不同的人对同一礼品的态度有可能截然不同。因此，应尽量避免选择受礼方禁忌的礼品。一般来说,不要送以下几类礼品。

(1) 违法犯规礼品　涉及国家机密和商业秘密的物品及有违道德的物品。例如毒品、枪支、黄色音像制品等。对公职人员禁送现金、有价证券、天然珠宝、贵重首饰等礼品。

(2) 坏俗礼品　例如,印度教视黄牛为神兽,不能送印度教徒牛皮钱包、公文包等。猪肉是伊斯兰教的饮食禁忌之一,不能送伊斯兰教徒猪皮制品。

(3) 犯忌礼品　例如,不能送糖尿病患者含糖量高的食品,不要把以前接收的礼物转送出去。

(4) 广告类物品　广告类物品有让对方做免费广告之嫌,尤其是在公务交往中。

(5) 多次送同一个人同样的礼品　为避免几次选同样的礼物给同一个人,最好在每次赠送礼品后做好记录,下次送礼前查阅记录。

3. 送礼的方式

(1) 选择合适的时间、地点和场合　拜访客人时,应在进门之初赠送。送别客人时应在告别宴会或临行前夜晚到宾馆话别时送。

(2) 精心包装　包装显示了礼品的档次和送礼者的用心。礼品在包装前应去掉价格标签,可以在礼品包装内附上名片或企业的宣传卡。

(3) 态度真诚　赠送礼品要郑重其事,落落大方,向对方说明送礼的目的。同时向多人赠送礼品,要讲究顺序,首先送给地位高者。如果赠送礼品的一方人员较多,应由赠送礼品在场的人中身份最高者亲自赠送。

4. 接受礼品

(1) 欣然笑纳　收礼时要落落大方,双手捧接,然后真诚道谢。接过后放在适当之处。如果可能的话,要当面欣赏。

(2) 拒绝有方　一般情况下拒绝收礼是不礼貌的。如果所送礼物违反了某种规定,对这类别有用心的礼品应当委婉而坚决地拒收。可以采用委婉的、不失礼貌的语言,向赠送者暗示自己难以接受对方的礼品。在公务交往中,也可以直截了当地向赠送者说明自己难以接受礼品的原因。

五、交谈礼仪

语言是信息交流和情感交流的工具,秘书人员与来访客人间的语言交流必不可少。秘书要善于聆听来客的话语,交谈中使用礼貌语言。

1. 语言与话题的选择

在对商务务往中,选用的语言是有讲究的。在正式的官方活动中,需要使用本国的国语,以体现国家主权的尊严;在非官方的商务活动中,可以使用国际通用的语言或是双方都懂的语言,或者配备翻译。

话题的选择,不仅仅是技巧问题、礼仪问题,有时甚至可以成为政治问题,以致造成外交方面的纠纷，所以务必要小心。以下的话题是应该避开的：①政治话题。②个人隐私问题。③非议他人的言论。④庸俗下流的话题。

2. 谈话的态度

在商务交往中，我们总会发现双方的观点、处理问题的方法有许多不同之处。在谈话态度上应坚持以下几点：①诚恳坦率。②明确直率。③坚持原则。

3. 声音与语气

在商务活动中，秘书特别要注意控制自己的音量。中国人说话的声音一般比较大。但在国际礼仪中，说话声音适度是有修养的表现。声音适度指的是：能让参加者听清而不影响其他的人，尽管这样的音量对于中国人来说是偏低的。

另外，语气很重要：一方面语气要体现礼貌，多用谦词敬语；另一方面，不论对方单位规模多大、多么著名，也要不卑不亢，不能曲意奉承、委曲求全，以至于丢失了自己的人格和国家尊严。

4. 倾听者的礼貌

作为倾听的一方，相对比较被动。倾听者应该学会从谈话中获得有益的信息。作为倾听者，要和说话者有眼光上的交流和语言上的呼应。

六、餐饮礼仪

1. 中餐礼仪

(1) 时空选择　举办正式中餐宴会时，要兼顾具体时间和地点。最好事先征求客人的意见，用餐的具体时间也要进行必要的控制。工作餐一般在中午，正式宴会在晚上。正式宴会一般 1.5～2 小时，非正式宴会、家宴一般 1 小时左右，便宴 30 分钟左右。从空间来说环境要幽雅，卫生良好，设施完备，交通方便。

(2) 菜单安排　要精心选择菜肴，精致可口，赏心悦目，突出特色。第一是中国特色，在宴请外宾的时候，这一条更要高度重视，例如龙须面、煮元宵、炸春卷、蒸饺子、狮子头、宫保鸡丁等；第二是地方特色，例如西安的羊肉泡馍、湖南的毛家红烧肉、上海的红烧狮子头、北京的涮羊肉等；第三是本餐馆的特色。

同时，还要考虑客人的饮食习惯、禁忌，特别是主宾的饮食禁忌。第一是宗教禁忌。例如，穆斯林不吃猪肉，不喝酒；佛教徒不吃荤腥食品，不仅指不吃肉食，而且包括葱、蒜、韭菜、芥末等气味刺鼻的食物。第二是地方禁忌。不同地区的人饮食偏好往往不同。例如，湖南省的人普遍喜欢吃辛辣食物，少吃甜食；英美国家的人通常不吃宠物、稀有动物、动物内脏、动物的头部和脚爪等。第三是职业禁忌。例如，国家公务员在执行公务时不准吃请；在公务宴请时不准大吃大喝，不准超过国家规定的标准用餐，不准喝烈性酒；驾驶员在工作期间，不得饮酒。第四是个人禁忌。例如，有些人不吃香菜、辣椒、姜等。

(3) 席位排列　多桌宴请，各桌地位的高低，以距主桌位置的远近而定。如果是两桌，排列原则是“面门为上”、“以右为上”、“以近为上”。三桌及其以上，以主人的桌为基准，“右高左低”、“近高远低”。

具体座位的排定以主人的座位为中心，“右高左低”、“近高远低”。要把主宾安排在最尊贵的位置，即主人的右手位置；主宾夫人安排在女主人右手位置。主方的陪同人员，尽可能与客人穿插就座，这样便于交谈，更可避免自己人坐在一起，冷落客人。如果就餐人数较少，应以“右高左低”、“中座为尊”、“面门为上”、“观景为佳”、“临墙为好”为基本原则。

席位确定后，座位卡和桌次卡应放在餐桌比较醒目的位置。为了确保赴宴者迅速、准确地找到自己的位置，可在请柬上注明赴宴者的桌次，或在宴会厅入口悬挂宴会桌次排列示意图。

2. 西餐礼仪

(1) 西餐的菜序　正式场合所用的西餐正餐，由下列八道菜肴依次构成：开胃菜、面包、汤、主菜、点心、甜品、果品、热饮。其中主菜有冷有热，以热菜为主，比较正规的正餐要上一个冷菜、两个热菜。便餐方便从简，菜序是开胃菜、汤、主菜、甜品、咖啡等。

(2) 西餐座次排列　西餐座次排列除了遵循中餐“以右为尊”、“距离定位”、“面门为上”的原则，还要遵循“女士优先”、“恭敬主宾”、“交叉排列”的原则。

(3) 西餐餐具使用　正规的西餐宴会，讲究吃一道菜换一副刀叉。刀叉一般有抹黄油用的餐刀、吃鱼用的刀叉、吃肉用的刀叉、吃甜品用的刀叉等。使用时，依次由两边从外侧向内侧取用。刀叉具有暗示作用。第一暗示尚未吃完，刀右叉左、刀刃朝内、叉齿朝下，二者呈“八”字形状摆放在餐盘上；第二暗示可以收掉，刀右叉左、刀刃朝内、叉齿朝上，并排纵放在餐桌上，或刀上叉下并排横放在餐盘一侧。

餐巾应平铺在并拢的大腿上。餐巾的作用，第一是保洁服装。第二是擦拭口部。不能用来擦汗、擦脸、擦手，特别是不能用来擦餐具。第三是掩口遮羞。第四是用来进行暗示。女主人铺开餐巾暗示用餐开始，女主人把餐巾放在桌上暗示用餐结束，放在椅面或椅背上暗示暂时离开。

(4) 西餐的要求　西餐要求举止高雅，进食噤声，防止异响，正襟危坐，吃相干净。衣着要考究：隆重的宴会，男士应穿燕尾服，女士穿礼服；男士也可以穿中山装，女士也可以穿旗袍。普通宴会要着正装，即深色西装、套装、套裙等。再随便一些可以穿浅色西装或单件西装上衣、时装等。不管穿什么服装，在用餐时都不允许当众整理衣饰，如不准脱外套、换衣服、松领带，等等。吃西餐时，尊重妇女，要礼待女主人，照顾女宾客。例如，帮女士存外套、拉椅让座、帮助取菜、拿调味品、陪其交谈等。

3. 安排正式宴请

正式宴请是一种社交、礼宾活动，为获得成功，秘书人员必须事先做出周密的安排，设计初步的宴请方案，经领导审批后操作实施。

(1) 确定宴请的对象、范围和规格　首先，根据宴请的目的，确定被邀请的宾客名单。然后，根据宴请的目的和宾客的社会地位、职务身份，确定宴会的规格。

（2）确定宴请的时间、地点　宴请的时间应充分考虑宾主双方的实际需要，一般不宜安排在对方的重大节日、重要活动之际或有禁忌的时间。宴请地点以中高档餐厅为佳，应该是包间，要特别注意环境的优雅、安静。如果单位有自己的宴会厅，要做好布置。宴会厅的布置，取决于活动的性质和形式。正式活动的宴会厅应该严肃、庄重、大方，不宜用霓虹灯作装饰，可用鲜花、盆景、常青树等作点缀。如配有乐队演奏国歌或席间乐，乐队不要离得太近，乐声宜小。

（3）确定宴请的桌次、座次　正式宴请时，主宾双方都应该按照事先排好的桌次、座次入座。

（4）确定菜单　菜单要根据宴请的性质、目的、形式与规格，在经费预算标准内合理确定。最好事先印制精美的菜单，使来客人手一份，一方面更显郑重，另一方面也是很好的纪念。但菜单上不要标出菜谱价格，以免误会。

（5）印制、分发请柬　请柬要写明参加宴会的时间、地点、宴会名称，以及受邀人姓名。如需对方给予回复，应写明“恭候佳复”等字样。请柬要提前一周送达，以表诚意，也可给对方准备的时间。

实训演练

一、训练目标

（1）能够恰当运用接待礼仪。

（2）能够得体进行一般接待工作。

二、知识要求

（1）熟悉接待工作礼仪知识。

（2）掌握接待工作中具体的礼仪要求。

三、训练要求

（1）接待工作礼仪要求规范。

（2）接待不同来访者要求举止得体。

四、操作说明

（1）利用2学时，分小组进行。

（2）实训前布置学生复习接待工作的有关礼仪知识与要求，明确接待工作思路和要求。

（3）实训的准备工作需要课外完成。要安排好小组负责人，合理分配任务，在小组长的统一协调下,布置好接待场所。

(4) 结束后,教师引导学生对每一个任务进行点评。

五、操作提示

在这项训练中,学生最好利用课外时间观看一些真实的接待活动录像,注意观察接待活动的礼仪并总结其得失,为本次实践活动提供借鉴。

六、任务描述

(1) 当客人进入办公室时,李秘书正在办公桌前打印急件,他向客人点点头,并伸手示意请客人先坐下。5 分钟后,他起身端茶水给客人,用电话联系好客人要找的部门,在办公桌前起身向客人道别,并目送其走出办公室。为此事李秘书受到了办公室主任的批评。请指出李秘书在此次接待工作中有哪些不妥之处。他应该怎样做。

(2) 秘书小李与司机在机场接到公司的客人,征得客人同意后帮助客人提行李并引导其乘车。小李请客人坐在副驾驶座位上,并说:"坐在这里视野好。"而后自己坐到汽车后排座位上与客人一起回公司。小李忽视了哪些礼仪注意事项?在整个接待过程中,小李应如何去做?

(3) 秘书王慧看了一下今天马总的日程安排,有一位重要的美国客人约翰先生 10 点钟将来访。王慧应该如何做好准备?具体怎样接待约翰先生?

(4) 天地乳品集团有限公司要在年底进行一次客户联谊活动,届时大约会有 30 个相关单位 100 余人光临,活动预计一天的时间,中午要准备丰盛的宴请。请拿出具体宴请方案。

任务 2　接待程序

▶▶ 学习目标

学习日常接待工作的一般程序和操作方法,能够区分接待对象,确认接待规格。掌握接待工作方案的制订方法,熟悉外宾接待的基本原则及注意事项。

▶▶ 任务描述

某省将于 2017 年 3 月 15 日—18 日举行全省第九次党代会,共有全省各地 1 200 名党员代表或列席代表参加会议。

为保证会议的顺利召开,省委省政府高度重视,要求省委、省政府接待办公室全力做好本次会议的接待工作,并把与会人员会议期间生活接待的具体任务安排给接待办公室主任丹荔。

工作处理

一、任务分析

这是一次团体接待的任务，主要负责参会人员与会期间的生活等事宜。但是，因为会议本身的特殊性，参加会议的人员多为各地领导、党员代表，同时会议本身意义重大，因而保证参会人员安全顺利地参加会议是接待工作的根本，必须高度重视。要做好每一项接待工作，必须进行方案的策划与制定。只有精心策划、充分准备，接待活动才有可能成为成功的公关活动。否则，就可能沦为低层次的迎来送往的应酬活动，甚至可能损害省委省政府的形象。

二、形成方案

办公室主任丹荔接到任务后，意识到此项工作的紧迫性和艰巨性，根据以往接待工作经验迅速草拟了一份接待方案，向主管领导请示后进一步作了修改，并与各相关部门、人员进行了详细沟通，对接待方案进行了细化。

××省第九次党代会生活接待工作方案

为了做好省第九次党代会的生活接待工作，保证党代会的顺利、圆满召开，拟订生活接待工作方案。

（一）接待小组人员组成

1. 组长

×××　省委办公厅副主任

×××　省人民政府办公厅副主任

2. 副组长

×××　省委、省人民政府接待办主任

×××　省委办公厅行政处处长

×××　省委办公厅接待处处长

×××　省人民政府办公厅接待处处长

×××　南湖饭店经理

3. 工作人员

生活接待小组拟抽调工作人员32人，汽车司机40人。

（二）接待小组职责范围

做好大会的食宿安排。管理好大会代表和工作人员的住宿、膳食；大会期间代表活动的接送工作；大会车辆调度管理；大会代表返程车票的购买；大会医疗保健工作；大会的财务管理、经费开支与结算等生活接待工作。

(三) 大会住宿地点和安排原则

1. 住宿地点

考虑与会人员参会与用餐的方便,将住宿安排在离会场和餐厅均较近的南湖饭店。

2. 安排原则

副省以上领导和代表团团长,大会秘书处正、副秘书长,各大组正、副组长(或正厅级领导)每人住一间;其他代表两人住一间;大会工作人员 2～3 人住一间。

(四) 大会用餐地点及用餐形式

1. 大会用餐地点及形式

考虑到本次会议人员多,并且照顾到少数民族情况,用餐地点设在能够承担不同民族特色菜肴的南湖饭店,采用自助餐形式。

2. 大会膳食物资供应

由省委省政府接待办公室了解与会人员要求,负责与餐厅协调,保证每一位参会人员的饮食服务到位。

(五) 车辆调度安排

拟调大客车 16 辆、中巴 3 辆、十二座旅行车 3 辆、小车 30 辆(含代表团团长自带专用车)。车辆安排:各代表团配大客车 1 辆(人数多的代表团配 2 辆);不带小车的代表团安排小车 1 辆;文件小组、简报联络小组、发文小组、会务小组各配工作用车 1 辆;大会机动工作车 5 辆。

(六) 迎送

代表报到和大会结束离开饭店时,由生活接待小组组织南湖饭店有关人员、礼仪小姐 10 名(配穿礼服)、服务员 30 人在南湖饭店大厅门前迎送。建议大会秘书处领导到时也前来迎送。

(七) 医疗保健

为了保证大会代表在会议期间的身心健康,及时诊治季节性常见病,防止突发性重大疾病的发生,在代表住地设医务室 2 个、食品检验卫生防疫组 1 个。备足需用药品、医疗器具,专为代表和工作人员就诊、巡诊和食品检验。抽调省医科大学救护车一辆作为大会医疗救护用车(大会不配备医疗保健专用车)。请省医科大学预备 2 张空病床,供急症患者住院治疗。

(八) 生活接待小组内部具体分工

1. 接待工作

负责人:×××、×××

工作人员:拟抽调工作人员 9 人(列出具体名单)。

主要任务:负责大会住宿安排管理,大会代表接送站和大会期间代表活动的接送;负责大会的票务工作;负责生活接待小组办公室的值班协调工作。

2. 膳食

负责人:×××、×××

工作人员:抽调工作人员12人(列出具体名单)。

主要任务:负责大会用餐管理和协调膳食工作。

3. 财务、交通

负责人:×××、×××

工作人员:抽调工作人员6人,司机40人(列出具体名单)。

主要任务:负责大会经费开支管理和交通工作。

4. 医疗保健

负责人:×××、×××

工作人员:抽调工作人员9人(列出具体名单)。

主要任务:负责大会医疗保健和食品卫生防疫工作。

×××(副主任医师)、×××(护士)负责第一保健医务室工作。

×××(副主任医师)、×××(护士)负责第二保健医务室工作。

食品卫生防疫医生×××(质检员)、×××(质检员)负责大会食品检验卫生防疫工作。

(九) 经费预算

食宿费:平均每人1 000元,共计120万元;

交通费:平均每人300元,共计36万元;

医疗费:平均每人50元,共计6万元;

其他费用:10万元,留作其他未尽事项。

共计:172万元。

省第九次党代会生活接待小组

××××年××月××日

三、督促实施

工作方案确定后,接待办公室主任丹荔及时通知每一位工作人员,交代各自的工作任务及要求。还制作了接待工作清单,对接待工作中的各要素进行全面清点,严格按照方案进行程序化运作,以确保工作进程的有序性、稳定性和连续性。帮助有困难的工作人员解决有关问题,起到了很好的组织、协调作用,使接待工作中的各个环节有序衔接,为本次会议的圆满成功作出了贡献。

会议结束后,丹荔又撰写了书面的《接待工作总结》,并完善了接待记录,召开了总结会,整理好需要归档的资料。丹荔个人因此次接待工作受到了省委省政府的嘉奖。

相关知识

一、接待前的准备

(1) 准备一份接待登记簿,或者计算机登记系统,根据以往客户来电、来函、来人的预约记录,整理出当天已事先预约的来访者单位、姓名、职务、时间、事由、接待者,以卡片的形式做成一张来访预约表。

(2) 建立来访者名片索引系统,用名片扫描仪将来访者的名片资料储存在计算机里备查,配合来访登记记录,合并成一套来访资料系统。这样既便于完整记录已经发生过的来访及结果,也可以迅速检索相关信息,为下一次接待做好准备。

(3) 清楚本单位负责接待来访者的领导的具体分工,备好领导的姓名、职务、联系方式。当有来访者时,秘书可以根据来访意图清楚判断应由哪个部门哪位领导出面接待,及时用电话联系,获得确认后再做安排。

(4) 准备一些笔和便条纸,以供来访者留言。

(5) 准备会客室。会客室内应放置当日的报纸杂志,或是公司的一些宣传材料,以使来访者安心等候。会客区与接待处应分隔开来,最好是设立专门的会客区或等候区。秘书与负责接待的领导联系时,不要让来访者听见通话内容,以免出现尴尬,甚至冲突。

二、日常接待工作的基本程序

(1) 以良好的单位形象迎候来访者。来客登门拜访,无论是事先预约的,还是未预约的,秘书人员都要起身相迎,面带微笑主动问候。见到客人的第一时间,应该马上做出如下的动作表情,简称为“3S”:Stand up(站起来),See(注视对方),Smile(微笑);同时热情地同客人打招呼:“您好,欢迎您!”“您好,我能为您做些什么?”“您好,请问您有什么事需要我帮助吗?”

如果客人进门时秘书正在接打电话或正在与其他的客人交谈,应用眼神、点头、手势等身体语言表示请进,并请对方先就座稍候。如果手头正在处理紧急事情,可以先告诉对方:“对不起,我手头有紧急事情必须马上处理,请稍候。”以免对方觉得受到冷遇。当接待因其他工作而受到打扰时,先向来宾致歉。

(2) 如果来访者是陌生人,秘书人员要做自我介绍。同时了解来访者约见的人员和部门,查对预约登记,弄清楚来访者是有约还是无约的。

(3) 对按时到达的预约来访者,秘书应向接待者通报来访者情况。征得接待者同意后,引领来访者去接待者办公室或会客室。对先于约定时间到来的来访者,秘书应请对方在等候区稍候,奉上茶水,等到距预时间 5～10 分钟便去通知被访者。

对未预约的来访者,应请对方说明具体事宜,想要拜访的部门或人员,然后与相关部门或人员联系,尽量满足来访者的要求。注意在未辨明来客的身份及来意之前,不要直接回答对方被访者在与否，职业性的做法是微笑不语，先听对方说清楚来意，再作安排。

（4）请来访者在《来访登记表》（见表 4-1）上登记，发放宾客卡，并提醒来访者离开前返还宾客卡。

（5）必要时帮助上司中断来访。秘书应留心上司接待客人的情况。如上司日程安排较紧，下一个活动时间已经临近，要及时提醒上司，以免延误下一项工作。

（6）礼貌送别来访者。提醒和帮助来访者拿好自己的东西，根据客人身份，将客人送至电梯间、公司大门口或送上车。

（7）做好及整理来访记录。

表 4-1 来访登记表

年 月 日

序号	来访时间	来访人姓名	来访人单位	来访目的	要求接见人	实际接见人	备注

三、接待团体来访的工作程序

1. 了解情况

（1）了解来访的目的。

（2）了解来访者的基本情况。如单位、姓名、性别、身份、民族（国籍）、信仰等。

2. 制订接待方案

“凡事预则立”，接待团体来访，制定接待计划很有必要。一是可以合理地安排各项接待工作，使之有条不紊地开展；二是可以使有关人员提前安排好自己的时间，保证接待工作顺利开展。

（1）确定接待人员。

（2）确定接待规格。接待规格是从主陪人的角度而言的，可以分为高规格、低规格和对等规格三种情况。一般根据来访目的的重要程度和来访人员的身份决定采用哪一种规格。

① 高规格接待是指主要陪同人员比主要来宾的职位要高。表示对被接待一方的重视和友好。常用于重要的来访或是来访人员的身份较高的。

② 对等接待是指主要陪同人员与主要来宾的职位相当的接待。通常情况下采取对等规格接待。

③ 低规格接待是指主要陪同人员比主要来宾的职位要低的接待，多用于基层单位。来访人员的身份过高，本组织没有人能够对等时，只能采取低规格的接待方式。

不论采用哪一种接待规格，秘书拟定后，由领导决定。一旦定下来，秘书应当把主要陪同人的情况和日程安排告知对方，征求意见，加以确认。

(3) 草拟接待计划。接待计划的内容主要包括以下方面。

① 接待规格　除了主要陪同者，还要确定其他陪同者、住宿、用车、餐饮的规格。例如会见、会谈的时间、地点和参加的人员、人数，来宾的住宿地点、标准、房间数量等，宴请的时间、地点、规格、人数、次数等。

② 日程安排　一般以表格的形式列出。例如，参观游览和娱乐等活动的时间、地点、人数、次数及陪同人员等。

③ 经费预算　包括工作经费、住宿费、餐饮费、劳务费、交通费、参观费等费用，以及礼品费、宣传公关费、其他费用。

④ 工作人员安排。

3. 沟通确认

接待计划做好后，秘书要与本单位相关部门沟通情况，协调好具体事项安排。还要与来访者沟通情况，尽量尊重来访者的意见，最后报请上司审批，完善整个接待方案。

4. 实施方案

接待方案制订以后，就要严格按照方案进行程序化运作，使接待工作中的各个环节有序衔接、首尾相连。此时，秘书人员要掌握全面的情况，做好各个部门、各项工作的沟通与协调。

四、外宾接待

外宾指国外来宾，及我国港、澳、台地区的同胞和海外侨胞等。外宾接待工作关系到国家与国家、内地与我国港、澳、台地区的同胞和海外侨胞之间的关系，直接影响到国家的利益和声誉，是一项政治性、政策性都很强的工作。

1. 外宾接待的原则

(1) 平等友好的原则　无论外宾来自哪个国家和地区，都要一视同仁，平等对待，举止文明礼貌、热情友好。要尊重外宾的风俗习惯，不能把自己的观念和思想强加于外宾，对外宾的服饰打扮、形貌、动作、表情等不能评头论足。

(2) 内外有别的原则　接待外宾时，必须注意内外有别，严格执行有关保密规定。提高警惕，防范各种可能的收集政治、军事、经济、科技等情报的活动，不得在对外交往中泄露国家机密。

(3) 不卑不亢的原则　接待外宾时，既要尊重外宾，以谦虚坦诚的态度对待外宾，又要始终保持自己的民族尊严和人格尊严，自尊、自信、自重。在原则问题上，如果涉及国家民族利益、民族感情等问题，应始终坚持原则，决不迁就退让。

2. 涉外活动礼宾次序

礼宾次序，是指国际交往中对出席活动的国家、团体、各国人士的位次按某些规则和惯例进行排列的次序。礼宾次序通常按以下规则排列。

(1) 按身份与职务的高低排列　这是礼宾次序排列的主要根据。一般的官方活动,经常是按身份与职务的高低排列。

(2) 按字母顺序排列　多边活动中的礼宾次序有时按参加国国名字母顺序排列。一般以英文字母排列,少数情况也有按其他语种的字母顺序排列。这种排列方法多见于国际会议、体育比赛等。

(3) 按通知代表团组成的日期先后排列　有些国家举行多边活动,常采用按通知代表团组成的日期先后排列礼宾次序。东道国对同等身份的代表团,按派遣团组成的日期排列;或按代表团抵达活动地点的时间先后排列;或按派遣国通知代表团参加活动的答复时间先后排列。

3. 涉外活动国旗悬挂

国旗是国家的标志和象征。悬挂国旗是一种外交礼遇与外交特权。人们往往通过悬挂国旗,表示对本国的热爱和对他国的尊重。例如,在国际会议上,除会场悬挂与会国国旗外,各国政府代表团按会议组织者的有关规定,在一些场所或在车辆上悬挂本国国旗。有些展览会、各类比赛等国际活动,也往往悬挂有关国家的国旗。在谈判、签字仪式上也悬挂代表国的国旗。

悬挂双方国旗,以旗面本身为参照物,“右为上,左为下”。不好操作的话也可以以挂旗人为准,“面对墙壁左为上,右为下”。因为挂旗时,挂旗人必然面对墙壁,这时左为上,悬挂客方国旗;右为下,挂主方国旗。乘车时“面对车头左为上”,左边挂客方国旗,右边挂主方国旗。也可以以汽车行进方向为准,驾驶员右手为上。注意:所谓主客标准,不以在哪国举行活动为依据,而以举办活动的主方为依据。如外国代表团来访,东道国举办欢迎宴会,东道国是主人;外国代表团答谢宴会,来访国是主人。

4. 外宾接待注意事项

(1) 接待外宾前应成立接待组。接待组成员应由外事、翻译、安全警卫、后勤、医疗、交通、通讯等方面的工作人员组成。

(2) 做好充分的准备工作。接待外宾前首先要全面了解情况,包括了解上级的接待意图,对会谈、参观访问、签订合同等事项的具体要求,了解外宾前来的路线、交通工具、抵离时间,外宾的宗教信仰、生活习惯、饮食爱好与禁忌等。还要充分准备各种有关资料,做好相关方面的联络。然后制订一份周密的书面接待活动计划,包括迎送、会见、会谈、签字仪式、宴请、参观游览、交通工具、餐寝时间、陪同人员等详细内容。重要外宾的接待计划应报请本单位的上级单位批准。

(3) 安排好迎送工作。按照国际惯例的“对等原则”,主要迎送人员应与来宾的身份相当。应根据外宾的身份,对等安排有关领导和人员去迎接外宾。重要接待有时还要安排备用车辆随行。迎宾时,外宾下飞机(车、船)后,秘书人员应主动将我方迎接人员姓名、职务介绍给来宾,迎宾人员随即与来宾握手表示欢迎。如需献花,应安排在迎宾的主要领导人与客人握手之后进行。献花须用鲜花，并注意保持花束整洁、鲜艳，忌用菊花、杜鹃花、石竹花以及黄色花卉等。在接待信仰伊斯兰教人士时，不宜由女子献花。重要外宾和大型团体来访，应安排专人、专车提取行李并及时送到客人房间。外宾抵达住处后，不宜马上安排活动，应稍事休息，给对方留下更衣时间。

当外宾离国境时，接待人员应协助外宾办理出境手续。在为外宾送行时，送行人员应在外宾临上飞机(车、船)之前，按一定顺序同外宾一一握手话别。飞机起飞(车、船开动)之后，送行人员应向外宾挥手致意，直至各交通工具在视野中消失方可离去。

(4) 做好外宾来访期间的生活接待。周密安排外宾的住房、坐车、生活起居，要尽量使外宾感到舒适、方便、安全。住地应当选择在环境优美安静的地段，最好选择经常接待外宾的宾馆，以使来宾在繁忙紧张的活动之后得到适当的歇息。对代表团中的高级官员应妥善安排。译员、秘书和其他工作人员应住在靠近主宾的房间。住房安排好以后，还要再征求客人意见；也可将房间位置图提前交给对方，请对方自行安排。

(5) 做好安全保卫工作。特别是重要外宾，事先应和公安、交通、外事等部门联系好，以确保外宾的安全。

实训演练

一、训练目标

(1) 能够撰写团体接待工作方案。

(2) 能够正确迎送外宾，做好各项工作。

二、知识要求

(1) 熟悉接待工作程序。

(2) 掌握外宾接待工作中各项事务和要求。

三、训练要求

(1) 接待工作方案的撰写要求完整规范。

(2) 外事活动的安排要求周到严密。

四、操作说明

(1) 利用 2 学时，分小组进行。结束后，教师引导学生对每一个任务进行点评。

(2) 实训的准备工作需要课外完成。做好模拟接待工作的前期准备非常重要，所以一定要安排好小组负责人，合理分配任务，在小组长的统一协调下，成员相互合作，共同完成。

（3）训练前布置学生复习接待工作的有关知识与要求，明确工作思路和内容，分工合作完成训练任务。

五、操作提示

在这项训练中，学生最好利用课外时间观看一些重要的接待活动录像，注意观察活动的程序并总结其得失，为本次实践活动提供借鉴。

六、任务描述

（1）天地公司人力资源部接待了一位求职者陈先生。陈先生是某专利技术的持有者，正是天地公司急需的人才。人力资源部负责人把陈先生的情况上报给负责人事的张副总经理。张副总经理放下手头的工作，去见陈先生。这样的接待属于何种接待规格？有什么作用？

（2）某日用品有限公司经理办公室秘书王娜到机场去接一位美国客人，王娜应该做哪些准备？演示整个接待客人的情景。

（3）上海余香食品有限公司总部一行7人，在董事长的带领下，将于9月中旬到某分公司考察，主要了解桂花牌糕点的生产与销售情况。如有可能，会加大对该公司新上糕点设备的投资，重点扶持新的利润增长点。请为该公司拿出具体接待方案。

（4）腾达公司要与德国一家公司进行技术合作。前些日子由王副总经理带队去德国公司作了考察，双方达成了初步意向。近日，德国公司要派一个代表团来腾达公司商量具体合作事宜。据悉，德国公司的这个代表团规模较大，总经理亲自出马，还有两位副总、两位技术主管、两位专业技术人员，另外还有两位秘书。作为腾达公司办公室主任，应该如何完成此次接待工作？

任务3　特殊接待

学习目标

正确把握接待的心理，掌握不同情况下的接待原则，从容应付不同情况的来访者。

任务描述

腾达公司办公室秘书章炎正忙着起草一份会议报告，进来了一位步履匆匆的男子，不光其貌不扬，穿着也很破旧，他向章炎说要见总经理。章炎说总经理很忙，今天日程安排已经很满了，现在正主持一个重要会议。对方说没关系，他可以等。章炎应该怎么办呢?

▶▶ 工作处理

一、任务分析

并非所有的接待工作都可以按部就班,秘书人员要灵活应对来访者。有些客人可能一生只到某企业造访一次,如果这一次的接待工作热情周到、精心细腻,企业良好的精神风貌、浓厚的文化氛围和高水平的服务将会给客人留下终生的印象。秘书人员要树立“每一个行为都代表企业形象,都折射企业文化”的责任意识,对于每一项接待工作都要高度重视,保证高质量地完成每一次接待任务,把每一次接待都当成一次机遇,为企业带来商机,带来社会效益和经济效益。

二、工作过程

章炎热情地请对方坐下,给对方倒了一杯水,自我介绍是马总的秘书,叫章炎。然后问对方贵姓,有什么事情是否可以先与他说一说。但是对方只说姓王,没有和他谈的意思,只是说等总经理。章炎又说:“很抱歉,马总只会见预先约好的来客,您看我怎么向马总汇报您的情况?”见对方没有反应,章炎又说:“您也可以留个条,由我转交马总。”对方说不必了,等改日再来。章炎说:“您这样做,下次也很难与马总会面,即使您与马总见面,他也会不高兴,刚才我已经说了,马总只会见预先约好的客人,还是让我先与他说清楚具体事情,让他决定是否见您,好吗?”并强调,公司制度非常严格,一切都要照章办事。见章炎说得如此诚恳,对方说要投资。一听此话,章炎又双手递过来一份公司的宣传册,请对方观看,然后借口去卫生间,来到会议室,递给马总一个纸条,上面写着:“马总:有位来客找您谈投资的事情,看来很着急,您看怎么办?”马总看完纸条,写了几个字:“让他等5分钟。”章炎会心地笑了笑,回到办公室。对客人说:“真巧,会议有一段自由讨论的时间,我带您到会客室好吗?”……

第二天,马总一进办公室就眉飞色舞:“章炎,咱们可捡了个大便宜。”原来,昨天的来客是一位台湾人,想来大陆投资,看中了本市一家有名的企业,谁知对方接待很不热情,几句话就把他气走了。于是,他想出了一个办法,考察哪家企业称他的意,再决定投资。所以故意穿了一身破旧的衣服,说话也支支吾吾。马总说,昨天如果再让王先生等10分钟的话,就没戏了。

后来,王先生给腾达公司投资达8 000万元,年产值12亿元,年利润有1 000多万元。

三、经验总结

经过这件事情,章炎更深刻地理解了接待工作的重要性,尤其是一些特殊的接待。

这些没有预约的特殊接待，没有固定的接待方式。但是，因为每个客人的个性特征、做事风格不同，秘书要充分利用接待工作的每一个细节展示企业的全新风采和企业独具魅力的特色文化，用每一次接待机会增强企业的凝聚力和向心力，提升企业的知名度和影响力。例如，可以通过接待客人的机会，积极介绍本单位的特色、发展状况和发展潜力，让客人多了解本单位；可以在与客人的交谈中注意收集经济方面的信息，并及时向有关方面反映；也可以通过热情周到、善始善终的服务，主动让客人投资。

相关知识

一、心理准备

1. 诚恳的态度

无论来访的客人有无预约，是否易于沟通，性格是急还是慢，脾气大小，秘书人员都要让对方感到自己是受欢迎、受重视的。要抱着一种“来的都是客”的观念做好接待工作，耐心听取来客反映的情况，妥善处理。当客人很多或难于应对的时候，秘书人员要有良好的自我暗示，不要为来客的情绪所影响，牢记自己是单位形象的代表。

2. 合作精神

在接待工作中，要尽量满足来客的要求，争取合作双赢的良好效果。例如，看到同事接待客人，要主动协助，不能认为不是自己的事情就不予理睬。

3. 解决问题的心态

秘书要了解自己的授权范围，明确哪些事情可以自主解决或作出承诺，哪些事情自己无权处理，必须向上司请示。在接待中能够解决问题，才是高水平接待。

二、几种情况的应对

秘书人员在接待工作中，常常会遇到以下几种情况。秘书人员要本着不违背原则、不怠慢来访者的宗旨，机智灵活地妥善处理。

1. 来访者要求面见领导

来访者普遍有一种心态，认为只有领导才能解决他们的问题或满足他们的要求。所以不管大事小事，都要找领导。当来访者提出要求面见领导时，秘书人员要根据具体情况区分处理。让所有上司想见的人都能顺利地见到上司，让所有上司不想见的人都在秘书面前折回，是秘书接待工作的根本。

(1) 遇到有急事找领导的来客，如果事情确实紧急，应立即向领导通报，说明事项，听候领导人的处理意见，努力使事情得到迅速有效的解决。如果领导同意见面，可安排客人直接与领导人会面。如果领导正在开会，要稍等一会儿，秘书可以直接对客人说明情况，告知客人等领导处理完事情，会马上与之见面。

(2) 来访者所反映的情况比较重要，秘书应及时向领导说明情况，听候领导的安排。有时领导因需处理更重要的问题而分不开身,可明确告诉来访者领导的具体工作,以及何时才能有时间。请客人留下电话、地址,明确是由客人再次来单位,还是我方领导到对方单位去。

(3) 秘书人员不能确定问题的性质和领导的态度,可先巧妙挡驾,待请示后再作安排。挡驾要讲究策略,例如:"我很愿意帮助您,但是现在上司正在开会,会议十分重要,短时间内不会结束。我建议您给他写张条子,我会设法交给他,请他安排具体时间。""很抱歉,王经理只会见事先约好的来访者,在我安排您之前,他要求我搞清楚您拜访他的真实意图和要求,我必须履行我的职责。""如果我违反王经理的指示让您进去,他会不高兴,你们的谈话也会受影响。您还是告诉我您和王经理要谈的内容,让我来安排吧。"

(4) 对于无理取闹、纠缠不清,或态度恶劣、脾气暴躁的来访者,要好言相劝,做好解释。尽量软化语言,使用一些婉辞。委婉的语言可稳定对方的情绪,避免不必要的争端,否则会激起来访者更大的不满情绪,或者引起争端。此时不能轻易地屈服于压力,立即请领导出面,而应坚决挡驾。

2. 领导临时失约

领导临时失约,例如因某件急事必须办理而突然外出了,但客人如约而至。秘书人员应及时向来访客人说明情况,向客人道歉,求得对方谅解。同时做出妥善安排。如果客人愿意等,秘书人员应放下手头的工作,与客人交谈,等候领导回来,决不能让客人独自坐在会客室里等候。如果等了一段时间以后,领导还没有回来,应征求来访者的意见,看来访者是愿意再等一会儿,还是愿意先回去,等领导回来后再与他联系约会。

3. 不速之客

有客人未预约来访时,不要直接回答上司在或不在。最好这样回答:"我去看看他在不在。"同时委婉地询问对方来意:"请问您找他有什么事?"如果对方没有通报姓名则必须问明,应尽量从交谈中判断是否有必要安排他与上司见面。如果请示领导后,领导没有时间或不愿意见来访者,秘书人员要灵活、机敏而又委婉地拒绝来访者。例如有客户来访,来访的问题比较简单,不需要领导出面就可以解决,秘书可以介绍他去找相关部门的主管或相关人员交涉。

4. 不受欢迎之客

在接待工作中,有时会遇到一些不受欢迎的客人,例如,为一点小事纠缠不休的人,多次跑来索取赞助的人,或者提出一些无理要求的人等。对于这些来访者,秘书人员要以尽量使他们少干扰领导和自己的工作为宗旨,同时又要使他们感到没有受到怠慢。以礼相待,显示出自己的涵养和风度。对于客人的一些错误想法,要耐心劝解。

5. 同时接待多位来访者

如果同时有多位来访者到访,首先应按先后顺序予以安排。但如果其中有特殊来宾，则应立即给以特殊安排。按部就班的安排会招致重要客人的不满，过分重视重要客人忽略其他客人又容易引起众怒。因此，对需要延后接待的先到者应给予适当的解释，获得对方的谅解；如有必要，秘书人员可以放下手头的工作，与他们谈一些共同关心的话题。

6．会客中又有新客

如果正在会客的时候又有新的客人来访，秘书首先要向先前的客人说明情况，请他稍等，并表示歉意。如果新客需由秘书本人接待，且时间较长，又不便让其听到自己与原先正在接待的客人的交谈内容，可安排其到另一个房间内，告诉他大约要等候的时间，并对客人作简单服务，例如上茶，拿出报纸、杂志等，表示歉意后离开房间。对新客的安排，不能过于耽误时间而让先客久等。然后回到原先客人处继续交谈，并为交谈的中断、让客人等待而再次表示歉意。如果接待新客需花很长的时间，而与原先客人的交谈也需很长时间，没有可能接待新客，秘书就应该向新客说明情况并表示歉意，约定另外合适的时间再见面。如果新客人与原先客人出自同一原因、同一事项前来，所谈内容也完全一致，秘书可以介绍双方客人认识，一起进行交谈。

7．兴师问罪者

兴师问罪的来访者大多是有“理”而来，情绪比较激动，秘书人员在接待时要格外小心，千万不能火上浇油，以免来访者情绪失控，引起更大的麻烦。秘书要采取冷处理的方式，先稳住对方，平息怒火，待对方情绪稳定、恢复理智之后，再了解对方来访的真正意图及发火的原因，然后依据具体情况谨慎处理。接待兴师问罪者是对秘书人员应变能力的考验，需要秘书人员具有良好的心理素质、敏锐的心理分析能力、谦和有礼的态度。秘书人员不能因为处理这类问题比较困难，就将矛盾上交，请领导出面。因为在客人愤怒的情绪未得到平息之前，他们面对领导更容易做出过激的行为，使事情陷入僵局，给领导处理问题造成被动，进而损伤领导的威信。

8．媒体人员

对媒体人员的接待应采取合作和主动的态度，表现出乐于为其服务的意愿。首先要辨别对方的真实身份，判断对方的真实意图，据此拿出相应的对策。秘书人员对媒体人员所提出的问题要仔细斟酌，不可轻易表示自己对某件事的态度。微笑地用外交辞令及规范用语是自我保护的有效办法。当然，对媒体人员敬而远之或诚惶诚恐，也是完全没有必要的。

9．难辞之客

如果秘书人员还有很多的工作，来访者却谈兴甚浓，秘书人员可以向来访者表示歉意：“对不起，我手头还有些事情需要马上处理，我们改天再聊好吗？”“对不起，我需要马上做一些其他的工作，您不会介意吧！”总之，秘书人员要让来访者感觉到我们与其谈话很快乐，但是不得不中止谈话，秘书人员也十分无奈和惋惜。这样既可以使秘书人员得以解脱，又不至于扫了对方的兴。如果来访者赖着不走，秘书人员应沉着冷静,在保持礼貌的同时明确而且坚定地告诉对方他们必须离开的理由,打消对方任何侥幸的念头,帮助对方下定离去的决心。当然,不到万不得已,不要惊动上司或保安,甚至警方。

实训演练

一、训练目标

(1) 能够灵活接待不同来访人员。

(2) 能够协调和组织与接待有关的其他工作。

二、知识要求

(1) 做好接待前的心理准备。

(2) 掌握接待工作中各项事务和要求。

三、训练要求

(1) 明确不同工作任务的接待重心和要求。

(2) 恰当处理不同来访者的要求。

四、操作说明

(1) 利用2学时,分小组进行。

(2) 训练前布置学生查找有关特殊接待的技巧,掌握接待工作的原则和要求,分工合作完成训练任务。

(3) 结束后,教师引导学生对每一个任务进行点评。

五、操作提示

在这项训练中,学生最好留心观察学校各办公室工作人员的来客接待,注意观察接待的过程并总结其得失,为本次实践活动提供借鉴。

六、任务描述

(1) 一位没有预约的来访者,要求见公司经理,可经理正在开会。面对这种情况,秘书应怎样接待这位来访者?

(2) 先达公司的王总如约来到天地公司办公室,要求拜见公司的张总,可张总却完全忘了这个约会,此时正在俱乐部与一位重要客人打完网球后喝茶。作为秘书,你应该如何处理这种局面?

(3) 王娜正在接电话,忽然看见两位客人直接往办公区走。王娜赶快叫住他们。

客人有些不耐烦地说："我们昨天刚来过，是找产品部的杨经理的，昨天有点事没办完。" 王娜说："对不起，请你们稍等一下。我马上通知杨经理。"电话接通后，杨经理说："我不想见那两个人，请你帮我挡一下。"王娜应该怎么做？

（4）当来访客人怒气冲冲地走进天地乳品集团有限公司经理办公室时，秘书王娜正在办公桌前打印一份机密文件。王娜应该怎么做呢？

（5）某食品机械厂赵厂长原定于 11 月 20 日接待一食品厂厂长及其助手，商谈有关业务。可是 11 月 18 日接到上级单位通知，要赵厂长于 20 日开一个重要会议，不得缺席。赵厂长只得请另一位副厂长出面接待食品厂一行人了。作为厂长的秘书，应怎么办？

第五单元

文书工作

本单元主要学习文书的拟写、收文处理、发文处理、文书的归档以及档案的管理和利用。通过本单元的学习，熟练掌握文书拟写、收文及发文处理的程序，正确控制文书的流向，能够对文书进行归档，并对档案做好日常的管理和利用。

任务1 文书拟写

学习目标

学习文书拟写的程序，掌握文书拟写的注意事项。

任务描述

宏达集团公司正对人事管理制度进行修订，总经理办公会重新拟定了一个《员工奖励办法》。为进一步充实和完善此办法，总经理将秘书萧雅叫到办公室，要求她马上写一份通知，发到各分公司和总公司各部门，告知有关事宜。萧雅用记事本将总经理的话记录下来，回到自己办公室，立即开始拟写通知。

工作处理

一、任务分析

秘书首先明确认识到总经理需要的是各分公司和总公司各部门对《员工奖励办法》的反应，目的是根据员工的意见，对《员工奖励办法》作进一步的修订和补充，使其更科学、规范、合理。

二、形成通知

明确了领导的发文目的后，萧雅就按照规范的公文格式拟写《关于〈宏达集团员工奖励办法(征求意见稿)〉征求意见的通知》。

关于《宏达集团员工奖励办法(征求意见稿)》征求意见的

通 知

各分公司、总公司各部门：

为了进一步完善人事管理制度，根据总经理办公会的意见，我集团公司重新拟定了《宏达集团员工奖励办法(征求意见稿)》(以下简称《办法》)。现将《办法》制发给你们，希望认真讨论，并提出宝贵的意见和建议，以便进一步完善。

一、《办法》已以附件形式发送至各部门电子信箱。同时，各分公司和总公司各部门员工也可于2017年5月16日前登录公司网站首页左侧的“人事管理制度改革”栏目，就《办法》提出宝贵意见。

二、各分公司和总公司各部门的意见，请以书面形式于2017年5月16日前送总经理办公室。

三、各分公司和总公司各部门员工的意见也可于2017年5月16日前，通过信函邮寄或者电子邮件方式送宏达集团公司总经理办公室。以信函方式邮寄的，信封上请注明“员工奖励办法征求意见”字样。以电子邮件方式发送的，请发送至ygjl@126.com。

四、以其他形式传递的意见请与总经理办公室张娜联系，电话：010-87654321转512，传真：010-87654321。

附件：《宏达集团员工奖励办法(征求意见稿)》

宏达集团

2017年4月29日

三、反复修改

拟稿后，经相关部门会商、领导审核，根据领导的意见，萧雅进行了反复修改，最后经主管领导签发后形成定稿，并将定稿印刷后进行了公布。

相关知识

一、文书拟写及制发的程序

(一) 准确把握领导意图

拟写文书是秘书非常重要的一项日常工作。其写作内容所表达的不是个人的意愿,而是单位领导的意图。在一个公司里,领导除亲自动手撰写的文件外,一般会向负责文书拟写的秘书或承办部门交代发文意图。领导的发文意图决定着文书的中心思想。秘书必须全面、细致、准确、深入地领会领导的意图,把握领导行文的实质、重点和要求。写作前,虚心向领导求教,写作中遇到问题要及时请示领导。文稿完成后交领导审阅,并认真听取领导的修改意见。

(二)收集和选择材料

秘书在撰写文书时不能闭门造车,应根据领导的发文意图和需要,深入到有关部门收集相关材料,并注意从现行的政策法规及上级的相关文件中收集权威性的依据。

(三)确定主题,构思提纲

秘书要根据领导的发文意图,对照党和国家的方针政策和有关规定,确定好一个正确、鲜明、深刻的主题。然后进行总体构思,明确该文书要说明哪些情况,重点是什么,如何来表达。并拟写提纲,安排结构。根据行文特点和文稿内容,安排好文书的开头、结尾及各层次的逻辑关系。

(四)草拟文稿

文书主题的确定,材料的选择,领导的意图,拟写者的表达,都能从该环节得到充分体现。秘书起草时,要注意做到如下几点:

1. 树立时效观念

秘书要在接受拟写任务后及时拟写文稿,按时完稿。

2. 讲究观点与材料统一

拟写文稿,要求观点能统率材料、支配材料,材料要能支持观点、体现观点、印证观点。

3. 坚持内容与形式统一

拟写时以说明、叙述、议论为主。在语言运用时,要切合内容、文种、场合的需要和制发者的身份、地位,使用规范化的公文用语,努力做到准确、简明、朴实、庄重、严谨、得体。

(五)反复修改,完成初稿

文稿拟好后,秘书要从内容到形式进行认真检查,反复修改,修改主要从主题、材料、结构、语言等四个方面进行。

1. 修改主题

主题是文书的灵魂所在。检查修改主题,主要是检查其观点是否符合国家的政策法规、上级机关的有关规定以及领导意图,是否符合本单位的实际情况;明确提出主张，使主题正确、鲜明、深刻、集中。

2．修改材料

文书的材料是形成和表达主题所依据的事实、数据、经典论述、方针、政策、规定等。文书是靠材料来说明问题的。因此，要根据行文目的和发文要求对材料进行筛选修改，不能使用过时的、数据已经发生变化的材料，宁缺毋滥，做到真实、典型、新颖。

3．修改结构

拟写后，要对文书总体结构的修改、起承转合的调整，以及详略的变化等环节反复推敲，使其成为一个统一的整体。

4．修改语言

文书是用规范得体的语言表达主题思想的。检查修改语言时，主要修改含混不清、表意不明、搭配不当、次序颠倒的语句，及不规范的汉字和错误的标点符号等，力求语言的准确、鲜明、精练、生动。

（六）填写发文稿纸首页

文稿起草好后，必须在草稿前附上发文稿纸（见表 5-1）。将发文事由、附件、主送单位、抄送单位、主题词、审核人等按要求准确填写好，连同文稿一同送交办公室负责人审核把关。

表 5-1　××公司发文稿纸

<table>
<tr><td>发文字号</td><td colspan="2">××字〔××××〕×号</td><td>缓急</td><td></td><td>密级</td><td></td></tr>
<tr><td colspan="3">签发：</td><td colspan="4">会签：</td></tr>
<tr><td>主办部门</td><td></td><td>拟稿人</td><td colspan="2"></td><td>审核</td><td></td></tr>
<tr><td>打字</td><td></td><td>校对</td><td colspan="2"></td><td>份数</td><td></td></tr>
<tr><td colspan="7">文件标题：</td></tr>
<tr><td colspan="7">附件：</td></tr>
<tr><td colspan="7">主送：</td></tr>
<tr><td colspan="7">抄送：</td></tr>
<tr><td colspan="7">摘要：</td></tr>
</table>

二、拟写文书时应注意的问题

（1）内容要符合党和国家的方针、政策、法律法规及其他有关规定。如果要提出新的政策、规定，应切实可行并加以说明。

(2) 主题正确、务实、鲜明、集中。

(3) 情况属实,观点明确,表述准确,结构严谨,条理清楚,直述不曲,字词规范,标点正确,篇幅力求简短。

(4) 人名、地名、数字、引文准确。引用公文应当先引标题,后引发文字号。引用外文应当注明中文含义。日期应当写明具体的年、月、日。

(5) 结构层次序数,第一层为“一、”,第二层为“(一)”,第三层为“1.”,第四层为“(1)”。

(6) 应当使用国家法定计量单位。

(7) 如果文内使用简称,应当先用全称,并注明简称。

(8) 公文中的数字,除成文日期、部分结构层次序数和在词、词组、惯用语、缩略语、具有修辞色彩语句中作为词素的数字必须使用汉字外,其他应当使用阿拉伯数字。

(9) 公文文种应当根据行文目的、发文机关的职权与主送机关的行文关系确定。

(10) 草拟紧急公文,应当体现紧急的原因,并根据实际需要确定紧急程度。

▶▶ 实训演练

一、训练目标

(1) 能够按照文书拟写的程序草拟文书。

(2) 所拟写的文书格式规范,内容准确。

二、知识要求

(1) 熟悉文书拟写的程序。

(2) 掌握文书拟写的知识要求。

三、训练要求

(1) 明确文书拟写的程序。

(2) 拟写的文书要完整、规范。

四、操作说明

(1) 利用 4 学时进行。结束后,教师引导学生对每一个任务进行点评。

(2) 训练前布置学生复习文书拟写的有关知识与要求,明确工作思路和内容,完成训练任务。

五、操作提示

在这项训练中，学生最好利用课外时间到真正的企业中调查公司文书拟写的程序和要求，总结其得失，为本次实践活动提供借鉴。

六、任务描述

宏达公司利发分公司总经理秘书萧雅收到总公司的一份通知，萧雅按照规范的收文处理程序进行处理，得知总公司将于本周对利发分公司进行财务工作检查，要求分公司先提交一份自查报告。

假如你是萧雅，请你按照实际情景，完成该分公司自查报告的拟写。要求格式规范、内容具体。

任务2　发文程序

▶▶ 学习目标

学习发文处理工作的一般程序，熟悉发文处理的基本要求及注意事项。

▶▶ 任务描述

宏达集团公司正对人事管理制度进行修订，总经理办公会重新拟定了一个《员工奖励办法》。为进一步充实和完善此办法，总经理将秘书萧雅叫到办公室，要求她马上写一份通知，发到各分公司和总公司各部门，告知有关事宜。萧雅用记事本将总经理的话记录下来，回到自己办公室，立即拟写了通知，相关领导审核后，进行了制发。

假如你是秘书萧雅，请演示整个发文过程。

▶▶ 工作处理

一、任务分析

单位内的发文对本单位的工作具有指导、约束的作用。文书的制发必须经过一定的程序，保证文书发放内容、方式的准确性和权威性。

二、草拟通知并定稿

秘书萧雅接到任务后，迅速草拟了一份通知，交给办公室主任审核后进一步作了修改，然后交由主管的张副总经理签发，形成定稿。

三、复核文稿

通知正式印制前，萧雅对定稿进行复核，重点核查文稿的审批、签发手续是否完备，附件材料是否齐全，格式是否统一、规范等。

四、缮印并校对

秘书萧雅将文稿交给文印室缮印。文稿打印出来后，萧雅和文印室的小李一起校对。无误后，印制 20 份，准备下发。

五、用印、登记、分发

文书下发前，萧雅填写了《用印申请单》，请主管领导签批后，将文件加盖印章。然后交给负责收发的秘书小赵，小赵填写好《发文登记簿》(见表 5-2)，将文件发往各单位。

表 5-2　××公司发文登记簿

序号	发出日期	发文字号	文件标题	成文时间	密级	紧急程度	附件	份数	主送机关	抄送机关	签收人	归卷日期	存档号	备注

▶▶ 相关知识

一般的讲，文件的发文程序包括如图 5-1 所示几个步骤。

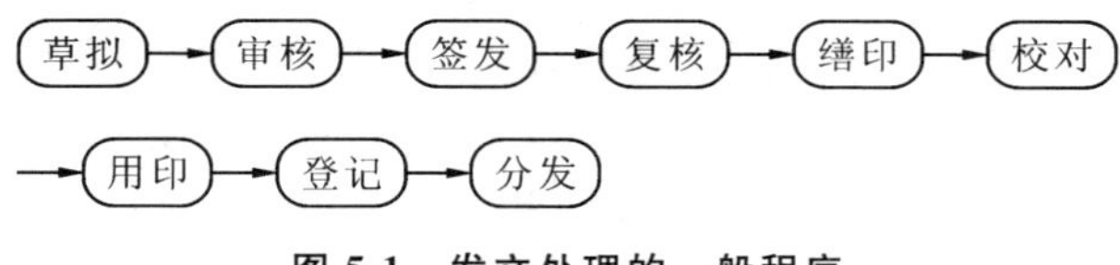

图 5-1　发文处理的一般程序

一、草拟

文件草拟的有关内容见前节详述。

二、审核

文件的审核指送负责人签发前，应当由办公室进行审核。审核的重点包括是否确需行文，行文方式是否妥当，是否符合行文规则和拟制文件的有关要求，文件格式是否符合本组织文件管理的规定等。

三、签发

以本部门或者单位名义制发的上行文，由主要负责人或者主持工作的负责人签发；以本单位名义制发的下行文或平行文，由主要负责人或者由主要负责人授权的其他负责人签发。

四、复核

公文正式印制前，文秘部门应当进行复核，重点包括审批、签发手续是否完备，附件材料是否齐全，格式是否统一、规范等。经复核需要对文稿进行实质性修改的，应按程序复审。

五、缮印

缮印是对文件进行誊抄缮写和打字、油印、电脑打印以及复印机复印等工作。文件在缮印时应做到：文字准确，字迹工整清晰；符合规定体式，页面美观大方；不随意改动原稿；装订齐整牢固；注意保密。

文件的缮印应该以定稿为依据，以签发批准的份数为准，不能随意增减。缮印应建立登记制度，登记文书名称、送文单位、印文数量、印制时间、印制人姓名等项目。

六、校对

校对是根据定稿对文件校样进行核对校正。校对的内容主要包括校订清样上的错字、漏字、多字；规范字体、字号；检查版式、标题是否端正，页码是否连贯，行、字距离是否匀称，版面是否美观；检查引文、人名、地名、数据、计量单位、专业术语是否有误；检查版式是否与文种格式统一，有无需调整和改版之处。

校对方法主要有四种：看校、对校、读校、折校。4 种文书校对方法各有利弊，秘书应根据文书的篇幅、清晰程度、时间缓急、人员情况及个人习惯进行选择，保证文件准确无误。

（1）看校。看校是只看校样不看原稿的校对。

（2）对校。对校是用校样对照原稿进行校对。

（3）读校。读校是两个人一起校对。一人读原稿，一人校对样稿。

（4）折校。折校是把校样放在桌上，把原稿折起来，使靠边一行的文字与校样上的文字靠近，两手拇指与食指夹住原稿，逐字、逐句、逐个标点符号对照。

校对的要求如下。

① 把握原则，仔细校对。

② 认真仔细，一丝不苟。对易于忽略或易于出现错误的地方，如数据、计量单位、专业术语等，注意反复仔细校对。

③ 校对文稿时正确使用校对符号。

④ 校对一般要进行一校、二校、三校 3 个校次。

七、用印

用印是指在缮印好的文本落款处加盖发文机关印章的工作环节，也是发文处理程序中的一个重要环节。以单位名义制发公务文书，需加盖单位印章；以部门的名义发文，则应加盖部门印章；如果是以单位领导人名义制发的公务文书，则应加盖该领导人的职务名章。

八、登记

发文登记就是对拟发出文件的主要信息进行文字记载的环节。登记的目的是便于对发出文件进行日后的统计、查找和管理。

发文登记的内容一般包括发文字号、文件标题、发往机关、签收及清退情况等。发文登记簿(见表 5-2)中的登记项目也可根据发文的实际需要酌情增减。其中，“序号”指发文的顺序号，可按年度流水编排，也可按文种流水编排，或按发往单位流水编排，一般较小的单位常使用第一种方法。

九、分发

分发是指对需要发出的文件进行封装和发送的工作环节，也是发文处理程序的最后环节。

(一) 封装

文件的正本印制好以后，要按照发放范围将文件封装。封装前，应对需封装的文件进行认真清点、核查，对照“发文登记簿”清点文件份数、页数，并检查附件、印章等有无遗漏，待准确无误后根据发出机关的不同分别封装。封装前还要准确地书写封皮，要字迹工整、地址详细清楚、收文机关名称规范。封装时要认真细致，封口要严密结实。

(二) 发送

文件封装后，要尽快发出，及时送达收文单位。现行的文件发送方式有邮政传递、专人传递和机要传递等，发出文件时应根据需要选用适当的发送方式。机要传递是将文件交由机要机构，由机要机构派专人送达收文机关的一种文件传递方式。机要传递一般适用于无一定时限要求的文件传递。发往外地的文件可以采用邮政传递的方式。对于发往本地且较重要的文件，可以设专人对文件进行传递。在现代办公条件下，传真传递、网上传递等新型文件传递方式也被广泛使用。需要注意的是，采用前三种传统的传递方式时，要注意索要和保存回执；利用新型传递方式要注意文件的保密性和接收回件的保存。

实训演练

一、训练目标

（1）掌握发文处理的程序。

（2）能够按照程序正确发文。

二、知识要求

（1）熟悉发文处理的程序。

（2）掌握发文处理的要求。

三、训练要求

通过训练掌握文件制发的过程，特别是关键环节的把握。

四、操作说明

（1）利用2学时，分小组进行。结束后，教师引导学生对每一个任务进行点评。

（2）实训的准备工作需要课外完成。做好模拟发文处理工作的前期准备非常重要，所以一定要安排好小组负责人，合理分配任务，在小组长的统一协调下，成员相互合作，共同完成。

（3）训练前布置学生复习发文处理工作的有关知识与要求，明确工作思路和内容，分工合作完成训练任务。

五、操作提示

在这项训练中，学生最好利用课外时间观摩企业中发文处理的实际情景，注意观察企业发文处理的程序并总结其得失，为本次实践活动提供借鉴。

六、任务描述

宏达公司总经理秘书萧雅收到总公司的一份通知，得知总公司将于本周对公司进行财务工作检查，要求分公司先提交一份自查报告。

假如你是萧雅，请按照实际情景，完成文书的制发过程，要求制作和填写相关表格如《用印申请单》、《发文登记簿》等，留有文书制发过程的痕迹，并将制发文书过程中产生的材料统一整理。

任务3 收文程序

学习目标

学习收文处理的程序和操作方法,掌握收文处理的基本要求及注意事项。

任务描述

宏达公司是一家大公司,每天都会有大量的文件、邮件需要处理。萧雅是这家公司销售部的秘书,她每天都要帮助领导整理和处理很多的文件和邮件,略为粗心就会产生疏漏,因此她上班前,要对自己工作中例行处理的问题和可能遇到的问题做一个简单的记录,并在工作结束后进行整理。这天一上班,前台就给她送来了一大摞邮件,她马上开始处理。

假如你是秘书萧雅,请演示收文的处理过程。

工作处理

一、任务分析

秘书要做好收文处理,必须熟练掌握收文的处理流程,在收文处理中,要写好拟办意见,并做好文件的传阅、注办、催办等工作。

二、签收登记

秘书萧雅拿到邮件后,先检查这些邮件是否应由本单位接收,检查包装和封口是否牢固、严密等,并对来文的件数进行清点。清点无误后,萧雅在投递单上签了名字。接着萧雅将几封需要领导亲启的邮件交给领导,然后将其他邮件启封进行登记。萧雅将文件的信息登记在《收文登记簿》(见表5-3)上。

表5-3 ××公司收文登记簿

收文号	收文日期	来文机关	来文标题	来文字号	密级	缓急	份数	承办单位	签收人	复文字号	归卷日期	存档号	备注

三、审核传阅

登记后,萧雅开始审核所收到的文件是否应由本单位办理、是否符合行文规则、内容是否符合国家法律法规及其他有关规定等。经审核没问题后，附《收文传阅单》（见表 5-4）后，送相关领导传阅。

表 5-4　收文传阅单

发文单位			收文日期		收文人员	
文件字号			文件标题			
事由			附件			
签阅	姓名					
	送日					
	退日					
批办意见	签字：　年　月　日					
处理结果	签字：　年　月　日					

四、拟办承办

秘书按照来文的内容、性质和办理要求，对来文提出初步的处理意见，然后交由部门负责人处理。部门负责人审阅文件后提出最终的处理意见。萧雅在每一份文件首页附上《文件处理单》（见表 5-5），然后按照机构内部业务分工，将经过登记的来文分别发往不同的领导人和相关部门，将文件交由承办部门办理。

表 5-5　××公司公文处理单

来文机关		来文字号		密级	
公文标题		份数		紧急程度	
拟办意见： 签字：　年　月　日					
批办意见： 签字：　年　月　日					
处理结果： 签字：　年　月　日					
备注：					

五、催办

各部门工作人员根据文件的承办时限和内容要求，对文件的承办情况进行督促检查。直到文件上要求的事项圆满完成为止。

▶▶ 相关知识

收文处理指对收到文件的办理过程,收文处理流程如图 5-2 所示。

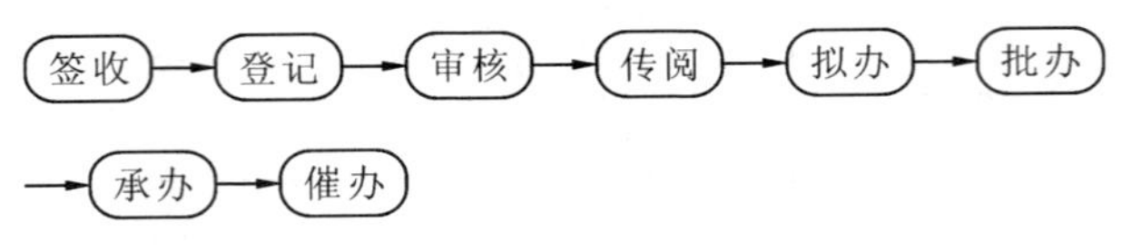

图 5-2 收文处理的一般程序

一、签收

签收是指文件接收人收到来文后在送件人的文件投递单上签名的工作环节。签收是接收文件时应履行的一种手续,也是收到文件的标志。

签收的任务是对外来文件进行检查、清点无误后在送件人的投递单或登记簿上签署收件人姓名和收件日期。检查环节主要包括检查来文是否应由本单位接收,包装和封口是否牢固、严密等。还要对来文的件数、页数等进行清点。如发现问题,要及时向发文单位查询并采取措施进行妥善处理。对错封、启封等有问题的文件应拒绝签收。对于确需由本单位接收的文件,收到后还应进一步核查,以便对文件进行处理。

对发至本单位的已经检查、清点无误但尚未拆封的文件,文书工作人员还要在启封后进一步核查,清点封内文件的份数是否短缺,查看有无缺页、重页和倒页等情况。核对文件标题、主送机关、正文、附件编号等是否与文件回执单上注明的情况相符。如发现问题,应及时与发文单位进行沟通并视具体情况进行妥善处理。进一步核查无误后才能对收文进行登记。

二、登记

为便于对收文进行管理和保护,秘书人员要对本单位的收文进行登记。登记是指秘书人员用文字形式记录收文的具体情况的工作环节。收文登记是收文处理工作的基础和重要程序。对收文进行登记的目的主要是为便于对文件进行管理,防止文件积压和丢失,有效控制文件的运转,从而更好地发挥文件的效用。同时,对收文进行登记,也能够为文件管理的后续工作,如文件的整理归档及档案的利用工作,奠定良好的基础。

收文登记的具体内容是文件的来源、时间、编号、内容、任务安排和处理情况等。登记的范围应是重要文件。一般性文件可以不作登记,如公开发表的决议、决定、公报、通告,以及事务性的介绍信、通知等。

登记可以根据具体情况采用不同的登记方式和登记方法。一般单位目前使用较多的登记方式是簿册登记式，即用预先印制好的收文登记簿（见表 5-3）进行登记。登记时采用流水的方法对来文进行编号。一般情况下，单位较小、收文量较少的单位用总流水编号法进行登记；单位较大，收文较多且分类较细的单位，多采用分类流水编号法进行登记。分类流水编号法是将单位来文根据某一类特征划分成若干类别并给出类别编号，再在统一的类别编号基础上进行流水编号的编号方法，如某单位将本单位来文分成上级来文、下级来文和其他来文等，并分别赋予其类号为 1、2、3，上级来文的分类流水号则可依次编为 11、12、13 等号；下级的来文可依次编为 21、22、23 等；依此类推。

三、审核

根据《国家行政机关公务文书处理办法》的规定，单位在收到下级单位上报的需要办理的公务文书时，文秘部门应当进行审核。审核重点：是否应由本单位办理；是否符合行文规则；内容是否符合国家法律法规及其他有关规定；涉及其他部门或地区职权范围的事项是否已协商、会签；文种使用、公务文书格式是否规范等。对于不符合规定的公务文书，经文秘部门负责人批准后，可以退回呈报单位并说明理由。

四、传阅和分发

传阅是秘书人员收到文件进行登记后，先交与单位或部门主要负责人阅示，然后依据文件内容和分管工作的相关度依次在部门领导中传阅。文件传阅前应附《收文传阅单》（见表 5-4），并以秘书为中心进行“轴状式”传阅。

分发是文件接收阶段的最后一个环节，也是收文处理程序中一个承上启下的环节。分发的结束即标志着接收阶段的结束，也标志着收文办理阶段的开始。分发是秘书人员按照机构内部业务分工，将经过登记的来文送往领导人阅批或转往有关部门和承办人员处理的工作环节。

在进行文件分发时，要注意以下情况的处理。第一，要根据文件的重要程度确定是否随文件附《公文处理单》。一般来说，机关单位收到的文件有不同来源、不同性质、不同内容的区别，文件的重要程度也因此而有所不同。不是所有的文件都要随附《公文处理单》，如一般的便函、请柬，一般性的会议通知等都不必附《公文处理单》。第二，对于署有领导人亲启的文件，即使是公务文件也应直接转送领导者个人启封，文书工作人员不能未经收件人允许私自开启。第三，对于需要办理而无法确定办理部门的文件，应送文秘部门负责人进行处理，明确办理部门后再进行办理。

五、拟办

拟办是指文秘部门按照来文的内容、性质和办理要求，对来文提出初步的处理意见,以供负责人批示后办理的工作环节。对于经审核符合国家规定、需要办理的来文,文秘部门要根据本单位的职权范围、组织机构、业务职能范围及文件内容的要求及时提出拟办意见。拟办意见要有针对性和可行性。拟办人员一般由文秘部门负责人或指定的业务能力较强的秘书人员负责。

对文件进行拟办时要注意以下几个问题。

(1) 需要两个以上部门办理的来文,在拟办时应当明确主办部门,以便明确责任,同时便于部门之间相互协作,共同完成工作。

(2) 如果是紧急文件,还应明确办理时限,提高办理效率。

(3) 对于难以提出具体拟办意见的文件,拟办人员应根据文件涉及的内容和文件要求,先与有关部门沟通协调,积极听取相关部门的意见,然后提出切实可行的拟办意见。拟办意见一般填写在《公文处理单》的“拟办意见”栏内,还应签署拟办人姓名及拟办日期。

六、批办

批办是指由负责人(机构领导人或部门领导人)对文件及拟办意见审阅后提出的最终处理意见的收文处理环节。

批办要对拟办意见表态,如果不同意拟办意见,应对文件处理的原则、方法等提出纠正意见,必要时还应写明处理时限。批办意见应写在《公文处理单》的“批办意见”栏内,同时签署批办人姓名和批办日期。批办要准确、及时。批办环节虽然应随时由领导人完成,但秘书人员应对批办环节有所掌握,应按文件处理要求对领导人的批办进行监督,以保证文件的批办质量和批办效率,同时,在领导批办完成后,应及时将文件分送有关部门处理。如果是阅知件,应在批办结束后对文件进行传阅,传阅人要签署姓名和日期。

七、承办

承办是相关业务部门或文书部门根据批办意见对文件内容所针对的问题进行办理和解决的工作环节。它是公务文书处理的核心和关键环节。对于办理文件而言,文件经领导人阅批后,所涉及的问题还没有得到有效的解决,必须将阅批后的文件及时发送有关部门办理,将批办意见落到实处,使文件精神得到切实的贯彻执行,只有这样,才能真正实现制发公务文书的根本目的。

承办部门在收到机关文书部门交办的公务文书后应及时进行办理,不得延误、推诿。紧急公务文书应当按时限要求办理,确有困难的,应当及时予以说明。对不属于本部门职权范围或者不宜由本部门办理的,应当及时退回交办部门并说明理由。

文件办理完毕后,具体办理公务文书的人员应将办理结果填入《公文处理单》的“办理结果”栏内,要签署办理人姓名和办理日期,并简要写明办理方法。对于无须附《公文处理单》的一般性文件,办理完毕后,文秘人员也应及时注明文件的处理情况

(这一环节也称“注办”),注明文字可标于文件首页的右上方。

八、催办

催办是指根据文件的承办时限和内容要求,对文件的承办情况进行督促、检查的工作环节。催办的目的是对文件在机关内部的运行进行有效控制,防止文件积压和延误,以保证机关工作效率。在实际工作中,催办贯穿在收文处理过程的始终,从拟办直到承办等各环节,都需要文书工作人员对文件的处理进行监督控制。只有这样,才能保证文书处理工作的效率,保证工作质量。

在催办过程中,发现问题应及时采取有效措施进行处理,保证催办的效率和质量。催办工作结束后,催办人员还要对催办时间、被催办人、简要情况等进行记录。

实训演练

一、训练目标

(1) 能够熟练掌握收文处理的程序。

(2) 能够对收文进行处理。

二、知识要求

熟悉收文处理的程序及各环节的工作要求。

三、训练要求

能够及时、准确地处理来文,对关键环节如拟办、催办等事项的训练应加以重视,提高文书的办理效率。

四、操作说明

(1) 利用 2 学时,分小组进行。结束后,教师引导学生对每一个任务进行点评。

(2) 实训的准备工作需要课外完成。做好模拟收文处理工作的前期准备非常重要,小组内要合理分配任务,在小组长的统一协调下,成员相互合作,共同完成。

(3) 训练前布置学生复习收文处理工作的有关知识与要求,明确工作思路,分工合作完成训练任务。

五、操作提示

在这项训练中,学生最好利用课外时间观摩企业中收文处理的实际情景,注意观察收文处理的程序并总结其得失,为本次实践活动提供借鉴。

六、任务描述

宏达公司利发分公司总经理秘书萧雅收到总公司的一份通知，萧雅按照规范的的收文处理程序进行处理，得知总公司将于本周对利发分公司进行财务工作检查。

假如你是萧雅，请按照实际情景，完成收文处理，并制作、填写相关表格如《收文登记簿》、《收文传阅单》、《公文处理单》等，并将文件从收文到办理的过程中产生的相关材料进行系统整理。

任务4　文书归档

学习目标

学习文书归档的程序和操作方法，熟悉文书的归档范围。

任务描述

萧雅在宏达公司工作了很长时间，近来公司新聘了一个秘书小李，办公室主任让小李学习管理公司的档案，并让萧雅对她进行指导。又到了一年一度的归档时间，萧雅带领小李对公司上一年的文件进行归档整理。

工作处理

一、任务分析

归档文件的整理工作是秘书人员的一项基本工作。要完成此任务，秘书人员首先要熟练掌握文件的归档范围，能够准确对需要归档的文件进行分类，然后对照《归档文书的整理规则》，按照文件的归档要求，对公司上一年度的文件进行归档。

二、确定文件的归档范围

秘书萧雅和小李首先对照企业文件归档范围，将公司上一年需要归档的文件收集起来。

三、按照规范的程序进行归档

秘书萧雅和小李按照文件归档程序开始整理。他们将需要归档的文件以件为单位进行装订、分类、排列、编号、编目、装盒，圆满完成了任务。

相关知识

一、文件的归档范围

在一个企业里，需要归档的文件主要是与企业各方面活动有关的文件，主要包括以下几个方面。

（一）国有企业的归档范围

（1）党群工作形成的文件材料。
（2）行政管理形成的文件材料。
（3）经营管理形成的文件材料。
（4）生产管理形成的文件材料。
（5）产品生产或业务开发形成的文件材料。
（6）科学技术研究形成的文件材料。
（7）基本建设和技术改造形成的文件材料。
（8）设备仪器管理形成的文件材料。
（9）会计工作形成的文件材料。
（10）职工人事管理形成的文件材料。
（11）其他对国家、社会和企业有保存价值的文件材料。

此外，与以上这些内容的电子文件、声像档案、数据库文件、计算机程序、OA（办公自动化）系统档案也都属于秘书应当收集的档案范围。

（二）非国有企业的归档范围

（1）企业设立、变更、撤销的请示、批复、注册、登记、申报、评审、验证等文件材料。
（2）企业章程、注册资金、经营场所、投资者的审核验证材料。
（3）企业董事会、监事会、股东会和党、政、企管理机构的会议记录、纪要。
（4）企业机构设置、职务任免、职工花名册等文件。
（5）劳动工资、人事、法律事务等文件材料。
（6）财务会计、资产管理、资金信贷、税收审计等方面的文件材料。
（7）生产技术、质量管理、环保计量、质量认证等方面的文件材料。
（8）材料采购、产品成本、市场销售、售后服务、宣传广告等方面的合同、协议等文件材料。
（9）企业产品设计、制造、鉴定、应用等方面的合同、协议、图纸、图样等文件材料。
（10）新建、改建工程的规划、设计、建设、施工、监理等方面的请示、批复、任务书、许可证、协议、合同、洽商、图纸、评审、验收、总结等文件材料。

(11) 技术引进、技术改造项目立项、引进、安装、评定、验收、运行等方面的请示、批复、合同、报关单、开箱单、说明书、图纸、评审、验收、记录等文件材料。

(12) 科研活动中的立项、实验、鉴定、应用等阶段的请示、批复、报告、合同、数据、图纸、认定、鉴定等文件材料。

(13) 经济活动中形成的会计凭证、会计账簿、会计报告等文件材料。

(14) 政党、社会团体组织在企业活动中形成的文件材料。

(15) 具有法律凭证和查找利用价值的照片、录音、录像、磁带、光盘等声像、磁性载体、电子文件材料。

(16) 其他具有利用和保存价值的文件材料。

同时,在企业往来的文件中,有一部分是不需要归档的,主要包括以下几种。

(1) 未定稿的文件。

(2) 仅供工作参考的文件。

(3) 无查考利用价值的事务性、临时性文件。

(4) 文件草稿。

(5) 从正式文件中摘录的仅供参考的非证明性材料。

(6) 重复文件。

(7) 无特殊保存价值的信封。

(8) 来访者的介绍信。

(9) 企业内部互相抄送的文件。

(10) 非隶属单位发来的不需要办理的文件。

二、归档文件的整理

归档文件整理,就是将归档文件以件为单位进行装订、分类、排列、编号、编目、装盒,使之有序化的过程。

(一) 以“件”为单位整理

“件”是归档文件的整理单位。一般以每份文件为一件,文件正本与定稿为一件,正文与附件为一件,原件与复制件为一件,转发文与被转发文为一件,报表、名册、图表等一册(本)为一件,来文与复文可为一件。

1. 文件正本与不同稿本

同一文件除正本外,在撰写、印刷过程中形成的不同稿本,包括历次修改稿、讨论稿、征求意见稿、定稿等,有时也需要保存。一般来说,文件的正本与定稿为一件,但定稿过厚不易装订的,也可单独作为一件;重要文件(如法律法规等)需保留历次修改稿,其正本与历次修改稿(包括定稿)各为一件。

2. 正文与附件

附件是指附属于正文之后的其他文件材料，作为正文的补充说明或参考材料，如附带的图表、统计数字、正文批准或发布的法规文件等。一般来说，正文与附件为一件；如果附件数量较多或者太厚不易装订时，也可各为一件或数件。

3. 正文与文件处理单

文书处理较为规范的机关，文件在运转过程中一般都附有文件处理单或者拟办单、发文稿纸，有的还附有领导批示的签批条等。这些表单真实地记录了文件的形成、办理过程，是归档文件不可分割的重要组成部分，应与文件作为一件。

4. 原件与复制件

对于制成材料、字迹材料等不利于档案保管的文件（如热敏纸，传真件，铅笔、圆珠笔书写的重要文件），以及使用中出现破损的文件，应复制后归档。复制件包括复印机制作的复印件以及手工誊写的抄件等，这些复制件应与原件作为一件。

5. 转发文与被转发文

转发文与被转发文是一份文件的不同部分，前者往往包括贯彻意见及执行要求，后者是具体内容，它们在发挥文件效力方面难以分割，因此也应作为一件。

6. 报表、名册、图册

报表、名册、图册等一般每册（本）内容都相对完整，具有独立的检索价值，因此应按照其本来的装订方式，一册（本）作为一件。如党员花名册、团员花名册、职工花名册、统计报表等。

7. 来文与复文

这是比较特殊的规定。“来文与复文”是对联系密切的来往性质的文件材料的概括性表述，也包括“去文与复文”，从文种上看包括请示与批复、报告与批示、函与复函、通知与报告等。根据检索需要的不同，此类文件可总为一件，也可以各为一件，故《规则》中采用“可为一件”的表述方式。各单位可根据具体情况来灵活掌握这类文件的整理。

需要注意的是，“为一件”是指在实体上装订在一起，编目时也只体现为一个条目。

（二）文件修整

文件整理后，对其进行修整的工作主要包括以下内容。

（1）修整破损文件。

（2）复制字迹模糊或已蜕变的文件。

（3）对超大纸页进行折叠。

（4）去除易锈蚀的金属物。

(三)文件装订

1. 文件排序

装订时,正本在前,定稿在后;正文在前,附件在后;原件在前,复制件在后;转发文在前,被转发文在后;复文在前,来文在后;不同文字的文本,中文本在前,其他文种版本在后。有文件处理单的,可放在最前面。文件定稿如果是计算机打印的,没有修改笔迹,与正文内容一致,只将文头纸或者领导签字的一页附在正本之后归档。(如图 5-3 所示)

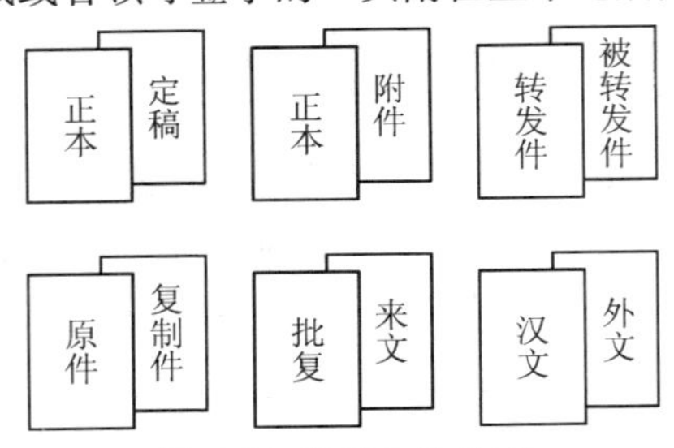

图 5-3 归档文件排序

2. 文件装订方式的选择

文件可采用左上角装订,也可采用左侧装订。(如图 5-4 所示)

采用左上角装订的文件应当左齐上齐;采用左侧装订的文件应当左齐下齐。

目前的装订方式除传统的线装之外,还包括粘接式,如用糨糊、热封胶等;穿孔式,如不锈钢钉书钉、铁夹背等。

文件装订的要求:第一,要符合档案保护要求。装订用品必须对档案无害,不影响档案的保护寿命;第二,选用装订用品应尽量降低成本,装订方式应简便易行。

较厚的文件可采用“三孔一线”的装订方法,成册不易拆封且未使用铁钉的,可保持原貌不变。(如图 5-5 所示)

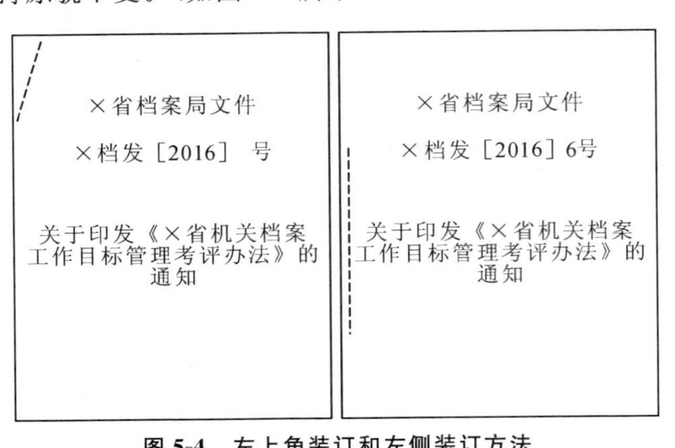

图 5-4 左上角装订和左侧装订方法

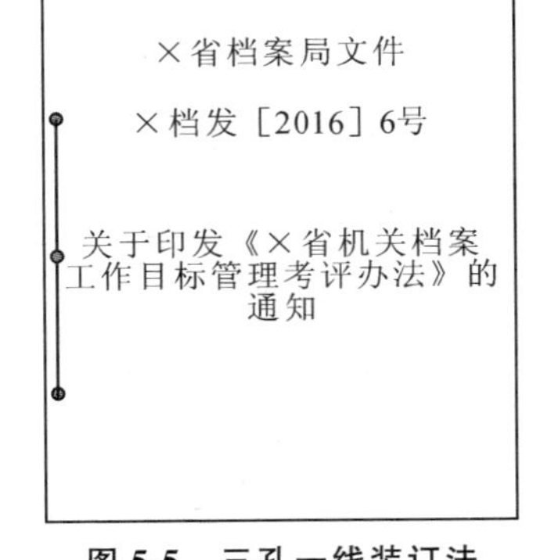

图 5-5 三孔一线装订法

三、归档文件的分类

分类是将归档文件按其内容和形式特征划分类别和层次，构成有机体系的过程。

分类是归档文件整理的重要环节，通过对归档文件进行整理的分类，不但能有效地揭示出归档文件之间的内在联系，使归档文件成为一个有机整体，便于系统地提供利用，而且对排列、编目等后续工作的开展，以及将来组织室藏和排架管理都有着重要意义。

（一）分类方法

基本方法有三种：年度、机构（问题）、保管期限。

1. 年度分类法

年度分类法，就是根据形成和处理的年度对归档文件进行分类。年度分类法是运用最广泛的分类方法。归档文件按年度特征分类，可以反映出一个机关单位每年工作的特点和逐年发展变化的情况，并且同现行机关以年度为单位将文件整理归档的制度相吻合，类目设置准确、清楚、明确。

运用年度分类法时，正确判定文件的日期并归入相应的年度，是决定分类质量的关键。在这里，应当注意如下几种情况。

1）文件有多个时间特征

一份文件往往有多个时间特征，包括成文日期、签发日期、批准日期、会议通过日期、公布日期、发文和收文日期等。

一份文件有多个时间特征时，一般以文件的签发日期为准。如2015年形成的《2016—2020年机关“十三五”发展规划》，应当归入2015年度；2016年制定而2017年生效的法规性文件，应当归入2016年度。

2）跨年度形成的文件

机关单位的某些具体职能活动，如召开会议、处理案件等，可能会跨年度形成文件。对这类文件的处理往往统一在办结年度归档。例如，跨2016年、2017年两个年度召开的会议形成的文件材料，统一归在会议闭幕年度归档；跨2016年、2017年两个年度办理的案件文件材料，统一归入案件办结年度归档；下级单位2016年的请示，上级机关2017年1月收到并办结，应连同下级请示和本级批复一同归入2017年。

3）几份文件作为一件时，该“件”的日期确定

文件的正本与定稿、来文与复文、转发文与被转发文为一件时，这时“件”的日期应以装订在前的那份文件日期为准。例如，正本与定稿，应以正本的日期为准；转发与被转发文，应以转发文日期为准；来文与复文，应以复文时间为准。

4）文件没有标注日期时应当考证日期

这需要分析文件的内容、制成材料、格式、字体以及各种标识等对照手段来考证和推断文件的形成日期，并归入相应的年度。

5）有专门年度的文件分类方法

有的单位和部门的工作是按专门年度进行的。如学校的教学年度等，采取年度分类时，就应按照专门年度进行整理归档。

2. 机构(问题) 分类法

机构(问题) 也是现行机关常见的一种分类法。按机构(问题)，各单位应根据自己的实际情况出发，选择其一。也就是说，在一个立档单位选择机构分类法，就不能再选择按问题分类法，两种方法只能选择其中的一种，而且不要轻易更改，要保持相对稳定。

1）机构分类法

按组织机构分类，就是按组织内部各个组织机构的名称进行分类，可直接采用各个组织内部机构的名称作为类名(如图 5-6 所示)。如某一企业可分为：厂党委办公室、厂长办公室、党委宣传部、党委组织部、生产科、技术科、供销科、财务科、劳资科等。

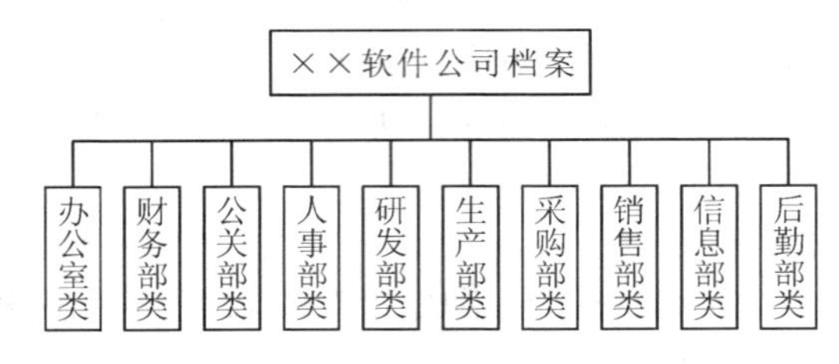

图 5-6　机构分类法归档

按机构分类法，原则上以哪个机构名义发文的文件就归入哪个机构。几个机构联合行文的，应归入主要承办机构。以机关名义或办公室发的文件，应归入有关机构类中，即根据文件内容和机构的职能来确定。

立档单位内设立的临时机构，应当设置一个类别，和其他内设机构一样来看待。形成的文件应当归入临时机构类保存。

2）问题分类法

问题分类法是按照文件材料内容所说明的问题对归档文件分类。采用问题分类法，可以避免或减少同类问题的文件分散现象，便于查找和利用。

在实际工作中，使用问题分类法的立档单位，大多参照本单位内部组织机构的职能性质来设置类别。如党委、工会、共青团等机构形成文件划为“党群类”，业务部门形成的文件划为“业务类”，行政后勤部门形成的文件划为“行政类”，等等。

3. 保管期限分类法

根据国家档案局 2006 年 12 月 28 日公布的《机关文件材料归档范围和文书档案保管期限规定》的规定，机关文书档案的保管期限分为永久、定期两种。定期一般分为 30 年、10 年。归档文书的保管期限要根据《机关文件材料归档范围和文书档案保管期限规定》来判断。

（二）复式分类与分类方案的编制

在实际工作中，往往不只使用一种分类方法，而是选用几个级次，将几种分类法结合起来使用，这种划分方法就叫做复式分类法。

年度、保管期限、机构（问题）组合时的先后顺序，各单位可根据工作实际需要进行组合。但年度、保管期限是必备项，必须选择，而机构（问题）为选择项。基层单位或小机关，形成文件材料少的单位可不选择机构（问题）作为分类方法。

常用的复式分类法有如下几种。

1. 保管期限——年度——组织机构分类法

这种方法是指先按保管期限进行分类，然后在每个保管期限下按年度分类，再在年度下面按机构进行分类。这种方法适用于内部机构虽有变化但不复杂的立档单位，使用这种方法，在档案管理时，不同保管期限的档案分别排架，便于档案移交进馆，但每个保管期限应预留柜架，以备以后档案陆续上架。

例如，某企业全宗分类的情况如下。

永久：2015 年　财务部
　　　　　　　　销售部
　　　　　　　　……
　　　2016 年　财务部
　　　　　　　　销售部
　　　　　　　　……

定期（30 年）：2015 年　财务部
　　　　　　　　　　　　销售部
　　　　　　　　　　　　……
　　　　　　　2016 年　财务部
　　　　　　　　　　　　销售部
　　　　　　　　　　　　……

定期（10 年）：2015 年　财务部
　　　　　　　　　　　　销售部
　　　　　　　　　　　　……
　　　　　　　2016 年　财务部
　　　　　　　　　　　　销售部
　　　　　　　　　　　　……

2. 保管期限——年度——问题分类法

这种方法是指先按保管期限分类，然后在每个保管期限下面按年度分类，再在年度下面按问题分类。这种方法适用于不宜按机构分类的组织。

例如,某企业的档案分类情况如下。

永久:2015 年 人事类
行政类
……
2016 年 人事类
行政类
……
定期(30 年):2015 年 人事类
行政类
……
2016 年 人事类
行政类
……
定期(10 年):2015 年 人事类
行政类
……
2016 年 人事类
行政类
……

四、归档文件的排列

归档文件的排列是指在分类体系的最低一级类目内,按照一定的原则和方法排列归档文件的先后次序的过程。例如,保管期限——年度——机构分类法,“机构”为最低一级类目,即文件应在机构下进行排列。

(一) 排列原则

“事由原则”,即与同一事由有密切联系的文件材料应当排列在一起。事由可以指一个事件、一个事物、一个人物、一项活动、一项具体业务、一种工作性质、一个具体问题等。

对事由的界定可以有较大的灵活性。例如,一次请示或报告,批复收到后,可以视为一个事由;一项工程、一次活动或一次会议,可视为一个事由;一项工作如果办理时间长需跨年度,为了及时归档,也可以按不同阶段分为几个事由;一次会议,也可分为筹备、开幕、不同议程、闭幕等几个事由。事由的具体划分要根据办理时间长短、形成文件材料的数量以及文书处理程序的不同等,本着便于整理和利用的原则自行掌握。

（二）排列方法

（1）同一事由内归档文件排列，一般按时间或重要程度排列。

（2）不同事由间的归档文件排列，一般按时间或重要程度或将时间和重要程度结合起来排列。

五、归档文件的编号

（一）件号的编制

件号即文件的排列顺序号，它是反映归档文件在全宗中的位置和固定归档文件的排列先后顺序的重要标识。件号包括室编件号和馆编件号。

1. 室编件号的编制

室编件号即归档文件在分类方案的最低一级类目内排列顺序号。室编件号在分类方案最低一级类目内，按文件排列顺序从"1"开始标注。如采用"年度——机构——保管期限"进行分类，室编件号应在同一年度内、同一机构的一个保管期限内从"1"开始逐件流水编号。

例如，按年度——机构——保管期限分类方案的室编件号如下：

2016 年、办公室，永久 1.　2.　3.　4.　……

定期（30 年）1.　2.　3.　4.　……

定期（10 年）1.　2.　3.　4.　……

2. 馆编件号的编制

馆编件号的设置主要是出于馆、室衔接的需要。各级档案室的定期（30 年）、永久档案移交进馆时，由于各种原因需要进行鉴定、整理等局部调整，如部分需要抽出、补充等，使用目录中的件号可能出现断号、跳号等现象，从而给管理带来困难。因此，需要重新编制或调整件号，调整后的件号即为馆编件号。

（二）档号项目的设置及填写要求

档号是以字符形式赋予档案实体的用以固定和反映档案排列顺序的一组代码。档号项目分为必备项和选择项。

1. 必备项

（1）全宗号：档案馆给立档单位的代号。如 J026、J124。

（2）年度：指归档文件形成年度，用 4 位数表示，如 2004、2005。

（3）保管期限：分为永久、定期（30 年）、定期（10 年）三种。

（4）件号：室编件号由档案室填写，馆编件号由档案馆编写。

2. 选择项

主要指“机构”和“问题”。在一个立档单位机构或问题二者选择其一，即选择机构就必须放弃问题，选择问题就必须放弃机构，这一点务必注意。

（三）加盖归档章

案盒内归档文件经过系统排列后，应依分类方案和排列顺序逐件编号，以固定位置，统计数量，并便于保护文件和方便查找利用。归档文件编号方法是在文件首页上端的空白位置加盖归档章（如图 5-7 所示）。归档章的位置不限于首页右上角，首页上端空白处都可以，但在整个案盒文件中，其位置应一致。

归档章设置的必备项目有全宗号、年度、保管期限、室编件号、馆编件号。必备项目必须填写，选择项可根据情况填写。选择项有“机构”或“问题”。只采用“年度——保管期限”两级分类的单位，可以不填写机构或问题名称。

（全宗号）	（年度）	（室编件号）
*（机构或问题）	（保管期限）	（馆编件号）

（图示中“ * ”号栏为选择项）

图 5-7　归档章式样

归档章各项目的填写方法有如下几点。

全宗号：填写同级国家综合档案馆给立档单位编制的代号。

年度：填写文件的形成年度，以 4 位阿拉伯数字标注，如“2010”。

室（馆）编件号：填写文件在同一保管期限内的排列顺序号。一般组织在同一年度、同一机构（问题）、同一保管期限下从“1”开始逐件编流水号。永久保管文件较少的组织，永久和长期保管的档案可以从“1”开始混编成一个流水号，按进馆时间编写。

机构或问题：按组织机构分类的，填写形成或承办该文件的组织机构全称，如机构名称太长，可使用机构内部规范的简称。按问题分类的，直接填写问题的类名。

保管期限：标注“永久”、“定期”，或使用其简称“永”、“定”或代码。

六、归档文件的编目

编目主要指编制归档文件目录（见表 5-6）。为档案的保管、鉴定、检索、统计和编研等工作的开展提供基础条件。归档文件应根据分类方案和室编件号顺序编制归档文件目录，即按照分类、排列、编号的结果，逐类逐件编制目录，以系统、全面地揭示归档文件的全貌。

归档文件目录设置件号（室编件号、馆编件号）、责任者、文号、题名、日期、页数、备注等项目。填写要认真、细致、准确。

表 5-6 归档文件目录

保管期限:永久 机构:办公室

件号		责任者	文 号	题名	日 期	页数	备注
室编	馆编						
1	1	××省档案局	×档发〔2015〕3号	关于印发《××省机关档案工作目标管理考评办法》的通知	20150316	8	
2	3	……	……	……	……	……	
3	4	……	……	……	……	……	
4	6	……	……	……	……	……	

1. 件号

件号包括室编件号和馆编件号两种。室编件号由立档单位填写,馆编件号由档案馆填写。

2. 责任者

责任者是指制发文件的组织或个人,即文件的发文机关或署名者。责任者可以是一个机关或机关内部的一个机构,也可以是几个机关或若干人。它是文件的组成部分之一和重要的外部特征,对于确定文件来源有着重要的作用,也是检索利用的重要途径。

填写责任者项时一般应使用全称或通用简称,如中国共产党河南省委员会,可简称为中共河南省委。但不能简称为“省委”。更不能用“本局”、“本厅”、“本公司”等含糊不明、难以判断的简称。

联合发文时,应将所有责任者照实抄录。责任者过多时,著录列居首位的责任者。主办单位是责任者的必须著录,立档单位是责任者的必须著录,上级机关是责任者的必须著录,其余的视需要著录。被省略的责任者用“[等]”表示。责任人者之间用“;”号隔开。如河南省档案局;河南省水利厅;河南省财政厅[等]。

3. 文号

文号即发文字号,是由发文机关按发文次序编制的顺序号。一般由机关代字、年度和序号三部分组成。年度用4位阿拉伯数字表示,著录于“〔〕”号内。顺序号用阿拉伯数字表示。其余的照原文字著录。如皖档发〔2011〕30号。

著录文号时应当注意,“会议文件之一”、“简报第一期”、“党组会议纪要(第一号)”等不属于文件编号,不应著录在文号项内。

4. 题名

题名即文件标题。题名一般由文件责任者(发文机关或单位)、事由(问题)、名称(文种)三个基本部分组成,用于揭示文件的内容和成分,为查找和利用提供线索。

题名包括正题名、副题名、题名说明文字和并列题名。

1) 正题名

正题名是档案的主要题名,一般指单份文件文首的题目,照原文著录。如河南省档案局转发国家档案局《关于档案安全问题的通知》。有的题名中有化学符号、类型标记、阿拉伯数字、外文字母、汉语拼音等均应照原文著录,不能省略。如河南省司法厅、河南省邮政管理局关于在全省开设"148"法律服务专用电话的通知。

(1) 单份文件没有题名,应依据文件内容拟写题名,并加"[ ]"号。

这类文件不多,但在实际工作中也常见。如会议记录、电报、公私信函、电话记录等。应当重新拟写题名。如[××关于生活补助费的函]、[××局党组关于干部任免事项的会议记录]等。

(2) 单份文件题名不能揭示或不能全面揭示其内容时,原题名照录,并根据内容另拟题名附后,加"[ ]"号。如《国家档案局令》应拟写为国家档案局令[国家档案局为颁布《中华人民共和国档案法实施办法》令]。

(3) 文件题名只写责任者或名称,不标明事由。如《河南省人民代表大会常务委员会公告》。

(4) 文件题名中省略了责任者和事由,只标明名称,如《通知》、《公告》,应原题名照录,并根据内容另拟题名附后加"[ ]"。如通知[河南省档案局关于召开老干部座谈会的通知]。

(5) 文件题名含糊不清,不能揭示其内容的,又没有副名可以补充,如《××县委关于执行河南省委〔2015〕25号文件精神的通知》,应拟写为××县委关于执行河南省委〔2015〕25号文件精神的通知[××县委关于执行河南省进一步加强农业生产的通知]。

(6) 正文与附件一般为一件,用正文题名为本件题名。附件题名必要时在附件项中著录。

(7) 转发文与被转发文为一件时,用转发文题名为本件题名。转发文题名不能揭示被转发文主要内容时,原题名照录,同时著录被转发文题名或另拟题名附后,并加"[ ]"。

2) 副题名与说明文字

副题名是解释或从属于正题名的另一题名。正题名能够揭示档案内容时,副题名不必著录。必要时副题名照原文著录。如"大包干"的成效、做法和问题——农村问题调查报告。只需著录为"大包干"的成效、做法和问题。

正题名不能揭示档案主要内容时,副题名著录在正题名之后,并在副题名前加":"号。如农民致富之路——河南省农业大包干四年实践的回顾,著录为农民致富之路:河南省农业大包干四年实践的回顾。

题名说明文字是指在正题名前后对档案内容、范围、用途等的说明文字。一般不需著录，必要时照原文著录在正题名之后。著录时应在题名说明文字前加“:”号。如××同志在全省档案工作会议上的讲话:根据录音整理未经本人审阅;强化目标管理，推动机关档案工作发展:××同志在市机关档案工作会议上的讲话;中华人民共和国档案法:1987年第六届全国人民代表大会常务会员会第二十二次会议通过。

5. 日期

日期即文件的形成时间。它是文件的重要特征之一，反映文件产生的时代背景，是查找档案的常用途径。文件的形成时间即发文时间(文件的落款)。应用8位阿拉伯数字标注年、月、日。第1—4位表示年，第5、6位表示月，第7、8位表示日。如2015年6月16日，应著录为20150616。

6. 页数

每件文件需要填写总页数，用于统计和核对。计算页数时以文件中有图文(指与文件内容相关的文字、图画等)的页面为一页，空白页不计。大张的文件、图表折叠后，仍按未折叠前有图文的页数计算。

7. 备注

备注项用于填写档案文件需要说明的情况，包括密级、缺损、修改、补充、移出、调整、销毁等。备注项的使用应当严加控制，避免杂乱无章。备注栏填写不下时，可在备注栏中加注“＊”号，将具体内容移到备考表中进行说明。

8. 归档文件目录的装订

归档文件目录应装订成册并编制封面(如图5-8所示)，一般一年一本，并编制封面。目录封面可视需要设置全宗名称(立档单位名称)、年度、保管期限、机构(问题)等项目。

归档文件目录

全宗名称　×省档案局
年　　度　2015
保管期限　永久
机构或问题　办公室

图5-8　归档文件目录封面

归档文件目录统一制作完成后，案盒内应存放本案盒的文件目录，并置于案盒文件最前面，以方便查找。同时另备一份，同其他盒内目录按“件”号顺次装订成总目录，以供文件的检索利用。

七、归档文件的装盒

装盒包括将归档文件按件号顺序装入档案盒、填写备考表、编制档案盒封面以及盒脊项目等内容。

(一) 装盒要求

(1) 不同形成年度的归档文件不应放入同一档案盒。

(2) 不同保管期限的归档文件不应放入同一档案盒。

(3) 按不同机构或问题形成的归档文件不应放入同一档案盒。

(二) 注意的问题

(1) 应视文件的厚度选择厚度适宜的档案盒,尽量做到文件装盒后与档案盒形成一个整体,站立放置时不至于使文件弯曲受损。也就是说,应根据文件的厚度来选择档案盒的厚度,而不是用统一的档案盒来选择档案文件。

(2) 档案盒只是归档文件的装具,而不是档案的保管单位。

(三) 填写档案盒的要求

(1) 档案盒封面应标明全宗名称。

(2) 档案盒应根据摆放方式的不同,在盒脊或底边设置全宗号、年度、保管期限、起止件号、盒号等必备项,可设置机构(问题) 等选择项。其中,起止件号填写盒内第一件文件和最后一件文件的件号,中间用"—"链接;盒号即档案盒的排列顺序号,在档案移交进馆时按进馆要求编制。

(四) 档案盒的格式

(1) 档案盒规格(如图 5-9 所示)。

(2) 档案盒封面(如图 5-10 所示)。

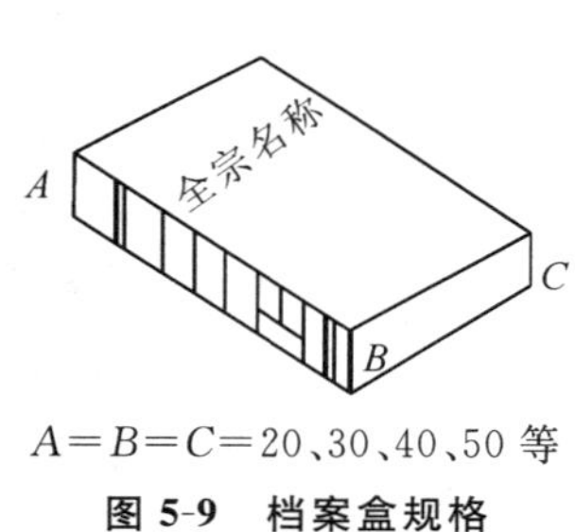

$A=B=C=$20、30、40、50 等

图 5-9 档案盒规格

图 5-10 档案盒封面

(3) 档案盒背脊的项目(如图 5-11 所示)。

(五) 盒内备考表

备考表(如图 5-12 所示) 放在案盒文件最后,说明盒内文件的状况,如该盒内文件缺损、移出、补充、销毁以及其他需要说明的问题等。并填写登记日期及归档文件整理完毕的日期、整理人、检查人。整理人,即负责整理文件的人员姓名;检查人,即负责检查归档文件整理质量的人员姓名。备考表由整理人填写。

归档文件装盒后,上架排列应与本单位归档文件分类方案一致,企业按问题(即一级类目）—年度—保管期限排架，统一竖放，盒脊朝外。

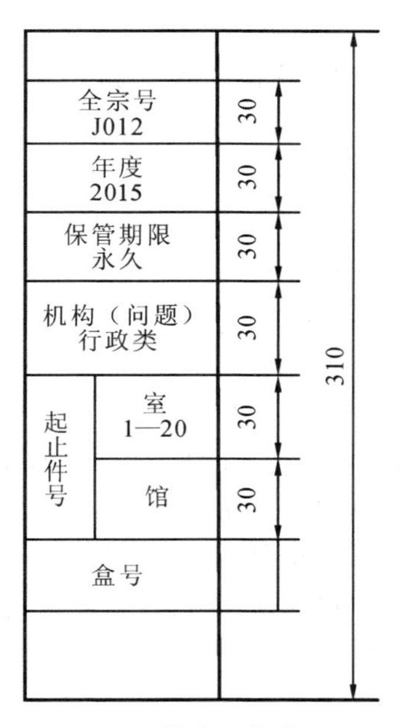

图 5-11 档案盒背脊项目

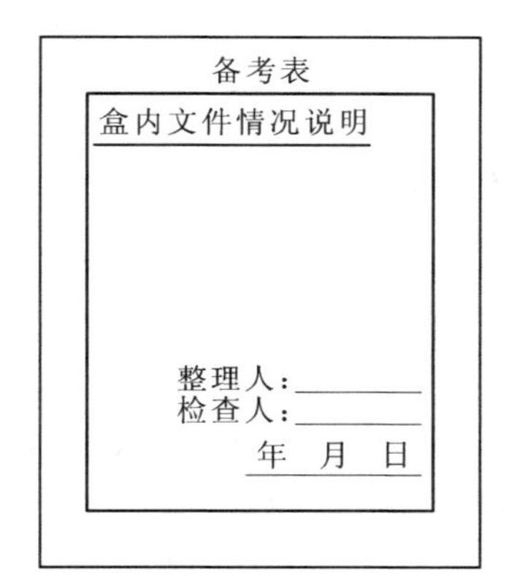

图 5-12 档案盒内备考表

实训演练

一、训练目标

（1）能够熟练将文书进行分类。

（2）能够确定文书的保管期限。

（3）能够按照归档文件整理规则要求的步骤，对公司文件进行归档。

二、知识要求

（1）熟悉文书的分类方法。

（2）掌握文书归档的程序。

三、训练要求

（1）文书分类明确。

（2）文书的归档程序正确规范。

四、操作说明

（1）利用 6 学时，分小组进行。结束后，教师引导学生对每一个任务进行点评。

(2) 实训的准备工作需要课外完成。安排好小组负责人,合理分配任务,在小组长的统一协调下,成员相互合作,共同完成。

(3) 训练前布置学生复习文书归档的有关知识,明确工作思路和内容,分工合作,完成训练任务。

五、操作提示

在这项训练中,学生最好利用课外时间参加真实的文书归档整理工作,注意观察归档的程序并总结其得失,为本次实践活动提供借鉴。

六、任务描述

萧雅是宏达公司的办公室秘书,负责公司的档案管理工作。对于公司往来的文件的管理,萧雅非常认真负责,对办公室工作中形成的、办理完毕的、具有参考利用价值的管理性文件、会议文件、重要文件的历次修改稿、电话记录、电报、公司内部简报等,都认真细致地进行登记、收集、定期归档。由于萧雅管理认真、细致、科学,熟悉文件归档的制度和方法步骤,到了一年一度文件归档的时候,办公室主任便要求萧雅负责将公司上年度文件整理归档并移交档案室。

任务 5 档案的管理与利用

学习目标

学习档案管理及利用的方法,掌握档案管理的内容,利用的方法,熟悉档案管理和利用的具体要求。

任务描述

某公司是一家制造型企业,员工总数约 1000 人。现在遇到一个难题,不知道如何来规范地管理这些员工的人事档案。该公司以往档案的管理模式是根据员工的进出顺序整理,放在文件夹里,一个文件夹大约可以放 50 份。等有员工离职了,再把档案抽出来,走的人越多,中间空出来的越多。而新进人员的档案一直放在最后面,往后面排下去的,要等后面的文件夹全都用完后,再统一往前挪,中间有些空出来的就可以再利用了。而这 1000 人一挪就不是一个小的工作量,而且这种方法,想找某一个人的档案的时候就会很难找,有时候顺序都打乱了。

工作处理

一、任务分析

文书资料整理立卷后将成为完整的档案保存起来，以供日后工作中查找利用。档案的管理不仅仅是保证原始材料的完整和安全，更重要的是能够科学地提供利用，但规范的管理及维护是档案利用工作的重要前提。本任务遇到了如何在利用的同时做好档案的维护工作的问题。

二、更改工作方式

该公司以往的档案管理模式是根据员工的进出顺序整理，即按照人员进公司的顺序摆放员工的档案资料，此方法是按时间进行整理。但对于包括若干个部门的整个公司来讲，这种模式并不是最高效的。如果按部门来组织、管理档案会使档案的管理工作更科学、更规范。

1. 档案整理

对本公司的人事档案的案卷重新整理。安排专门时间，集中人员和精力，把原有档案逐一核查。如有材料短缺须向相关人员或部门索要，保证每个员工档案材料的完整。之后，按照公司所设部门，将员工档案按进入时间先后排序分别装入各自部门的档案盒，作为一个完整案宗，并填写档案盒内的《备考表》(见图 5-12) 以及档案盒相关信息。按一定顺序将所有部门档案装入档案柜内。

2. 制作档案索引

根据对档案的整理，制作本公司人事档案的《档案存放位置索引》(如表 5-6、表 5-7)，之后不要随意挪动档案的位置，以便于查找和取用。

3. 使用与维护

使用档案材料要填写档案使用申请单并经主管领导批准后才可以使用。管理人员也不可随意翻查档案，更不可随意增删材料。如有材料的变更，如人员调离、进入或某员工材料增多等，管理人员要及时填写《备考表》。

相关知识

一、档案的管理

广义上的档案保管就是指对档案材料的管理。如人们说某档案馆保管了哪些档案通常是指该档案馆管理着哪些档案。狭义上的档案保管是指对已整理好并已存入库房及柜架中的档案进行的日常维护、保护性管理工作。本章所讲的档案保管是指狭义上的对档案的日常维护、保护性管理。

档案保管工作包括如下三个方面。

(1) 档案的库房管理,即库房内档案科学管理的日常工作。

(2) 档案流动过程中的保护,即档案在各个管理环节中一般性的安全防护。

(3) 保护档案的专门措施,即为延长档案的寿命而采取的技术处理。

(一) 档案保管的物质条件

开展档案保管工作,必须有一定的物质条件作保证。档案保管的物质条件是其所需一切物质装备的总称,大致有以下几种。

1. 库房

库房是保管档案的最基本的物质条件,直接关系到档案的安全。档案库房建筑应遵循适用、经济、美观的原则。

(1) 库房必须专用,不能与办公室合用,也不能同时存放其他物品,以防外人进入,丢失档案。目前,有的企业出于成本考虑,把档案室和图书室合二为一,这是不恰当的。

(2) 档案库房必须坚固,至少应是正规的建筑物,不能是临时建筑。

(3) 库房应远离火源、水源和污染源,符合防火、防水、防潮、防光、防蛀等基本要求。办公楼内的档案库房不宜设在顶层或底层,以防潮湿、漏雨和高温。

(4) 全木质结构房屋不宜做档案库房使用,一般的地下室也不能作档案库房使用。

(5) 库房门窗应有较好的封闭性。

2. 资料库

有条件的企业还应在档案库房附近设置档案资料库,收集和保存与档案有关的图书资料,以补充档案充分提供利用的需要。为了节约企业资金,在设置资料库时,可以采用档案工作办公室、阅档室和资料库三合一的办法。

3. 档案装具

装具即用以存放档案的柜架箱。档案装具种类繁多,各自都有优长,企业应该根据档案室、档案库房的特点和档案价值、规格的不同合理地选用,灵活地配置。一般而言,封闭式的柜箱比敞开式的架子更有利于对档案的保护。柜架箱的制成材料最好为金属物,这样更有利于防火。

1) 档案箱

档案箱大多是铁制品,五个档案箱为一套,平时叠放起来使用。与档案架柜相比,档案箱便于移动,还能够防尘、防火、防盗、防光,被企业广泛采用。但是它在结构上比较复杂,造价也比较高,占用面积大,档案库房小的公司不宜使用。另外市场上还有一种比较灵巧的无酸式档案箱,方便内容不太多的档案进行存储。

2) 档案架

一般档案架采用金属制作,利于防火,也比较坚固耐用。目前,市场上常见的档案架有固定档案架和活动式密集架。

固定档案架分为单柱式档案架和复柱式档案架。单柱式档案架结构比较简单，表面喷漆，耗费的钢材少，耐用美观。复柱式档案架在结构、性能、规格等方面与单柱式档案架相似，但是它比单柱架稳定性能好、坚固、负载力强。

活动式密集架（也称密集架）是在复柱双面固定架的底座上安装了轴轮，把它变成架车，能沿地面铺设的小导轨直线移动，这样就可以把许多排架车靠拢到一起，能够充分利用库房空间，扩展档案库房的使用面积。密集架平时合为一体、用时可打开，不仅具有防火、防光、防尘的性能，而且节省库房空间和库房建筑费用。要注意的是安装密集架对地面的承重能力有较高要求，必须先查明有关库房的地面承重能力。

目前，随着档案管理的现代化，电动密集架逐渐成为档案存放的主流装具。只需要几个按钮就完全实现了全自动化，彻底减轻了人工的搬运和查找、管理档案的负担。

3）档案柜

档案柜形式多样，有双开门、侧拉门、抽屉式档案柜。制作材料分为金属与木制两种。金属档案柜使用方便灵巧，加工简便，有较强的可调性和机动性，而且坚固耐用，从长远看还是比较经济实惠的。使用木质档案柜对防潮是有好处的，但是使用时要注意防火。

4. 技术设备

档案保管的设备一般是档案管理中的相关机械、器具、仪器、仪表等技术设备，而不包括库房、装具、卷皮、卷盒、药品等在内。用于档案保管的技术设备很多，如去湿机，加湿机，空调，通风设备，温度、湿度测量及控制设备，防盗、防火报警器，灭火器，装订机，复印机，缩微拍照设备及缩微品阅读复制设备，通讯及闭路电视监控设备，消毒灭菌设备以及档案进出库的运送工具，等等。

5. 消耗品

即用于保管工作的易耗低值物品。如防霉、防虫药品，吸湿剂、各种表格及管理性的办公用品等。

档案保管的物质条件（装备）是档案保管工作赖以进行的物质基础。但购置配备这些物质装备又受到财力的制约。因而，企业应根据自身工作的需要和现实的经济实力，本着实事求是的态度和合理、有效、实用、节俭的原则进行配置。

（二）档案的库房管理

档案库房管理是档案保管工作的主要体现形式。因为档案绝大部分时间是存放在库房里的，档案的实体秩序状态也主要存在于库房中。因此，档案保管工作的主要内容也大都在库房中进行。对档案库房的保管工作主要包括以下几个方面的内容：

1. 装具排列编号

库房内装具的编号方式一般按保管机构或库房房间为单元进行，每一单元内的所有装具按某一排列走向和顺序依次编列号(排号)、柜架号、格层号(箱号),其号码一般采用阿拉伯数字。

装具在库房中的排放方式应考虑方便管理和充分利用库房空间等因素。一般不宜紧贴墙壁,尤其是不能紧贴有窗户的墙壁。装具每一列的走向应与窗户所在墙壁垂直,以避免户外光线的直接照射。各列之间的距离不宜过宽或过窄,一般以工作人员能进行正常工作为宜。

2. 进出库制度

库房是保存档案的重要场所。因此,必须对进出库房的人员及其进出的方式、时间、要求等进行必要的限制并做出专门的规定。这种专门规定的内容也就是进出库制度的主要内容。

(1) 一般情况下,库房只允许档案工作人员在工作时间进入。

(2) 非档案工作人员原则上不允许进入库房,若因工作需要(如维修库房及其设备等)必须进入时也应有档案工作人员陪同并始终相伴。

(3) 档案工作人员在库房内不允许从事与库房管理工作无关的活动,更不允许在库房内吸烟、喝水、吃东西。

(4) 库房中无人时必须关灯、断电、门窗上锁。

3. "八防"制度

档案保管工作中常说的"八防",一般是指防火、防水、防潮、防霉、防虫、防光、防尘、防盗。这"八防"基本上囊括了对档案实体可能造成的自然和人为的危害,是库房管理工作的重要内容。做好"八防"工作需要采取一系列防护性措施,并在工作中注意一切与此相关的问题。

1) 防火

要求在装具及照明灯具的选用、其他电器及其线路的安装等方面消除隐患,必须按消防规定在库房中配备性能良好、数量足够的灭火器材,在条件允许的情况下,安装防火(烟雾)报警器和自动灭火装置。

2) 防水

要求库房所处地势不能过低,库房内及附近不能有水源,库房选址应远离易发洪水的地点,位于较有利的防洪地段。

3) 防潮

与库房温度、湿度尤其是湿度控制密切相关,安装温度、湿度监控仪,及时关注库房温度、湿度的变化情况,在湿度过大时应及时进行调整。

4) 防霉

要求对档案文件进行定期检查并放置防霉药品,发现有霉变迹象应及时通风。

5) 防虫

要求入库时对档案进行灭菌消毒,在库房内定期检查,放置防虫药品,搞好库房卫生，破坏虫子的生存环境。

6）防光

要求库房尽可能全封闭（即无窗），若有窗户也应尽可能小一些，并安装磨砂玻璃、花纹玻璃或带颜色的玻璃并配置窗帘，尽量遮蔽户外日光中的紫外线照射。照明灯具应使用白炽灯并加乳白色灯罩，灯泡最好是磨砂灯泡。不允许使用日光灯（荧光灯）作为库房照明灯具。

7）防尘

要求装具的封闭性好，并要对库房及装具等定期进行清扫擦拭，保持清洁。

8）防盗

要求库房门窗坚固，进出库房随时锁好门窗，并尽可能安装防盗、报警装置。

4. 库房温度、湿度控制

库房内的温度、湿度是直接影响档案“自然寿命”的环境因素。根据《档案馆温度、湿度管理暂行规定》，库房温度应在 14℃～24℃之间，相对湿度应在 45%～60%之间。为了掌握库房温度、湿度情况，应配置精确可靠的温度、湿度测量仪器，随时测量并记录库房温度、湿度的具体指标状况。

控制和调节库房温度、湿度的方法如下。

（1）对库房进行严格封闭。隔绝库房内外温度、湿度的相互交流，并在库房内采用空调或恒温、恒湿技术设备，将库房温度、湿度人为控制在适宜的温度、湿度指标范围之内。这种方法所需费用较高，目前不是所有档案馆、档案室都有能力做到的。

（2）采用机械性或自然性的措施对库房温度、湿度进行人工控制。这种方法虽达不到第一类方法所能达到的效果。但是，如果运用得当，也可在一定程度上使库房温度、湿度得到调整和控制。

5. 档案存放秩序的维护与管理

档案在库房及装具中的存放秩序实际上就是档案实体的管理秩序。因此，维护档案实体秩序的保管工作也就主要体现为对档案存放秩序的日常维护和管理上。维护档案的存放秩序是一项十分具体且十分重要的工作，具体可采取的措施和方法主要有以下几种。

1）档案存放位置索引（档案存放地点索引）

为了便于保管工作人员切实掌握档案馆（室）档案的存放情况和迅速地取放档案，还必须对所排放好的档案作出存放位置的索引。

存放位置索引，按其作用可以分为两种。

第一种，指明档案的存放位置，即以全宗及其各类的档案为单位，指出它们的存放地点（见表 5-7）。

表 5-7　档案存放位置索引(一)

全宗名称：						全宗号：
案卷目录号	案卷目录名称	目录中案卷起止号数	存放位置			
			楼层房间	柜架(列)	柜架	层(格、箱)

第二种，指明各档案库房保存档案情况，即以档案库房和档案架(柜)为单位，指出它们保存哪些档案材料(见表 5-8)。

表 5-8　档案存放位置索引(二)

楼：			层：			房间：	
柜架(列)	柜架	层(格、箱)	存放档案				
			全宗号	全宗名称	案卷目录号	案卷目录名称	起止卷号

上述两种索引，按形式又可分为簿册式和卡片式两种。而第二种存放位置索引还可以采用图表形式，即把每个库房(或楼、或层、或房间)内档案存放的实际情况绘成示意图。这种图表，可悬挂在相应的库房入口处，以便于保管和调卷人员随时使用。

2) 装具所存档案标识牌

即在每一列、每一柜架、每一层(格、箱)装具外面的醒目位置设置标牌并表明该列、该柜架、该层(格、箱)中所存放档案的起止档号，以方便检查和调还档案。

3) 档案代理卡

档案代理卡(见表 5-9)又称“代卷卡”、“代理卡”，它是库房管理人员编制和使用的一种专门指明档案去向的卡片。在档案馆(室)的档案需要暂时借出库外使用时，填制代理卡放在被暂时移出案卷的位置上，可以使库房管理人员准确掌握档案流动情况，有利于库房管理人员对档案进行安全检查。

表 5-9　档案代理卡

全宗号	目录号	案卷号	移出日期	移往何处		库房管理人员签字(移出)	归还日期	库房管理人员签字(收回)
				单位名称	经手人姓名			

6. 全宗卷

全宗卷是档案保管工作的一个重要管理工具和手段。全宗卷是档案室在管理所在公司档案全宗的过程中形成的，能够说明该全宗历史情况的各种文件材料所组成的专门案卷。

全宗卷实质上是档案管理活动中所形成的“档案”，是档案管理活动的原始记录，只不过是围绕全宗的管理活动形成并以一个个全宗为单位组合成案卷而已。从这个意义上说，它既是全宗的“档案”，又是档案的“档案”，但不是全宗内的档案。因为，档案室所管理的档案是由立档单位在其社会活动中形成的，而全宗卷这种档案的“档案”，则是档案室在对其所管全宗的管理活动中形成的。因此，全宗卷在管理上应单独另行存放（按全宗顺序保管）并实施统一管理，不能与全宗混在一起，更不能将其作为全宗内的一个案卷看待。

全宗卷中通常应包括档案交接凭据、立档单位与全宗历史考证、整理工作方案、档案实体分类方案（分类表）、移进移出记录及手续（凭据）、对全宗进行检查、清点的历次记录及所发现的问题记录，以及档案受损害、遭破坏的情况记录和实施补救性措施的记录材料、档案销毁清册等。总之，凡是在档案管理活动中形成的对全宗状况及全宗历史有原始记录意义的文字、图表等材料均应归入全宗卷中。

（三）档案流动过程中的保护

档案在档案馆（室）中并不是永远静止地存放在库房及装具里，而是处在一种有静有动、动静交替的状态中。造成档案流动的根本原因就是对档案的使用。档案的使用原因虽然很复杂，但大体可归结为下面两种情况。

（1）社会各界对档案的利用（要求档案馆、室做好档案的提供利用工作）。

（2）档案馆（室）出于管理与开发的需要对档案的使用。例如，整理、鉴定、编制检索工具、缩微复制、编研等。无论是社会性的利用还是内部管理开发性的使用，都必须保证档案实体的有序和完好无损。这就需要做好档案使用流动过程中的维护与保护工作。

档案使用流动过程中的维护与保护工作比档案库房管理工作具有明显的动态性、复杂性、综合性，所用的方法及所需注意的问题头绪很多。做好这一工作有如下两条基本途径。

1. 建立严格的管理和使用制度，并在工作中严格执行、落实

（1）档案使用的登记与交接制度。档案无论何种原因被使用时，都必须对调卷、还卷及交接行为实行严格的登记与交接手续。

（2）档案使用行为的管理与限制制度。如不允许使用者在使用时吸烟、喝水、吃东西，不允许在档案上勾画、涂抹，更不允许有撕损、剪切等破坏性行为；不允许使用者擅自带离规定的使用场所（办公室、阅览室等）；不允许利用者之间私自交换阅览各自所利用的档案；不允许使用者擅自拍照、抄录、复印；每次使用的档案数量、每批档案的使用时间长短也应有一定的限制。

2. 采用各种合理有效的管理方法,认真细致地做好维护与保护工作

(1) 量与顺序的控制。无论是内部使用还是外部利用,当所需档案数量较大时,可按规定分批定量提供,且应要求使用者在使用和交还时保持档案实体秩序。

(2) 对利用行为的现场监督与检查。凡外部利用,在现场应配有档案工作人员实行监督,并随时检查利用者的利用行为,发现问题及时指出并予以纠正。有条件的档案馆可配置闭路电视监控系统。

(3) 利用方式及利用场所的限制。利用方式以现场阅览为基本方式;经允许的拍照或复印工作原则上应由档案工作人员承担;利用场所应为集中式的大阅览室,一般不为利用者安排单独的利用房间(单间),以免发生意想不到的问题。

(4) 对重要档案的保护性措施。对重要的珍贵档案应实施重点保护:①严格限制利用;②即便提供利用,一般也不提供原件,只提供缩微品或复印件;③利用中要格外注意监护问题,必要时可责成专人始终陪伴进行利用。对重要档案的复制也应比一般档案有更严格的限制和保护性措施。

二、档案的利用

档案的提供利用工作也称档案信息的开发利用工作,它是指通过一定的方式和方法尽可能地开发档案信息,直接向有关单位和人员提供信息服务。档案的利用是档案工作的目的,也是档案工作的出发点。

直接利用工作是档案提供利用工作的主要途径,它的方法很多,常见的有以下几种:

(一) 阅览服务

阅览服务是指企业档案部门根据自身条件和利用需要,设立专门的档案阅览室,供利用者查阅利用档案。通过阅览服务,档案工作人员能为利用者直接提供所需档案材料,解答各种询问,迅速、准确地满足利用者的需求。

阅览服务的优点:一方面,由于档案材料只能在阅览室周转,用后能及时收回,有利于提高档案利用率,充分发挥档案的作用;另一方面,档案工作人员可以在现场进行宣传和控制,减少档案原件在利用中的损耗。此外,阅览室提供的各种设施,如复印机、传真机、多媒体设备、缩微阅读设备等,能为利用者查阅档案提供便利。

档案阅览服务可分为封闭式阅览和开架式阅览两种形式。无论采用哪一种形式,都要求档案部门为利用者提供一个明亮、宽敞、舒适、安静的场所,还必须配备一定数量的阅览桌椅、存物架、目录柜等设施,还可以配备必要的检索工具和参考资料。同时还必须建立完善的阅览制度,如阅览室接待对象和入室手续,档案材料的借阅范围、批注权限,档案登记和归还时的交接手续,利用者利用档案须知,阅览室开放时间等。

（二）外借服务

档案外借服务是将档案原件借出档案部门使用的一种利用方式。

外借服务是实际工作中常见的一种利用方式。但是，由于档案借出以后，各借阅部门或人员对档案的价值、保护的方法认识不一，保管条件有限，往往容易给档案的完整与安全带来不利影响。所以，按有关规定，档案一般不外借。如工作需要外借时，必须根据严格的借阅制度办理借阅手续。凡借阅的单位和个人，必须保证档案的齐全与完整，不得擅自拆散或是变更次序，不得转借、转抄、损坏、遗失、自行摄影、复印，并且必须按期归还。档案外借有两种情况：一是内部借阅，即在本单位内部借阅使用；二是外部借阅，即把档案借出本单位使用。内部借阅应该建立起规范的借阅制度，包括借阅证制度、代卷卡制度、借阅审批制度、催还和续借制度。对于外部借阅，档案部门更应该加强管理和控制。利用者须持单位介绍信及本人身份证明，明确提出借阅档案的目的、内容、数量、使用范围、使用时间，在本单位领导批准后方可借阅。

（三）复制服务

随着办公自动化程度的不断提高，各种现代办公工具的普及，特别是照相、复印技术以及电脑文字处理技术的推广运用，档案复制服务已经逐渐成为档案利用的主要方式。

档案复制服务的优点：首先，这种服务方式能最大限度地提高档案的利用效率。因为一份档案文件一次可以复制若干份，能同时满足不同利用者的需要，这就在很大程度上解决了因档案副本少而周转不灵的实际问题。其次，复制服务成本低、效果好，虽然档案复制需要一定的成本，但与档案原件的价值相比，这种方式仍是低成本的。而且，由于复制技术的完善，复制效果也越来越好，用途也越来越大。第三，复制服务有利于保护档案原件的物质和政治安全，避免档案原件在利用中的损坏。

档案复制的方法很多，有静电复印、缩微复制、传真、打印、照相、拷贝等。在具体方式上还可以根据利用档案的不同用途和不同利用范围，采用原件副本、档案摘录两种形式。所谓原件副本，是指反映档案原件全貌的复制本。所谓档案摘录，是指仅反映档案原件某一些部分的复制本。提供复制服务一般先由利用者提出要求，说明复制档案的内容、数量、方式、用途，对于某些重要文件的复制要经过有关部门或是领导的批准。

（四）咨询服务

档案咨询服务是指档案部门或是档案人员以室藏档案为根据，通过口头（包括电话）或书面形式，向利用者提供档案，解答提出的有关档案专业知识、档案利用手续、各种档案规章制度、档案检索途径等方面的问题。开展咨询服务，既是一种直接为利用者服务的途径,又是一种宣传档案工作、传播档案知识的极好方法。对咨询的结果可以通过口头解答的方式满足利用者的需求,也可以采用出具档案证明的方式提供服务。

档案咨询服务工作程序一般可以分为接受咨询、咨询分析、查找档案、答复咨询、建立咨询档案等几个步骤。这项工作对有关的工作人员有着较高的要求,不仅需要有强烈的责任心和良好的服务态度,而且还必须十分熟悉本单位保存档案的情况。同时,还要有较强的综合分析能力和口头表达能力。

(五)电子化服务

档案电子化服务是在计算机技术迅猛发展的形势下兴起的一种档案的新型利用方式。它是指档案部门利用电子化办公设备和现代通信技术,向利用者提供非纸质载体的数字化档案。由于办公自动化的进一步扩展和深化,特别是电子计算机和通信技术相结合形成了信息技术产业,过去的文字、图表、图形、影像、科技文件材料等各种档案形式都可以采用电子档案的形式进行处理和利用。同时,在国家的倡导下,政府各部门、各企事业在开展网络办公、电子办公等工作中形成了大量电子文件,随着这类档案在各级档案部门中的增多,电子化服务将会在今后得到越来越广泛的运用。

实现档案信息开发利用的电子化具有诸多优势:首先,能将文字、声音、图像结合起来,向利用者提供多媒体信息。其次,能使利用工作变得方便高效。电子化服务通过多媒体技术的超文本技术,可将计算机存储、表现信息的能力与人脑筛选信息的能力结合在一起,提高检索效率。第三,能够提供超时空、全方位的信息服务。

三、电子公文的归档管理

电子公文,是指各地区、各部门通过由国务院办公厅统一配置的电子公文传输系统处理后形成的具有规范格式的公文的电子数据。

根据《电子公文归档管理暂行办法》,具体应做到以下几点。

(1) 电子公文形成单位应指定有关部门或专人负责本单位的电子公文归档工作。

(2) 机关档案部门应参与和指导电子公文的形成、办理、收集和归档等各工作环节。

(3) 电子公文参照国家有关纸质文件的归档范围进行归档并划定保管期限。

(4) 电子公文一般应在办理完毕后即时向机关档案部门归档。

(5) 电子公文形成单位必须将具有永久和长期保存价值的电子公文,制成纸质公文与原电子公文的存储载体一同归档,并使两者建立互联。

(6) 需要永久和长期保存的电子公文,应在每一个存储载体中同时存有相应的符合规范要求的机读目录。

(7) 电子公文的收发登记表、机读目录、相关软件、其他说明等应与相对应的电子公文一同归档保存。

(8) 电子公文的归档应在“全国政府系统办公业务资源网电子邮件系统”平台上进行。

(9) 各电子公文形成单位档案部门应配置足够容量和处理能力及相对安全的计算机系统及有关设备。保证归档电子公文的完整、安全。

(10) 电子公文形成单位应在电子公文处理系统中设置符合安全要求的操作日志，随时自动记录对电子公文实时操作的人员、时间、设备、项目、内容等，以保证归档电子公文的真实性。

(11) 归档电子公文的移交形式可以是交接双方之间进行存储载体传递或通过电子公文传输系统从网上交接。

(12) 归档电子公文应存储到符合保管要求的脱机载体上。归档保存的电子公文一般不加密，必须加密归档的电子公文应与其解密软件和说明文件一同归档。

(13) 归档的电子公文，应按本单位档案分类方案进行分类、整理，并拷贝至耐久性好的载体上，一式三套，一套封存保管，一套异地保管，一套提供利用。

(14) 超过保管期限的归档电子公文的鉴定和销毁，按照归档纸质文件的有关规定执行。对确认销毁的电子公文可以进行逻辑或物理删除，并应由档案部门列出销毁文件目录存档备查。

实训演练

一、训练目标

(1) 能够对档案进行库房管理。

(2) 能够保护好流动中的档案。

(3) 能够熟练地为档案利用者提供服务。

二、知识要求

(1) 掌握档案库房管理的相关知识。

(2) 掌握档案在流动中管理的相关知识。

(3) 掌握档案提供利用的方式。

三、训练要求

(1) 明确档案保管的重点。

(2) 明确档案提供利用的方式。

四、操作说明

(1) 利用 4 学时,分小组进行。结束后,教师引导学生对每一个任务进行点评。

(2) 实训的准备工作需要课外完成。做好档案保管和档案利用的前期准备非常重要。所以,一定要安排好小组负责人,合理分配任务,在小组长的统一协调下,成员相互合作,共同完成。

(3) 训练前布置学生复习档案管理和档案利用的有关知识与要求,明确工作思路,分工合作,完成训练任务。

五、操作提示

在这项训练中,学生最好利用课外时间参观本校档案馆,参加真实的档案保管和档案利用活动,注意观察档案保管和档案利用的程序并总结其得失,为本次实践活动提供借鉴。

六、任务描述

(1) 宏达公司非常重视公司的档案管理工作,由办公室秘书萧雅承担档案管理的职责。公司设有专门的档案保管库房,库房内的档案柜排放得整齐合理,库房及库房内的档案柜都统一编了号,也编制了档案存放位置索引,科学而有序。这天,萧雅正指导几个办公室的新进人员如何保管档案。假如你是萧雅,应该如何指导?

(2) 宏达公司与超凡公司之间因某项业务出现了纠纷,现需查找 7 年前与超凡公司签订的一份合同以解决纠纷,档案员萧雅需在短时间内在众多的档案中快速准确地查找到 7 年前的这份合同,她和同事该怎么办呢?

第六单元

会议组织

会议作为事件性的工作，秘书人员在策划与组织一次会议的过程中应当做好会前准备、会中服务、会后的清理及落实工作，并能够科学、成功地举办不同形式的会议。

任务1　办公室会议类型

学习目标

熟悉会议的基本概念和类型，了解不同类型会议的特点和作用。

任务描述

文秘专业的应届毕业生萧雅应聘到宏达公司总经理办公室任秘书。时近年末，宏达公司经理办公会决定于12月22—24日召开公司中层管理人员会议，要求各地区分公司经理和总公司各部门主管参加。主要内容是总结2010年度工作，制定2011年公司工作目标和计划。总经理要求办公室负责筹办此次会议。萧雅请教办公室主任，询问企业中经常会召开哪些类型的会议，如何筹办会议？

工作处理

一、任务分析

要完成会议的筹备与组织工作，首先必须了解会议的基本概念，掌握会议的分类，弄清楚本次会议的类型，召开会议有什么样的作用。除此之外，还必须考虑会议的组成部分，每个部分由哪些环节构成。

二、学习企业常见会议类型

萧雅虚心向办公室主任求教,询问企业办公室经常召开哪些类型的会议。办公室主任认真地向萧雅进行了介绍。由于企业性质和业务范围的不同,根据工作的需要,企业办公室通常负责组织的会议有董事会、经理例会、股东会、公司年会、客户咨询会、新产品发布会及市场推广会等会议。

三、学习如何筹备企业会议

办公室主任向萧雅讲解了筹办一次会议的全过程,从会议的谋划、会前的准备、会中服务到会后落实的各个环节应处理的工作及注意的事项。萧雅认真做了记录,感觉会议的意义及影响都很大,任何形式和内容的会议都不可掉以轻心。

▶▶ 相关知识

一、会议的概念

对于会议的概念,现代汉语词典中有两种解释:一种是指有组织有领导地商议事情的集会。如工作会议、厂务会议等。另一种指经常商讨并处理事务的常设机构或组织。如中国人民政治协商会议、部长会议等。

这里讲的会议是指企事业单位、社会团体等有组织、有目的地召集工作人员商议事情、沟通信息、表达意愿、部署工作、联络感情的行为过程。

二、会议的构成要素

会议的构成要素即会议的组成要素。任何会议都由一定的要素构成,缺少某些主要要素,会议就无法召开。

(1) 形式要素:又称会议的基本要素和必备要素。它包括会议的名称、时间、地点、与会人员、会议方式等。

(2) 内容要素:包括会议的指导思想、议题、目的、任务、作用等。

(3) 程序要素:包括会议的准备,会议的开始、进行、结束,会议决定的贯彻落实等。

(4) 财务要素:主要指会议经费、会议设备、会议服务设施等。

当然,并不是所有的会议都必须具备上述会议要素。不同的会议,由于会议主题、形式、时间、地点等因素不同,所需要的会议要素也有所不同。但是,会议的形式要素是所有会议所必须具备的。

三、会议的分类

会议作为人们从事社会活动或从事各项工作的一种重要手段和方法,其应用十分广泛。因而可以从各种不同角度划分出来许多种类型。

1. 按照会议的规模划分

根据会议的规模即参加会议的人数的多少，可将会议分为小型会议、中型会议、大型会议及特大型会议。

(1) 小型会议。出席人数在3～100人之间，一般安排在工作现场或小型会议室召开。

(2) 中型会议。出席人数在100～1000人之间，一般安排在会议厅或礼堂召开。

(3) 大型会议。人数在1000～10000人之间，一般安排在礼堂、会堂、会议中心或剧场召开。

(4) 特大型会议。人数在10000人以上，例如节日聚会、庆祝大会等，一般安排在体育场或露天广场召开。

2. 按会议内容划分

(1) 综合性会议。一次会议要讨论和研究多方面的问题，如各级人民代表大会、政府常务会议等。

(2) 专题性会议。这类会议一次只集中解决一个方面的问题，讨论研究某一方面的事情或工作，如专题讨论会、年度销售会议等。

3. 按会议的性质划分

(1) 决策性会议。决策性会议是指拥有立法权或决策权的领导机关或领导层，为了制定和颁布方针、政策、法规或就某些问题进行商讨，对重大事项作出决策而召开的会议。决策性会议大致包括以下两种：

代表性会议。是指按照法定的程序，为了制定颁布法律、法规，选举产生新一届领导班子等重大事项而召开的会议。如各级人民代表大会等。

领导办公会议。是指由各级机关、企事业单位的领导班子内部定期召开的，研究日常工作中重要事项，并作出决策的会议。如各级领导机关的领导办公会议、董事会议等。

(2) 非决策性会议。非决策性会议是不产生需要贯彻执行的政策、法规或不作出决策的会议。非决策性会议又可分为以下几种：

日常办公会议：通常是指根据本单位、本部门的工作职能，具体研究、讨论日常工作的会议。如工作例会、办公会议等。

咨询性会议：通常是指在作出重大决策、具体开展工作之前，邀请有关专家对决策目标和方案进行可行性的咨询、论证的会议。如投资咨询会等。

总结交流会议：通常是指在工作任务完成之后，对工作中的情况和问题、经验和教训进行总结交流的会议。如经验交流大会、工作总结大会等。

洽谈谈判性会议：通常是指围绕商业活动达成合作事宜，签订合同协议的会议。如订货会、商务洽谈会等。

进修培训会议：通常是指为了提高员工业务水平，强化理论知识，加强专业技能而召开的会议。如公文写作培训会议等。

庆典性会议：通常是指为了庆祝重要节日、重大事件或工作取得重大成果而召开的会议。如联欢会、庆祝大会、周年庆典等。

商品展示和推介性会议：通常是指由商品生产单位举办的，在某一场所和一定期限内,用展示的形式,向专业群体和消费者介绍和推广自己的新产品。如新产品发布会等。

4. 按会议所跨的地域范围划分

(1) 国际性会议。指会议的内容涉及不同国家和地区。与会者来自不同国家和地区。如联合国大会、国际经济发展会议、南北对话、西方国家首脑会议和亚太经济合作组织领导人非正式会议等。

(2) 全国性会议。指会议的内容涉及全国性问题,参加会议的人来自全国各个地区,如全国人民代表大会等。

(3) 地区性会议。指省、市、县或其他地区性的会议,如市政府常务会议等。

(4) 个体性会议。组织单位根据自己的需要而召开的会议,如职工大会、业务洽谈会、新产品推介会、销售会议、培训会议、客户咨询会、奖励会议等。

5. 按会议的职级划分

(1) 股东大会。股东大会是公司最高权力机构。股东会议就是由公司的出资者(股东)出席的定期或临时召开的会议。会议主要审议批准公司年度财务预算、利润分配和弥补亏损方案,决定公司经营方针和投资计划,选举更换董事,修订公司章程等。

(2) 董事会。董事会是公司的执行机构。董事会议是由全体董事(被全体股东任命经营公司的人员)出席的定期或临时召开的会议。会议主要决定和批准总经理提出的计划、年度经营、资金使用等方面的报告,批准财务报表、收支预算、年度利润分配方案,制定公司的规章制度,决定聘用总经理等高级职员等。

(3) 高级管理人员会议。在总经理的主持下,由公司高级管理人员参加的会议,重点讨论公司的生产经营管理工作,组织实施董事会决议,组织实施公司年度经营计划和投资方案等工作。

(4) 中层管理人员会议。企业领导召集处长、科长、部门经理等中层管理人员召开会议,是公司作出决策后,进行生产、经营活动的正式会议,通常都定期举行。

(5) 职工大会。这是由企业全体职工参加的会议。主要有动员大会和总结评比大会。前者是鼓舞士气,调动职工积极性和工作热情;后者意在总结经验,展望未来,向全体职工提出新的希望和要求。

(6) 部门会议。这种会议是在每一个部门举行的,以解决问题及传递信息为目的,以工作场所为单位的会议。

6. 企业内部经常召开的会议

(1) 经理例会:企业内部经理之间定期召开的会议。

(2) 部门员工例会:企业内部各部门员工之间定期召开的会议。

(3) 股东会:企业、公司股东之间的会议,通常用来进行企业内部的一些重要决策。

(4) 董事会:企业、公司定期召开的董事会议,一般也用于企业的重大决策。

(5) 公司年会:每年年末或次年年初,公司召开的年度总结大会。

(6) 客户咨询会:公司为了方便客户了解产品和服务专门召开的会议。

(7) 新产品发布及市场推广会:公司为了推广新产品而召开的一系列会议。

四、会议的作用

会议是企业在社会活动中形成的一种互动方式。随着社会不断发展和信息流量的迅速增加，会议形式越来越受到人们的重视。当今，会议已成为各级领导机关、企事业单位重要的工作方法之一。其主要作用可概括为以下两个方面：

1. 会议的积极作用

(1) 会议可以加强企业之间的信息交流，情报互通。

(2) 会议可以充分发扬民主，为领导进行科学决策提供依据。

(3) 会议有助于加强组织领导，推动企业工作的进一步发展。

(4) 一些大型、特大型会议可以带动消费，促进当地经济的发展。

(5) 会议一个很重要的作用是联络感情，塑造企业形象。

2. 某些会议的消极作用

(1) 一些重复性的会议势必会造成时间、精力的浪费。

(2) 可开可不开的会议造成经济的浪费。

(3) 造成信息的重复、浪费。

(4) 动不动就开会，滋长不正之风。

五、会议的组成部分

一般会议有三个部分组成，即会前准备、会中服务和会后扫尾。

会前准备包括拟定会议的议题，确定会议名称，选择、布置会议场所，拟定会议议程和日程，确定与会者名单和制发会议通知，安排会议食宿，准备会议资料与用具，会议经费预算，会场布置，检查设备等工作。

会中服务包括接站，报到与签到，会议记录，收集会议信息，搞好对外宣传，编制会议简报，传接电话，送饮料，做好会议的值班工作与保密工作，医疗卫生服务，照相服务等工作。

会后扫尾包括引导与会人员安全、有序地离开会场，清理会场，安排车辆，交还与会代表物品，整理会议室，归还会场用品，撰写会议纪要，做好会议总结与评估，整理会议文件，会议经费结算，送感谢信等工作。

实训演练

一、训练目标

熟悉会议的基本要素、会议的类型等。

二、知识要求

(1) 了解办公室会议的类型。

(2) 掌握会议的基本要素。

三、训练要求

(1) 明确企业办公室常见会议的类型。
(2) 明确企业会议的基本要素。

四、操作说明

(1) 利用2学时,分小组进行。结束后,教师引导学生对每一个任务进行点评。

(2) 训练前布置学生复习企业办公室常见会议的有关知识与要求,明确工作思路,分工合作完成训练任务。

五、操作提示

在这项训练中,学生最好通过网络搜索学习一下企业中各种类型的办公室常见会议,并总结其得失,为本次实践活动提供借鉴。

六、任务描述

请全班同学分小组讨论自己参加过的会议。思考下列几个问题。
(1) 所参加的会议属于什么类型的会议?
(2) 所参加的会议有什么特点?需要哪些人员参加?
(3) 所参加的会议是如何筹备的?

任务2 会议策划

学习目标

学习会议策划与安排的要素和环节,掌握会议策划与安排的程序。

任务描述

一天下午,宏达公司总经理王宏要秘书萧雅向公司各部门主管发送会议通知,定于12月20日下午14:00召开各部门主管会议,讨论公司人员编制和工作绩效评估问题。萧雅认为这尽管只是一个临时通知的内部会议,但非常重要。因此,萧雅首先预订了公司第一会议室,接着在公司内网上发布了一个会议通知,然后又打电话通知每一个部门主管参加会议。

根据以上情景分析，会前应该做好哪些准备工作？

工作处理

一、任务分析

秘书首先明确会前准备工作的要素和环节，然后按照程序进行会前筹备。

二、会议策划和安排

秘书萧雅按照经理的要求做好以下会前准备工作。

（1）拟定会议的议题。

（2）确定会议名称。

（3）选择会议场所。

（4）拟定会议议程和日程。

（5）确定与会者名单、制发会议通知。

（6）安排会议食宿。

（7）准备会议资料、会议用具。

（8）预算会议经费。

（9）布置会场。

（10）检查会场设备。

相关知识

会前筹备工作是办好会议的一个重要环节，是会议成功的保证。日常会议的前期准备一般包括确定会议议程和日程、选择会议地点、发送会议通知、排列会议座次、制作会议证件、准备会议用品和设备、布置会场等。

一、确定会议议程和日程

会议议程是为完成议题而做出的顺序及计划，即会议所要讨论、解决的问题的大致安排，会议主持人要根据议程主持会议。议程所涵盖的除了足以实现会议目的的各种议案之外，还包括与会者姓名、会议时间以及会议地点等项目。拟定会议议程是秘书人员的任务，通常由秘书拟写议程草稿，交领导批准后，复印分发给所有与会者。会议议程是会议具体过程的概略安排。

拟定会议议程，一般有以下几个步骤。

(一) 清楚会议各项议题的具体内容

在会议开始前,应搞清会议期间各项议题的具体内容。

(二) 将会议各项议题按照轻、重、缓、急编排

按照议题的轻、重、缓、急编排先后次序,紧要的事项应排在会议议程的前端处理,不紧要的事项则应排在议程的后端处理。这样做的好处是:如果在预定的会议时间内无法将全部议题处理完毕,但较紧要的议题已被讨论过,保证所有与会人员能够对重要议题发表意见;而那些比较不紧要的议题,则可另择时间处理,或是并入下次会议中再予处理。

(三) 预计会议各项议题所需的时间

每一个议案应预计所需的处理时间并明白地标示出来。假如能这样做,则秘书可让某些人只参加与他们有关的某些特定议题的讨论。即是说,假如议程中明示几点几分到几点几分被分配于探讨某一议题,则秘书可以故意让某些人“迟到”(即令某些人在涉及他们的议题被讨论之前几分钟才进入会场),也可以故意让某些人“早退”(即令某些人在涉及他们的议题被讨论过之后离开会场)。显然,这样做可以节省与会者的时间。不过这样做,会场的秩序将受到干扰。因此,秘书只能有限度地容许迟到或“早退”。

(四) 会议议程的编制

编制议程表时,应注意议题所涉及各种事物的习惯性顺序和本公司章程有无对会议议程顺序的明确规定。会议内容的第一项是宣布议程,然后说明一些有关此次会议事务性的问题(例如,点名、报告缺席情况、宣读上次会议记录等),再安排讨论的问题。尽量将同类性质的问题集中排列在一起,这样既便于讨论,也便于有关列席人员到会和退席。保密性较强的议题,一般放在后面。

(五) 拟定会议议程

1. 议程的结构和写法

(1) 标题。会议全称+议程。

例如,某公司年终表彰大会议程。

(2) 题注。法定性会议应当在标题的下方说明会议通过的日期、会议名称。

例如,全国政协十一届四次会议议程。

(2011 年 1 月 19 日政协第十一届全国委员会第三十四次会议通过)

(3) 正文。简要说明每次议题和活动的顺序,并冠以序首,将其清晰地表达出来,一般不用标点符号。

(4) 落款。由会议组织机构确定的议程应当标明制定机构的名称,如“秘书处”。由会议通过的议程不用标注落款。

(5) 制定日期。无须大会通过的议程要标明制定的具体日期。

2. 大中型会议的议程

大中型会议的议程一般包括开幕式、领导和来宾致辞、领导做报告、大会发言、分组讨论、参观或其他活动、会议总结、宣读决议、闭幕式。

会议日程示例如下。

华荣公司××××年度客户联谊会暨××××年产品订货会议程(初稿)

华荣公司××××年度客户联谊会暨××××年产品订货会于××××年12月13日—15日在南京钟山宾馆举行。会议议程如下:

1. 主持人宣布会议议程。
2. 公司吴宝华总经理致辞。
3. 特邀嘉宾——市环保局牛天利副局长讲话。
4. 客户代表发言。
5. 华荣公司环保产品生产报告。
6. ××××年国内外环保产品形势分析报告。
7. ××××年环保产品洽谈、预订。
8. 参观与考察。

华荣公司总经理办公室
××××年10月12日

(六) 拟定会议日程

会议日程是指会议在一定时间内的具体安排。拟定会议日程要根据会议内容和会期,将会议内容进行合理分配。

会议日程多以表格形式出现,包括时间、地点、内容、参加人、负责人等栏目。将会议时间分别固定在每天上午、下午、晚上三个单元里,使人一目了然,如有说明可附于表后。

编排会议日程一方面要精简、高效、科学、合理;另一方面要松弛有度、劳逸结合,符合人体的生理和心理规律。

会议日程需在会前发给与会者。了解会议日程,与会者可以更好地了解会议所要讨论的问题,清楚会议顺序计划,即获得有效信息。

会议日程示例如下。

华荣公司××××年度客户联谊会暨××××年产品订货会日程安排表

<table>
<tr><th colspan="2">时　　间</th><th>地　　点</th><th>主要内容</th><th>主持人</th><th>参加人员</th><th>备注</th></tr>
<tr><td colspan="2">12月12日</td><td>钟山宾馆大堂</td><td>报　　到</td><td></td><td></td><td></td></tr>
<tr><td rowspan="8">12月13日</td><td>9:00—9:20</td><td rowspan="4">钟山宾馆中山报告厅</td><td>吴宝华总经理致辞</td><td>吴良荣</td><td>公司中层以上干部,嘉宾、参会客户</td><td></td></tr>
<tr><td>9:30—9:50</td><td>环保局牛天利副局长讲话</td><td>吴良荣</td><td>公司中层以上干部,嘉宾、参会客户</td><td></td></tr>
<tr><td>10:00—11:30</td><td>华荣公司环保产品生产报告</td><td>吴良荣</td><td>公司中层以上干部,嘉宾、参会客户</td><td></td></tr>
<tr><td>12:00</td><td>午餐</td><td>吴良荣</td><td>公司中层以上干部,嘉宾、参会客户</td><td></td></tr>
<tr><td>13:30—14:30</td><td>钟山宾馆秦淮餐厅</td><td>2010年国内外环保产品形势分析报告</td><td>王琴红</td><td>公司中层以上干部,嘉宾、参会客户</td><td></td></tr>
<tr><td>14:40—17:30</td><td>钟山宾馆中山报告厅</td><td>2010年环保产品洽谈、预订</td><td>王琴红</td><td>公司市场与产品研发部员工、参会客户</td><td></td></tr>
<tr><td>17:40</td><td>钟山宾馆秦淮餐厅</td><td>晚餐</td><td>王琴红</td><td>公司中层以上干部,嘉宾、参会客户</td><td></td></tr>
<tr><td>19:00</td><td>钟山宾馆梅兰芳艺术厅</td><td>文艺晚会</td><td>吴琴红</td><td>公司中层以上干部,嘉宾、参会客户</td><td></td></tr>
<tr><td>……</td><td>……</td><td>……</td><td>……</td><td>……</td><td>……</td><td></td></tr>
</table>

二、选择会议地点

(一) 选择会址

选择具体会议场所应考虑以下几个因素。

第一,应考虑交通便利。会场位置必须让领导和与会者方便前往。一般应选择在距领导和与会者的工作地点均较近的地方。

第二,会场的大小应与会议规模相符。一般来说,每人平均应有2～3平方米的活动空间比较适宜。同时应考虑会议时间的长短,时间长的会议,场地不妨大些。

第三,场地要有良好的设备配置。桌椅家具、通风设备、照明设备、空调设备、音像设备要尽量齐全。同时应该根据会议的需要检查有无需要租用的特殊设备，如演示板、电子白板、放映设备、音像设备、投影仪、计算机、麦克风等。

第四，场地应不受外界干扰。应尽量避开闹市区。同时，“外界干扰”还包括室外的各种噪音，打进会场的电话，以及来访者和参观者等。因此，在场外应挂起“会议正在进行中，谢绝参观”的牌子，并要求与会人员关闭手机。会场内部也应具有良好的隔音设备，以保证会议能在安静的环境中顺利进行。

第五，应考虑有无停车场所和安全设施问题。

第六，场地租借的费用必须合理。

第七，会议场所周围有没有必要的餐饮和娱乐设施。

秘书人员在选好会议场所并经单位主管上级同意后，应和承租方签订使用协议。并且，要保持与会场管理人员联系，特别是开会前要落实会场的准备情况，使会议能够正常进行，确保万无一失。如有特殊情况应立即向主管上级汇报，并协助解决问题。

（二）预订内部会议室

大多数企业都有自己的内部会议室，这就减少了租用外部场地和设施的费用，内部会议室大都适合举办内部会议和内部活动。预订内部会议室要做到如下几点。

第一，预订会议室要提前一段时间，在确定准确的会期之后，应尽早预订，以免被动。

第二，正式预订会议室之后，在使用的前一天，一定要再次落实，以免与其他会议发生冲突。

第三，预订和调配会议室，应尽量使场地的大小、格局、会场设备与会议的规模、性质和类型相匹配。

第四，调配安排会议室时要留有足够的自由使用空间，会议之间的间隔不要太紧，使人们安心开会，不要出现会议还未结束就被人请走的尴尬。

第五，负责会议室安排和协调的秘书，事先要查看会议议程，了解会议的主持者和演讲者是否需要音像辅助设备，要了解各种设备的功能，并事先将各种设备调整到最佳状态。

三、发送会议通知

会议内容、时间、地点、与会人员等一经确定，就要制作和发送会议通知，以便与会的单位及个人做好准备。

（一）会议通知的格式和内容

会议通知一般分为书面通知和口头通知两种形式。

会议通知的主要内容：会议名称、主办单位、会议内容、起止时间、参加人员、会议议题、会议地点、联络信息、报到事宜及相关要求、会议需要的材料、回复需要的信封及邮票、有关票证、交通工具、交通路线等。

带回执的会议通知一般有以下五大部分。

(1) 标题。有两种写法:①主办单位名称+会议名称+通知(一般用于重要会议)。②只写“会议通知”或“通知”(一般用于事务性或行政性会议)。

(2) 通知对象。可以是单位也可以是个人。

(3) 正文。主要包括会议的目的和主题,会议时间(报到时间和结束时间)、会议地点(写明地点、路名、门牌号等,必要时附上简要地图)、参加对象(如参加人员的职务、性别,参加会议的人数)、其他事项(费用、联系方式、报名方式等)。

(4) 落款和日期。

(5) 回执(见表6-1)。随会议通知一同发出,便于掌握参会人员情况。

表6-1 会议回执

<table>
<tr><td>单位</td><td colspan="5">人数共计: 人</td></tr>
<tr><td>姓名</td><td>性别</td><td>职务</td><td>联系电话</td><td>QQ</td><td>电子邮箱</td></tr>
<tr><td></td><td></td><td></td><td></td><td></td><td></td></tr>
<tr><td></td><td></td><td></td><td></td><td></td><td></td></tr>
<tr><td></td><td></td><td></td><td></td><td></td><td></td></tr>
<tr><td>到达车次</td><td colspan="3">到达车次:</td><td colspan="2">到达时间: 月 日 时 分</td></tr>
<tr><td>返程票预定</td><td>车次(航班)</td><td>日期</td><td>到站</td><td colspan="2">数量</td></tr>
<tr><td>飞机票</td><td></td><td>月 日 时 分</td><td></td><td colspan="2"></td></tr>
<tr><td>火车票</td><td></td><td>月 日 时 分</td><td></td><td colspan="2"></td></tr>
</table>

请于×月×日前将回执寄至:××省××市××路×号 ××组委会收,邮编×××

(二) 会议通知的发送

发送会议通知的方式各种各样,有口头通知、电话(传真)通知、书面通知、电子邮件通知以及手机短信通知等。

口头通知的方式最突出的优点是快捷、省事,适合于参加人员少的小型会议。

电话(传真)通知是以打电话或发传真的方式,大多数会议采取这种方式通知。以电话(传真)为媒介传递信息,快捷、准确、到位,一般情况下,成本也不高。当然,以这种方式传达通知时,会务人员必须做好通知情况的书面记载。

书面通知是一种传统的方式,适合大型会议。由于书面通知在传递过程中需要一定的时间,所以要提前准备。如果在预定的时间里对方没有收到,还需要及时采取补救措施。

电子邮件是信息时代的产物，综合了上述三种方式的优势——快捷、准确、低成本，而且内容清楚，一目了然。目前，通过电子邮件传达会议通知的情况越来越多。

手机短信通知也是信息时代的产物，它的优势是快捷、准确、低成本，而且内容清楚，一目了然。

四、布置会场和安排座次

（一）会场整体的布局要求

会场布置包括主席台设置、座位排列、会场内花卉陈设等许多方面。要保证会议的质量，会议的整体布局要做到庄重、美观、舒适，体现出会议的主题和气氛。同时，还要考虑会议的性质、规格、规模等因素；要根据会议的性质和形式创造出和谐的氛围。大中型会议要保证一个绝对的中心。因此，多采用半圆形，大小方形的布局形式，以突出主持人和发言人。大中型会场还要注意进、退场的方便。小型会场要注意集中和方便。

国内外常见的会场形式有十几种，如圆形、椭圆形、长方形、T 字形、U 字形、六角形、八角形、回字形、倒山字形、而字形、半圆形、星点形、众星拱月形等。不同的会场形式取决于会议内容、会场的大小和形状、与会人数的多少等因素。另外，主席台的布置要注意整体性的和谐。如果是工作会议，主席台的布置基调应为蓝色或绿色；如果是庆典、表彰性的会议，主席台的基调应为红色或粉色。

（二）主席台的座次

主席台是与会人员瞩目的地方，也是会场布置工作的重点。各种大中型会议的会场均应该设主席台，以便于体现庄重气氛，有利于主持者主持会议。座谈会和日常工作会议一般不设主席台或主席桌。无论是否设置主席台，都要注意使会议主持人面向与会人员，避免同与会人员背向现象。另外，一般会议不必把众多的领导人都请上主席台，只请讲话人和主持人即可。

会议主席台就座者都是主办方的负责人、贵宾或主席团成员，安排座位时应注意以下惯例：第一，依职务的高低和选举的结果安排座次，职务最高者居中，然后按先左后右、由前至后的顺序依次排列，正式代表在前排居中，列席代表在后排居侧；第二，为工作便利起见，会议主持人有时需在前排的边座就座，有时可按职务顺序就座；第三，主席台座次的编排应编制成表，先报主管上司审核，然后贴于贵宾室、休息室或主席台入口处的墙上，也可在出席证、签到证等证件上标明；第四，在主席台的桌上，于每个座位的左上方放置姓名台签。

(三)场内座次

1. 小型会场内座位的安排

小型会议室的座位,应考虑与会者就座的习惯,同时要突出主持人、发言人。要注意分清上、下座,一般离会场的入口处远、离会议主席位置近的座位为上座;反之,为下座。会议的主持人或会议主席的位置应置于远离入口处、正对门的位置。

2. 大中型会场内座位的安排

代表会议、工作会议、报告会议等类型的会议需要安排场内其他人员的座次,常见的方法有如下三种。

第一,横排法。按照参加会议人员的名单以及姓氏笔画或单位名称笔画为序,从左至右横向依次排列座次。选择这种方法时,应注意先排出会议正式代表或成员,后排出列席成员。

第二,竖排法。按照各代表团或各单位成员的既定次序或姓氏笔画从前至后纵向依次排列座次。选择这种方法也应注意将正式代表或成员、职务高者排在前,列席成员、职务低者排在后。

第三,左右排列法。按照参加会议人员姓氏笔画或单位名称笔画为序,以会场主席台中心为基点,向左右两边交错扩展排列座次。选择这种方法时应注意人数,如果一个代表团或一个单位的成员人数是双数,那么排在第一、第二位的两位成员应居中,以保持两边人数的均衡。

一些大中型会议参加的人员多,会场的区域过大,使参会人员不易迅速找到座位,常常影响会议按时召开,降低了会议的效率。有些会议参会人员在会议中的角色不尽相同,例如表彰大会,一些代表是表彰对象,在会议中要上台领奖。为了有序和方便起见,一般都会事先划分有关的区域,以便统一就座或有序地进、退场。场内座次区划方法:一是根据会场的整体布局,划分出 ABCD 等大区域;二是按照场内座位排号分区,每个单位各占几排;或正式代表坐前,列席代表坐后;三是为会议中受表彰、领奖的人员标出专门的区域。

(四)布置附属性设备

(1) 音响设备:扩音器、耳机、同声翻译、麦克风等。
(2) 声像设备:立体电视、激光源、全息电影、组合录像、电脑控制的多镜头幻灯等。
(3) 其他设备:温度调节器、湿度调节器、照明灯具、通风设施、卫生设施、电源插座等。
(4) 会场装饰:装饰性布置包括会标、会徽、旗帜、条幅、花卉、字画等的选择和布置。

五、制作会议证件

会议证件(见图 6-1)是表明与会议有关人员身份权利和义务的证据,便于接待和管理，利于代表之间的相互辨认和联系、交流。重要会议，会议期间要求凭证出入会场，保证会议安全。同时，便于统计出席人数，亦可给与会者留作纪念。

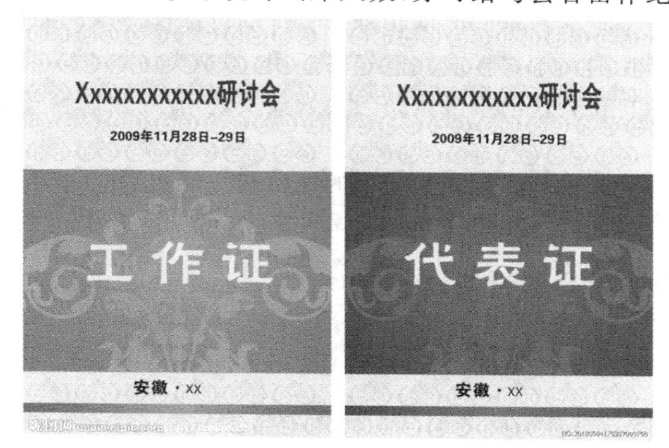

图 6-1 会议证件

(一) 会议证件的类型

(1) 代表证。持代表证的与会者不仅能参加会议，而且有表决权、选举权。

(2) 列席证。持列席证的与会者能够到会旁听，但无表决权。

(3) 工作证。持工作证者只证明是大会的工作人员，在会议期间出入行走有一定的限制。

(4) 记者证。记者证是发给新闻媒体有关工作人员、记者的证件。持记者证的人员在某些工作区域出入受到限制。

(5) 来宾证。持来宾证的与会者表明是被主办方邀请的嘉宾。

(二) 会议证件上的内容

会议证件上的内容有：会议名称（必须写全称），会徽（如有会徽，可将其印在会议证件上），与会者姓名、称呼（先生、女士等）、身份（职务、职称等）、照片、证件种类，组织、公司或代表团名称，证件编号，会议日期等。

(三) 会议证件的样式与制作

会议证件的样式主要有系带的卡片、黏性标签、有夹子的卡片和台签式的姓名卡片（“桌签”）及座签式的姓名卡片（“座签”）等。

会议证件设计时应注意如下事项。

第一，内容上要有会议的名称，与会者姓名、称呼（先生、女士）、身份（职务、职称等），组织或公司的名称。

第二，在设计上应区分正式代表、列席代表、工作人员、特邀嘉宾等与会者的不同身份。

第三，重要的大型会议要在证件上贴上与会者本人的相片，并加盖印章。

第四，为了便于辨认会场内各种人员的身份，同一会议的不同证件应当用不同的颜色和字体相区别。

第五，应注意根据公司不同的文化理念设计会议证件或姓名卡片。

第六，姓名卡片的大小式样应注意经济适用、美观大方。

第七，姓名卡片在会议的接待区向与会人员发放，并在主席台等必要的地方放置台签式桌牌。

第八，会议证件的设计格调要与会议的性质和气氛相适应。

第九，涉外会议证件可用中文和外文两种文字，外文排在中文下方。

六、准备会议用品和设备

（一）会议用品和设备的类型

会议用品和设备可分为必备用品和特殊用品。

必备用品是指各类会议都需要的用品和设备，包括文具、桌椅、茶具、扩音设备、照明设备、空调设备、投影和音像设备等。

特殊用品是指一些特殊类型的会议需要的用品与设备。例如，谈判会议、庆典会议、展览会议等所需要的张贴字画、花卉、充气模型、巨型屏幕、展台展板、签字用具等。

（二）会议所需各种物品和设备的准备

第一，事先要制订周密的准备方案。方案尽量详细地列出用品和设备的名称、数量和价格。会议用品和设备是购买、租用还是使用原有的，要本着统筹节约、经济适用的原则。方案的制订要力求一丝不苟、有备无患。

第二，了解会议设备的供给情况。首先要掌握企业内可用的音像设施的类型和存放位置的清单。其次了解可以租用会议设备公司的名称、地址和电话号码。掌握公司内部紧急维修工程师以及外部维修单位的名称、地址和电话号码。

▶▶ 实训演练

一、训练目标

(1) 拟定会议的议题。

(2) 确定会议名称。

(3) 选择会议场所。

(4) 拟定会议议程和日程。

(5) 确定与会者名单、制发会议通知。

(6) 安排与会者食宿。

(7) 准备会议资料、会议用具。

(8) 预算会议经费。

（9）布置会场。

二、知识要求

熟练掌握会前准备相关知识，能够策划并准备一场中小型会议。

三、训练要求

明确会议策划和安排的程序及要求，掌握会前准备的内容。

四、操作说明

（1）利用6～8学时，分小组进行。结束后，教师引导学生对每一个任务进行点评。

（2）实训的准备工作需要课外完成。做好模拟会前筹备工作的前期准备非常重要，要合理分配任务，在小组长的统一协调下，成员相互合作，共同完成。

（3）训练前布置学生复习会前筹备工作的有关知识，明确工作思路和内容，分工合作完成训练任务。

五、操作提示

在这项训练中，学生最好利用课外时间参加真实的会议活动，注意观察活动的程序并总结其得失，为本次实践活动提供借鉴。

六、任务描述

宏达公司为了答谢广大客户对公司的支持，决定于12月20—22日，在全国范围内召开“2011年度客户联谊会暨2012年产品订货会”，听取客户对公司产品的意见和建议，确定来年产品订购情况。

如果你是总经理秘书萧雅，请你完成以下任务。

（1）拟写一份带回执的会议通知。

（2）为此次联谊会选择会址，并说明理由。

（3）拟定此次会议的会议议程和日程，要求格式正确、规范，要素齐全。

任务3 会中服务

学习目标

学习会中服务的各项内容，掌握会中服务的程序，能够做好会中服务。

任务描述

这天下午，宏达公司总经理王宏要秘书萧雅向公司各部门主管发送会议通知，定于12月20下午14:00召开各部门主管会议,讨论公司人员编制和工作绩效评估问题。萧雅认为这尽管只是一个临时通知的内部会议,但非常重要。因此,萧雅马上和同事一起完成了会前的各项准备工作。到了开会这一天,萧雅和同事努力做好会中服务工作。

工作处理

一、任务分析

会中服务是保障会议实施、考验秘书办会能力的关键环节。秘书首先应该明确会中服务的各个环节和要素,按照规范的程序,做好会中服务工作。

二、做好会中各项工作

1. 签到

组织与会人员签到,并引领就座。

2. 做好会议记录

有专人负责,采用记录本、录像、录音等多种方式记录。会后及时补充、整理记录。

3. 做好信息沟通

保证会场内、外信息交流的通畅,及时传达相关事项。

4. 做好会议安全保卫工作

保证与会人员人、财、物的安全,保障会场安全,禁止无关人员进入会场,保障会议顺利进行。

相关知识

会中的服务工作包括接站、签到和引导、会议记录、信息沟通和值班保卫等。

一、接站

会议的性质与规模不同,接待的要求、程序和规范也不同。大中型会议参加人数较多,应及时做好接站报到工作。

接站工作的主要步骤如下。

(一)要有统一的指挥调度系统

掌握与会代表的名单以及飞机、火车的班次及抵达的准确时间,将其编制成一目了然的表格,并要掌握会议代表的联络方式。

(二)要备有足够的车辆和接站的人员

接站人员要人手一份代表抵达的时间表,按分工的时间和线路迎接。

对于自备交通工具的外地与会人员,要事先通过发传真或电话的形式告知到达报到地点的详细路线图。

（三）在车站、机场设置接待站

制作醒目的牌子或横幅"××接待处"，前面要写明会议主办单位名称或会议名称（如图 6-2 所示）。

宏达公司 接站	WELCOME TO HONGDA COMPANY

图 6-2　接待站牌

在报到处的周围设立引导牌或标识牌，标明报到的具体位置。

（四）发放文件袋

接待人员将预先准备好的文件袋(包括文件、证件、餐券、住宿房间号码、文具等) 发给报到人员。必要时，引导与会者去其住宿的房间，并简单介绍周围的情况和开会的要求。

二、签到和引导

秘书应热情地迎接与会人员，并引导与会者及时签到，尽快就座。

（一）选择恰当的签到形式

人数较少的小型会议，可由秘书按照事先确定的到会人员名单，逐一进行签到，以便迅速掌握到会者的情况。

大型会议可使用签到卡和电子签到机配合使用，与会者只需要将自己的电子卡送入签到机插口，有关数据即传入会议组织中心。

准备好签到的登记簿、签字笔等用品，必要时事先准备好嘉宾的留言簿。

（二）请与会者按照会前安排好的座位或区域就座

内部会议，与会者一般都有自己的习惯座位。

大中型会议，一般事先制作好各种座次标识用品（如主席台或会议桌上的名签卡片、座次图表、指示牌等），采取对号入座的方式，或是将会场划分为若干区域，以部门或地区为单位集中就座。

（三）提前到岗，热情迎接

负责接待签到的人员要提前到岗，使到会较早的人员不致产生无人过问的尴尬感觉。热情主动地迎接与会者，做到照顾周到，并按礼仪规范将客人引入会场。一般来讲,无论陪伴还是引领,秘书都应站在上司或来宾的左侧。

三、会议记录

在会议期间做好记录和笔记是秘书的主要职责。会议记录人员应协助主持人进行会议的筹划和安排工作。正式会议的记录是会议进程的原始记录,是具有法律效力的档案,因此务必准确、完整和条理清楚。

会议开始前,要准备足够的钢笔、铅笔、笔记本和记录用纸。准备好录音机和足够的磁带,以便作为手工记录的补充。记录人员要提前到达会场,了解与会人员的座位图,便于识别会议上的发言者。准备一份议程表和其他的相关资料与文件,以便需要核对相关数据和事实时随时使用。在利用录音机的同时,必须做好手工记录,以防录音机中途出故障。如运用电脑记录,记录员应掌握速录技巧,提高记录速度。

会议记录应包括如下内容。

(1) 准确写明会议名称(要写全称)、时间、地点、会议性质等。

(2) 详细记录会议主持人、出席会议应到和实到人数,缺席、迟到或早退人数及其姓名、职务,记录者姓名。如果是群众性大会,只要记参加的对象和总人数,以及出席会议的较重要的领导成员即可。如果某些重要的会议,出席对象来自不同单位,应设置签名簿,请出席者签署姓名、单位、职务等。

(3) 忠实记录会议上的发言和有关动态。会议发言的内容是记录的重点。其他会议动态,如发言中插话、笑声、掌声,临时中断以及别的重要的会场情况等,也应予以记录。

记录发言可分简易记录、摘要记录与详细记录三种。简易记录即除了记录会议概况外,只要求记录会议的议题、议程和会议的结果,不必记发言的内容和经过,仅限于事务性会议。多数会议只要记录发言要点,即只把发言者讲了哪几个问题,每一个问题的基本观点与主要事实、结论,对别人发言的态度等,作摘要式的记录,不必"有言必录"。某些特别重要的会议或特别重要人物的发言,需要记下全部内容。有录音机的,可先录音,会后再整理出全文;没有录音条件,应由速记人员担任记录;没有速记人员,可以多配几个记得快的人担任记录,以便会后互相校对补充。

(4) 记录会议的结果,如会议的决定、决议或表决等情况。会议记录要求忠于事实,不能夹杂记录者的任何个人情感,更不允许有意增删发言内容。会议记录一般不宜公开发表;如需发表,应征得发言者的审阅同意。

在定稿打字之前,通常要向主席提交一份草稿经他签字批准。如果某一成员指出会议记录中的一个错误,经大会批准,主席或秘书可以在会议记录中改正这一错误。会议记录要确保内容真实可信,要将所有要点完整地记录下来,不能遗漏,内容表述要准确无误,不能含糊不清。会议记录一经会议主席签名,全体成员通过,则不得再行改动。

四、信息沟通

（一）做好会议期间信息的收集、传递、反馈工作

秘书人员要做到多听、多记、多想、多算、多跑，才能比较全面地收集信息。要深入实际，掌握第一手材料；要注重信息的加工提炼，使上司、与会者、新闻媒体都能方便利用；要注重时效，反应敏捷，注重收集反馈信息。

（二）做好会议期间的对外宣传工作

会议期间，秘书要积极做好对外宣传工作，妥善处理与新闻媒体的关系。注意内外有别，严守单位秘密，并随时注意收集外界舆论和新闻媒体对会议的报道，为领导提供参考。在会议结束后，秘书要为召开记者招待会提供必要的信息资料，使会议领导者能更好地向新闻媒体介绍会议情况，回答记者提问。

五、值班保卫

会议值班要制度健全，人员要坚守岗位。大中型会议，一般要有会务秘书坚持24小时值守，必要时，应建立主管领导带班制度，以保证会议顺利进行，并准备随时应付各种突发事件。值班人员的具体做法如下。

（1）在会议中协助搜集有关情况、文件和资料，传递各种信息。

（2）要控制与会议无关的人员随便出入会场，特别是保密性较强的会议更不能让外人随意进出。

（3）要备有公司和各部门领导的通讯录，以便及时与之联络。

（4）要备有一份设备维修人员、车队调度人员和食宿等后勤服务部门主管人员的电话通讯录。

（5）要坚守岗位，保证会议信息的畅通无阻。

（6）做好会议期间各项活动与各种矛盾的协调工作。协助专职会议服务人员为与会者做好各项具体的服务工作。

会议安全保卫工作内容：与会的重要人员的人身安全、会议重要文件、会场和驻地、会议的各种设备用品、与会者私人贵重物品等的保卫。

实训演练

一、训练目标

（1）做好接站和报到。
（2）做好签到和引导。
（3）做好会议记录。
（4）做好信息沟通。

(5) 做好值班保卫。

二、知识要求

熟悉会中服务的工作内容、工作要求及工作要领。

三、训练要求

(1) 明确会中服务的环节和要素。
(2) 明确会中服务的要求。

四、操作说明

(1) 利用4学时,分小组进行。结束后,教师引导学生对每一个任务进行点评。

(2) 实训的准备工作需要课外完成。做好会中服务工作的前期准备非常重要,所以一定要安排好小组负责人,合理分配任务,在小组长的统一协调下,成员相互合作,共同完成。

(3) 训练前布置学生复习会中服务工作的有关知识与要求,明确工作思路,分工合作完成训练任务。

五、操作提示

在这项训练中,学生最好利用课外时间参加真实的会中服务活动,注意观察活动的程序、内容,并总结其得失,为本次实践活动提供借鉴。

六、任务描述

宏达公司为了答谢广大客户对公司的支持,决定于12月20—22日,在全国范围内召开"2011年度客户联谊会暨2012年产品订货会",听取客户对公司产品的意见和建议,确定来年产品订购情况。

如果你是总经理秘书萧雅,请你完成以下任务。

(1) 按照实际情景,演示会议的接站、签到和引导参会人员入场。
(2) 制作一份会议记录。要求格式规范、用语准确。
(3) 制作一份会议简报。要求格式规范、用语准确。

任务4 会后落实

学习目标

学习会后落实工作的环节和要素,掌握会后落实工作的要求。

任务描述

这天下午，宏达公司总经理王宏要秘书萧雅向公司各部门主管发送会议通知，定于12月20日下午14:00召开各部门主管会议，讨论公司人员编制和工作绩效评估问题。萧雅和同事一起完成了会前的各项准备工作，积极做好了会中服务工作。会议已经接近尾声，萧雅和同事需要做好会后的落实工作。

工作处理

一、任务分析

会后扫尾工作包括引导与会人员安全、有序地离开会场，清理会场，安排车辆，收回与会代表物品，整理会议室，归还会场用品，撰写会议纪要，做好会议总结，整理会议文件，会议经费结算等工作。

二、做好会后落实

(1) 安排与会人员返程。
(2) 清退会议文件。
(3) 做好会议文件整理归档。
(4) 整理会议室。
(5) 做好会议总结工作。

相关知识

开会结束并不意味着会议工作结束，还要做好善后工作。

一、安排与会人员返程

有外部人员参加的会议应根据会议的长短、外部与会人数多少等情况，及早安排好与会人员的返程事宜。

(一) 提早做好与会者车、船、飞机票的登记预订工作

(1) 事先了解外地与会人员对时间安排、交通工具的要求，尊重他们的意愿。

(2) 一般情况下要按先远后近的次序安排返程机票、车票的预订事宜，要掌握航班、车次等情况，尽早与民航、铁路、公路、港口等部门沟通联系，提前预订好飞机、火车、汽车、轮船票。

(3) 编制与会者离开的时间表，安排好送行车辆，派人将外地与会人员送到机场、车站、港口，待他们乘坐的交通工具启程后再返回。如有必要，还应安排有关领导同志为与会人员送行。

(二) 帮助与会者提前做好返程准备

(1) 提醒与会者及时归还向主办方或会议驻地单位借用的各种物品。

(2) 提醒与会者及时与会务组结清各种账款,开好发票收据。

(3) 帮助与会者检查、清退房间,避免遗忘各种物品。

(4) 准备一些存放资料的塑料袋和包装物品用的绳子等,以备急需。

(5) 帮助与会者托运大件物品。

二、清退会议文件

会议文件资料清退要统一制发清退文件的目录,分清清退文件和不清退文件的范围,避免只要求部分与会者退回文件,造成不必要的误会。

(一) 小型内部会议文件的清退

(1) 由会议主持人在宣布会议结束的同时,请与会者将文件放在桌上,由秘书人员统一收集。

(2) 由秘书人员在会议室门口收集。

(3) 由秘书人员单独向个别已领取文件而未到会的人员收集。

(二) 大中型会议文件的收集

(1) 提前发出文件清退目录,先由与会者个人清理,再统一交给大会秘书处。

(2) 对会议工作人员,下发收集目录,限时交退。

三、会议文件整理归档

会议结束时,秘书要做好会议文件资料的收集、整理和归档工作,及时送交有关人员妥善保管。

(一) 收集会议文件资料的要求和内容

(1) 确定会议文件资料的收集范围。会前分发的保密文件要按会议文件资料的清退目录和发文登记簿逐人、逐件、逐项检查核对,以杜绝保密文件清退的死角。

(2) 收集会议文件资料要及时,确保文件资料在与会人员离会之前全部收集齐全。

(3) 选择收集文件资料的渠道,运用收集文件资料的不同方式方法。

(4) 与分发文件资料一样,收集会议文件也要履行严格的登记手续。认真检查文件资料是否有缺件、缺页、缺损的情况。及时采取措施补救毁损的文件资料。

(5) 收集整理过程中要注意保密。

（二）需收集的文件资料

(1) 会前准备并分发的文件。包括指导性文件、审议表决性文件、宣传交流性文件、参考说明性文件、会务管理性文件。

(2) 会议期间产生的文件。包括决定、决议、议案、提案、会议记录、会议简报等。

(3) 会后产生的文件。包括会议纪要、传达提纲、会议新闻报道等。

（三）会议文件立卷归档范围

(1) 全体与会人员大会、分组会议、各种例行会议、工作会议和其他各种会议所形成的全部正式会议文件资料，如决定、决议、指示、计划、报告、开幕词、闭幕词等及其复印稿。

(2) 会议的参考文件资料。

(3) 出席、列席、分组名单。

(4) 会议的议程、日程和程序。

(5) 会议的书面通知、来往重要电报、电话记录等。

(6) 会议记录、发言稿、简报、快报、纪要及其复印稿。

(7) 领导在会议中的报告、讲话、谈话及其复印稿。

(8) 会议的选举材料。

(9) 会议有关的图表、照片、录音带、录像带等。

(10) 会议的证件。

(11) 会议记事表。

(12) 会议总结。

(13) 与会人员名单、联系方式。

(14) 其他有关资料。

此外，对于外出开会带回来的重要的、有价值的文件资料，也应立卷归档。

（四）会议文件资料立卷归档的注意事项

(1) 会议文件资料立卷归档工作责任要落实到人。

(2) 收集文件应严格履行文件登记手续，并认真检查文件是否有缺件、缺页、缺损的情况。如果出现此类情况，应及时采取补救措施。

(3) 收集整理过程中要注意保密。

(4) 会议文件立卷归档工作要严格遵守档案制度。

四、整理会议室

随着会议日程的进行，各种供会议使用的器材物品必然会打乱原有位置，当与会人员都离开现场之后,秘书就要与工作人员一同进行会议现场的清理工作。

(1) 关闭会议现场的视听设备,按照会议计划中的物品使用清单,逐一核查,保证物归原位。

(2) 收回在会议现场的一些布置物品,如横幅、会徽等。

(3) 退还现场一些租借的物品和材料,妥善安排处理。如有设备、器材在会议使用中出现故障,应及时修理,保证下次需要时能正常使用。

(4) 秘书人员在会场发送和会议期间产生的文件一般来说是比较多的,尤其是带有保密性质的会议文件,会议结束后,秘书人员要及时清点收回,并仔细检查会议现场及各个房间,看是否有遗漏或剩下与会议有关的文件资料,以免遗失泄密。

五、会议总结工作

会议总结工作要以科学的绩效考评标准为指导。绩效考评标准是指对会议工作人员绩效的数量和质量进行评价的准则,应具有完整性、协调性和比例性。会议工作总结要根据岗位责任制和工作任务书的内容逐条对照检查。

(一) 会议总结的主要内容

(1) 检查会议目标的实现情况。

(2) 检查各个小组的分工执行情况。

(3) 做到员工自我总结和集体总结相结合。

(4) 以总结经验、激励下属、提高工作水平为目的。

(二) 决定会议效果的主要因素

(1) 会议准备是否充分。

(2) 议程是否科学合理。

(3) 主持人是否有较高水平。

(4) 是否严格控制了会议人数。

(5) 与会人数是否达到了有效交流信息并形成有效决议的最低限度。

(6) 与会者的能力和态度。

(7) 使用、维护会议设备的技术水平。

(8) 环境卫生情况。

(9) 决议是否得到有效实施。

实训演练

一、训练目标

(1) 做好与会人员返程。

（2）顺利清退会议文件。

（3）做好会议文件整理归档。

（4）会后整理好会议室。

（5）做好会议总结工作。

二、知识要求

掌握会后清理工作内容及要求，特别对会议文件的撰写、整理及归档工作要熟练掌握。

三、训练要求

（1）明确会后落实的环节和要素。

（2）明确会后落实的要求。

四、操作说明

（1）利用4学时，分小组进行。结束后，教师引导学生对每一个任务进行点评。

（2）实训的准备工作需要课外完成。做好模拟会后落实工作的前期准备非常重要，所以一定要安排好小组负责人，合理分配任务，在小组长的统一协调下，成员相互合作，共同完成。

（3）训练前布置学生复习会后落实工作的有关知识，明确工作思路和内容，分工合作完成训练任务。

五、操作提示

在这项训练中，学生最好利用课外时间参加真实的会后清理活动，注意观察活动的程序并总结其得失，为本次实践活动提供借鉴。

六、任务描述

宏达公司为了答谢广大客户对公司的支持，于12月20—22日，在全国范围内召开了“2011年度客户联谊会暨2012年产品订货会”，听取了客户对公司产品的意见和建议，确定来年产品订购情况。会议刚刚结束。

如果你是总经理秘书萧雅，请完成以下任务。

（1）安排与会人员返程。

（2）清退会议文件。

（3）会议文件整理归档。

（4）整理会议室。

（5）完成会议总结工作。

第七单元 沟通与协调

通过学习沟通、协调的基本概念、类型及实现有效沟通与协调的技巧，掌握在秘书工作中常见的沟通与协调方法，借以化解工作中的不同意见，达到消除隔阂、增进理解、求同存异、深化认识、促进和谐、最终提高工作效率的效果。

任务1　办公室沟通与协调的种类

学习目标

学习办公室沟通与协调的概念，掌握办公室沟通与协调的种类。

任务描述

宏达公司总经理助理萧雅正在办公室整理手头的文件，营销部赵经理跑来向她诉苦，反映财务部卞经理老是“报复”他。原因是在前段时间的办公会议上，赵经理提出财务部办事效率不高，不能将员工的每月工资清单及时发到员工手上，影响了员工的工作情绪。从那以后，营销部人员到财务部报销出差费用，财务部工作人员总是处处设置障碍，为难他们。财务部的人员与营销部人员闲聊时说：“别怪我们，要怪就怪你们赵经理。”这话传到了赵经理的耳朵里，他满肚子火气，就来找萧雅了。萧雅感觉这事不小，决定找个机会与财务部卞经理沟通一下。

根据上面的情景，请完成以下任务。

(1) 萧雅与财务部卞经理的沟通属于哪种类型？

(2) 这种沟通的特点是什么？

(3) 萧雅应该如何与卞经理进行沟通？

工作处理

一、任务分析

良好的沟通是秘书人员顺利开展工作的前提和基础。秘书首先应该明确沟通和协调的概念，熟练掌握沟通和协调的分类。在遇到具体的沟通障碍时，秘书首先应该分清属于哪种类型的沟通问题，然后才能想办法解决问题。

二、此项沟通的类型和特点

根据本例中沟通对象和信息传递的方向，此类沟通可归为平行沟通的类型。

平行沟通，又称横向沟通，系指组织内同层级或部门间的沟通，是与平级间进行的与完成工作有关的交流。例如，员工间的沟通、同级管理者之间的沟通等。

平行沟通具有很多优点：第一，它可以使办事程序、手续简化，节省时间，提高工作效率；第二，它可以使企业各个部门之间相互了解，有助于培养整体观念和合作精神，克服本位主义倾向；第三，它可以促进员工之间的互谅互让，培养员工之间的友谊，满足员工的社会需要，使员工提高工作兴趣，改善工作态度。缺点：水平沟通头绪过多，信息量大，易造成混乱。此外，平行沟通尤其是个体之间的沟通也可能成为员工发牢骚、传播小道消息的一条途径，造成涣散团体士气的消极影响。

在上行、下行、平行沟通三种沟通中，平行沟通是最为困难的。在公司里面，让老总们非常头疼的一件事就是部门之间的不协调：拿着公司的钱，还互相不配合，却把精力用在互相扯皮、互相推诿上。平行沟通中最大的问题是“我不和你直接谈”。与财务部有“矛盾”，与采购部、与营销部讲，和别人都讲，就不和当事人讲，或者即便是讲了，对方也不积极响应，可以不买账。若去财务部报销，财务部就说账上没钱，这款付不了。所以，大家感觉部门之间的沟通很难，实际上是因为这种沟通不是出于真心，不是发自肺腑之言。

三、萧雅与卞经理沟通要做到如下几点

1. 主动

萧雅获知此项信息后，应尽快找时间主动约卞经理交流这件事情。沟通前要事先了解赵经理当时提出此意见的情景、对卞经理的影响，以及当前卞经理的心境。

2. 谦让

沟通是为了使双方消除误会，要努力实现赵、卞双方的互谅互让，使他们能够换位思考，使双方达成真正的理解。同时，注意沟通的方式方法，不要把自己卷入矛盾中。

3. 协作

沟通的最终目的是促使两位同事愉快合作。从工作交往的角度提示双方不宜产

生矛盾,要互相协作,互利共赢。

4. 关心

事后多关心双方状态,如有问题及时解决。避免出现沟通效果“昙花一现”,事后双方仍不能互相理解,不能消除隔阂,甚至矛盾加深。

▶▶ 相关知识

一、什么是沟通

沟通是一种信息的交换过程,是人们为了既定的目标用一定的语言符号,把信息、思想和情感进行传递的过程。

沟通既是人与人之间的交流,也涉及组织之间的交流。进行人际沟通是秘书工作中最为常见的内容。

秘书的辅助性工作大多会涉及办文、办会、办事,而其中的许多具体工作又都是从有效的沟通开始的,因此,正确理解沟通的含义,正确使用沟通的技巧也就成为秘书的基本素质要求之一。

二、沟通的特点

秘书从事的沟通工作带有如下明显的职业特点。

1. 非权力支配性

秘书不能超越上司的授权范围去承诺、指挥任何人与事物,因此,秘书对自己的工作定位、职责要求的认识必须明确。

2. 非职责限定性

秘书在协调沟通的范围内没有明确的限定性,必须依据实际情况和工作需要进行。因此,要求秘书具有应对与变通能力,对单位各种情况要相当了解。

3. 认同疏导性

利用自身的能力与影响使需要协调的各个方面能服从疏导,配合协调,达到结果上的认同。

三、沟通的类型

沟通贯穿在秘书的全部工作过程中。区分不同类型的沟通,可以更有效地实现工作的目标。沟通类型从不同的角度会有不同的划分。

(一) 依据所沟通的对象不同分类

(1) 人与人之间的沟通。

(2) 人的自我沟通。

(3) 人与机器的沟通。

(4) 组织之间的沟通。

秘书所涉及的沟通工作绝大多数是人与人之间的沟通以及组织之间的沟通。

(二) 根据沟通手段的不同分类

1. 书面语言沟通

书面语言沟通就是利用文稿实现信息的传递与反馈。秘书要使文稿清楚、简明、准确,就要在写作准备中下工夫,了解必要的文种及格式规定,掌握基本的遣词造句技能和语法逻辑规则。书面沟通在现代办公手段加入后,还包括利用传真和电子邮件的沟通。书面沟通的优点在于方便信息的储存和查询,但反馈的时间会相对较长。

2. 口头语言沟通

口头语言沟通不仅包括人们面对面、一对一的沟通,也包括会议、小组讨论和电话中的语言沟通。直接的语言沟通使沟通的效率大为提高,但对秘书的语言能力、交流技巧提出了更高的要求。

3. 态势语言沟通

态势语言沟通是借助表情、肢体的动作影响来强化信息交流沟通的手段。准确、适当地使用态势语言需要一定的礼仪常识、习俗常识及专项训练,不要传递错误的信息。

(三) 按组织内部信息沟通的方向分类

1. 上行沟通

上行沟通指下级向上级传递信息,是由下而上的沟通方式。如下级向上级反映情况、提出建议、汇报工作等。上行沟通是领导者了解基层情况和员工思想状态的有效渠道。只有上行沟通的渠道顺畅了,领导者才能准确掌握基层工作的真实情况,体察员工的困难和需求,明确工作中问题的症结所在,制定有针对性的对策,从而不断改善各项工作。

2. 下行沟通

上级将信息传达给下级,是由上而下的沟通方式。通常的表现是上级发布命令、指示、规章、政策、规定等。下行沟通顺畅可以帮助下级明确工作任务、目标、程序以及具体要求,便于下级主动开展工作。

3. 平行沟通

平行沟通指组织中处于同一层面的人员或职能部门间的信息传递和交流的沟通方式。平行沟通顺畅能为组织内部职能部门或员工之间构建一个信息交流的平台,有利于加强联系,促进协作与团结,减少矛盾和摩擦,改善人际关系。

4. 斜向沟通

斜向沟通又称越级沟通、交叉沟通,是指组织内不同层级部门间或个人的沟通,它时常发生在职能部门和直线部门之间。例如,营销经理与品管科长之间的往来,是没有直接隶属关系的单位和人员之间的信息沟通方式。斜向沟通是一种特殊形式的沟通,包括群体内部非同一组织层次上的单位或个人之间的信息沟通和不同群体的非同一组织层次之间的沟通。

此类沟通的优点:信息传递环节少、质量高、成本低,快速,高效。对企业减少管理层次、提高管理效率起到积极的作用。斜向沟通有利于加速组织与外部的信息交流,为组织创造良好的外部环境,促进上行沟通、下行沟通和平行沟通的渠道更顺畅。

(四)按信息沟通的渠道分类

1. 正式沟通

正式沟通是通过单位明文规定的渠道进行信息的传递和交流。例如,通过专门的会议传达正式文件通知等。正式沟通的优点是沟通效果好,有较强的约束力;缺点是刻板,缺乏灵活性,传播速度慢。

2. 非正式沟通

非正式沟通是在正式沟通渠道之外进行的信息传递和交流。例如,领导以个人身份与职工沟通思想,职工之间私下交换意见等。非正式沟通的优点是沟通方便、内容广泛、传播速度快;缺点是随意性强、信息扭曲和失真可能性大,容易传播流言而混淆视听。

(五)按信息沟通是否存在反馈分类

1. 单向沟通

这是没有反馈信息传递的沟通方式,发送者单方面向接受者传递信息。例如,一些简单又比较急需办理的事情,往往直接交代下属办理,而不征求下属的意见。单向沟通缺乏民主,易使接受方产生抵触情绪。

2. 双向沟通

这是指有反馈信息传递的沟通方式,发送者与接收者就信息进行双向交流。双向沟通有助于增进彼此了解,加深感情并建立良好的人际关系。

(六)根据沟通领域的不同分类

1. 网络沟通

网络沟通不同于传统沟通方式,办公室管理中的网络沟通主要借助计算机实现信息在组织内外的沟通,由此对办公室管理也提出了更高的技术认知和熟练程度的要求。传统沟通对情感和直接的表达要求更多,而网络沟通则更加注重效率和人机控制中的有效性。

（1）网络沟通的主体。① 信息时代的管理者同时也是信息资源的提供主体，也是信息的共享者。② 员工既是知识的拥有者、沟通中的节点，也是沟通的参与者。③ 网络沟通中的技术载体环境（硬环境）和企业文化环境（软环境）。网络沟通的载体包括互联网、企业内网和企业外部网络。

（2）网络沟通的形式：电子邮件、网络电话、网络传真和网络新闻发布。网络沟通应该遵循有效管理、信息筛选、关注影响、技术适用、成本控制的原则。

（3）网络沟通的优势。① 极大地降低沟通成本，提高沟通效率。② 实现沟通的即时性和平等要求。③ 在防火墙技术支持下提高即时信息的安全性。

（4）网络沟通的制约性。① 技术有限个体的信息容纳会出现超负荷状态。② 口头沟通语言与网络语言的差异使语言规范使用要求受到挑战，横向沟通扩张性发展，纵向沟通相对弱化。

2. 团队沟通

团队是按照一定的目的，由两个或两个以上雇员所组成的工作小组。传统意义上的团队可以指一个组织下属的某个部门。在信息社会的今天，它更多地是指以任务为中心的有可能跨职能部门的工作小组，这样的团队可以被叫做“×××项目小组”、“××问题分析小组”和“××指导委员会”等。这种工作小组内部发生的所有形式的沟通，都可以称为“团队沟通”。

1）团队特征

团队始终是组织内部的一个“任务的接受者”、“问题的发现者和解决者”、“发明的创造者”。与传统的团队相比，动态型的团队往往更具活力。成功的、高效率的团队，无论是传统的还是新型的，都有以下一些特征。

① 团队内的所有成员对团队目标都很明确，并能全身心地投入。

② 对团队有强烈的归属感和责任感。成员之间肝胆相照，荣辱与共，即使有反对意见也能畅所欲言，没必要担心打击报复。

③ 问题产生时，所有成员都能积极参与，并能贡献全部才智。

④ 决策时所有成员都能参与，不同意见均受到欢迎。一旦达成一致，所有成员都能全力支持。

2）影响团队沟通的主要因素

① 团队成员的角色分担。

② 团队内成文或不成文的规范和惯例。

③ 团队领导者的个人风格。

④ 团队作出决策的模式。

3）团队沟通策略

① 根据工作需要调整队员构成，增加积极角色，减少或剔除消极角色。

② 强调团队内的规范和惯例对团队来说非常重要，它们有助于减少不确定性，

有助于增强同他人合作的可预见性。为了更好地合作共事,团队成员必须有共同遵守的行为规范。

③ 团队的领导者要及时做出准确判断,把消极作用降到最低程度。

④ 强调柔性管理。如果采用民主型的领导风格,则无疑会使团队沟通更加有效。

3. 跨文化沟通

跨文化沟通是指拥有不同文化背景的人们之间的沟通。文化背景的差异性会使人们对同一个问题的认识和处理大不一样。正确认识这其中的障碍并逐步克服它,有益于增进交流、提高管理和办公的效率。

(1) 跨文化沟通中的障碍主要来自以下三个方面。

① 言语沟通障碍。不同的语言背景和语言习惯、不同的理解角度、不同的使用方法、不同的含义等。

② 非言语沟通障碍。不同的态势语言表达方式、不同的含义和习惯、不同的环境要求以及不同的风俗。

③ 信仰与行为障碍。不同的民族习俗、不同的宗教信仰、不同的历史文化影响、不同的价值观等。

(2) 解决跨文化沟通障碍的办法。

① 注意不同空间位置在不同文化中的作用。

② 重视保留、保持沟通中的个人空间。

③ 了解不同的时间概念在交往中的作用。

④ 了解对实现、建立友谊的不同习惯。

⑤ 学习了解不同文化中对于承诺、协议的含义和差异。

⑥ 理解不同的伦理道德与其历史文化联系。

⑦ 了解、适应不同的饮食习惯和饮食文化要求。

⑧ 了解不同文化背景中的礼仪与馈赠方式。

四、什么是协调

"协"是指协商、协作、协力和协同;"调"则指调节、调解、调停和调和。对秘书来说,协调就是一种和谐有序的调节,是指秘书人员在其职责范围内,或在领导者的授权下,通过协商、调解,使组织内部矛盾各方消除隔阂、彼此理解、互谅互让、求同存异,使矛盾得到解决,达到目标一致、团结一致、和谐统一,调整和改善组织之间、工作之间、人与人之间的关系,促使各项活动趋向同步化、和谐化,实现共同目标的过程。协调可以发生在矛盾双方,也可以是第三方介入协调。本章中所提及的协调主要指秘书协助领导对工作、矛盾和人际关系的协调,属于第三方介入协调。

协调对调节组织内部各种各样的关系,如权力关系、资源关系、利益关系、情感关系等起着至关重要的作用。协调的过程就是化解矛盾、理顺关系、增进理解的过程。

协调的目的是在组织内部形成统一和谐的思想行动。资源的稀缺性,决定了协调的重要价值。利益冲突的必然性与普遍性,带来了协调的难度。管理活动的复杂性,决定了协调在管理中的实质地位。

五、协调的类型

秘书协调工作范围的广泛性,决定了秘书协调工作的多样性。秘书部门的协调活动按照不同的标准可分为以下几类:

(一)从协调的对象分类

1. 协调本单位与上级领导部门或与下属单位间的关系

即纵向协调,指与上级领导部门或与下属单位之间的关系协调,属于管理层面的协调。上下级间由于所处位置不同、分析问题角度不同,往往会产生矛盾,这就需要秘书做好上下级关系协调工作,既要使本单位能正确及时地贯彻落实上级领导的意图,又要使上级及时全面地了解本单位的实际情况,从而使本单位与上级领导保持协调一致。

本单位与上级领导之间产生矛盾的原因:一是上级领导向本单位下达的任务,提出的实施步骤、方法不尽合理,或没有提供完成任务的必要条件;二是由于本单位对上级决策的重要性认识不足,理解不深,因而执行不力。这类矛盾的协调,应由上级组织去完成,但本单位秘书部门应从大局出发,主动做些协调工作。比如,按领导旨意,实事求是地反映本单位的实际困难,提出切实可行的建议和意见等。

2. 协调本单位领导间的关系

秘书必须善于协调领导之间的关系。领导间观念、性格、思想水平、知识结构、工作作风上的差异、各自分管业务工作的局限、信息传递不及时等都可能导致领导之间在认识、态度、步骤、方法等方面的差异,使各自的力量在工作中不能同时作用于一点上,造成各行其是,这样就容易产生矛盾和分歧。领导之间也可能由于在权力、地位、物质利益、工作成绩、名誉等方面竞争激烈而产生矛盾。

对于领导间的矛盾和分歧,秘书应有敏锐的洞察力,灵活进行协调,做到坚持原则、实事求是、沟通信息、消除隔阂,努力使领导们能相互了解、彼此信任,达到团结一致、融洽共事。

秘书要做好领导间关系的协调,关键是要化解矛盾、解决问题。在领导意见有分歧的时候,要尽量避免在某一领导面前说"我已经问过×领导,应该如何如何做"之类的话语,这通常会使得本来简单的问题变得复杂起来。另外,秘书人员还应处理好为主要领导服务和为领导班子其他成员服务的关系。一般可优先考虑主要领导需要,但同时不能忽视其他领导成员。如果不能兼顾,可优先安排为主要领导服务后再为其他领导服务,但应向其他领导说明情况,以求得谅解和支持。如果其他领导有紧急公务,也可根据事务的轻重缓急来安排。

3. 协调本单位上下级关系

上下级间由于所处位置不同、分析问题角度不同,在计划拟订、任务安排、预算分配等方面,本组织上下级之间,即领导人同下属职能部门和直线部门之间往往容易产生矛盾。职能部门和直线部门从自己部门的角度出发,认为自己部门工作最重要,必须受到领导重视,必须得到扶植,于是在计划方面提出过高要求。而领导则需要从全局出发,顾及各部门,可能对个别职能部门和直线部门的正常要求未给予考虑,这就会产生矛盾。秘书要做好上情下达和下情上报的协调工作。若在执行计划过程中出现障碍或意外事故,秘书也要及时沟通领导与部门之间的信息,做好协调工作。

秘书对本单位上下级关系的协调就是要倾听下级部门的意见和要求,及时地为领导部门科学制定政策提供现实的参考依据,并注意了解决策方案可能出现的疏漏和偏差,及时向领导部门汇报。同时,在下级部门对决策意图尚未充分理解时,秘书有责任作必要的解释和宣传,提高其执行决策的主动性和积极性。通过与上下级双方的沟通、联络、交换意见,如果既能避免下级对上级产生“朝令夕改”、“政策多变”等误会,同时也能避免上级对下级产生“不尊重领导”的看法,那么秘书的协调工作就起到成效了。

4. 协调本单位各部门间的关系

也称横向协调,指组织内部各部门间的协调。秘书部门是组织内部信息集散的中枢部门,在各项职能的决策和执行过程中起着中介作用。秘书在组织系统的管理实践中在各部门间因职权范围、利益分配等原因出现分歧和矛盾时,要有大局意识,加强各方信息沟通,协助领导协调和处理好部门间的关系,从而形成和谐融洽的工作氛围和运转高效的工作机制。

一般说来,如果单位内各部门间因某一问题产生分歧时,秘书经领导委托进行调查研究、沟通信息,向各部门说明情况,征求意见并交换看法,最后达成共识或制定大家认同的方案。在协调过程中,秘书要充分尊重各部门的看法和职权,促进沟通、理解与合作,使各部门间形成整体合力。

5. 协调本单位员工间的关系

员工间的关系协调直接关系到单位总体工作的正常运转,直接影响单位目标的实现。一个单位只有员工间融洽相处、团结一致,向着共同目标努力,才能不断发展。秘书要配合领导做好下列工作:协调好单位目标和员工自我价值实现之间的矛盾;关注单位中非正式团队的思想动向和情绪波动,慎重对待对抗情绪和各种消极因素,要挖掘问题根源,努力协调解决;多创造机会让员工参与单位管理工作,扩大员工民主管理和参政议政的权利,提高职工地位,激发员工对单位的归属感和自豪感,培养员工的奉献精神和忠诚度,不断强化单位的凝聚力和竞争力。

6. 协调社会关系

协调社会关系指协调单位与外部公众或其他单位间的关系。单位的社会关系呈网络型，与无数公众（如政府机关、银行部门、税务机构等）以及同行、不同行的单位关联着。秘书应协助领导加强单位与外部的沟通联系，及时宣传、传递单位业务目标、业绩等信息，建立良好的社会关系圈。

（二）从协调的内容划分

1. 决策协调

对一个单位来说，重要的工作之一就是制定正确的决策，并要求各级员工贯彻执行。科学决策，特别是宏观决策，往往涉及许多机构、许多工作和许多人员，可以说是一项系统工程。如在管理体制上，它需要决策部门、咨询部门、执行部门和监督部门的统一行动；在管理职能上，它需要计划工作、组织工作、指挥工作和控制工作的密切配合；在管理主体上，它需要决策人员、智囊人员、执行人员和监督人员的共同努力。秘书部门不是决策机构，但却发挥着辅助决策的重要作用。任何一项决策的制定都依靠秘书具体的把关和协调。秘书人员在辅助决策的过程中，有一系列的协调活动，如决策系统的协调、决策程序的协调、决策事务的协调等。实践证明，只有将各种机构、各种力量和各种活动和谐有序地统一起来，才能取得满意的决策效果。

2. 政策协调

政策是单位为实现一定目标而制定和颁发的行为准则，它具有指导、规范、激励和调节等功能。由于政策的形成、生效和终止关系到许多部门、集团和人员的利益，因此某项政策的制定和执行，常常会产生各种矛盾乃至冲突。这就需要秘书人员在制定和实施某项政策的过程中，做好下列协调工作。

（1）政策要素的协调。即协调政策对象、政策目标和政策手段的关系。

（2）政策系统的协调。即协调总政策、基本政策和具体政策的关系。

（3）政策沿革的协调。即协调原有政策与现行政策的关系。

（4）政策环境的协调。即协调现行政策与现行法律、政策规定与实际情况的关系、政策制定部门与政策执行部门的关系等。

只有通过上述一系列协调活动，才能维护和增强政策的权威性、完整性、可行性和实效性。

3. 计划协调

计划协调，就是协调编制和执行工作计划过程中的各种关系。这里所说的计划，主要是指各项工作计划，如年度工作计划、中心工作计划和决策实施计划等。这类计划具有明显的综合性，在其制定和执行阶段，需要秘书部门统筹兼顾，综合平衡，以调整各方面的关系。

工作计划特别是综合计划的协调工作，集中表现在如下两个方面。

（1）计划制订的协调。在制订计划时，各职能部门或下属部门，常常从自己的利益出发，由于追求局部的、眼前的利益，容易滋生本位主义和小团体意识。因此，秘书要从全局的利益出发,做好计划编制的综合协调工作,使得计划的制订既与上级的方针政策保持一致,又要符合下级的承受能力;既要与本单位的战略规划相统一,又要考虑眼前的实际情况;既要保持计划的连贯性,又要充分估计今后可能出现的问题。

(2) 计划执行的协调。在执行计划时,由于客观条件的变化,以及计划本身存在的问题,常常会产生计划与现实、整体与局部、上级与下级错综复杂的矛盾或冲突,对此,秘书要及时进行协调,以确保工作计划的顺利实施。

4. 事务协调

事务协调,就是协调所做或要做的事情中的各种关系。在秘书协调中,事务协调最为广泛和繁杂,几乎贯穿于所有的秘书工作。这是因为秘书部门是综合办事机构,处理事务是秘书部门的基本职能。从一定意义上讲,秘书协调就是事务性协调,这是秘书协调与领导协调的重要不同之处。事务协调工作的重要内容有以下几个方面。

(1) 办文方面的协调。如联合行文、联合承办和联合催办等的协调。

(2) 办会方面的协调。如会议议题、会议文件和会议活动等的协调。

(3) 办事方面的协调。如大型调查、规模普查、来访接待、领导活动等的协调。

(4) 临时交办事项和突发性事件的协调。

5. 关系协调

关系协调,就是协调公务活动中各种关系。秘书部门处在各级组织的中枢位置,秘书必然要与各种公务人员相互交往,并发生某种正式或非正式的关系。因此,人际关系的协调就成了秘书协调的重要内容,而且也是秘书协调的一大难题。秘书人际关系协调的多样性,决定了秘书人际关系协调的广泛性和复杂性。秘书要经常协调以下三种人际关系。

(1) 秘书与秘书之间的关系。

(2) 秘书与其他部门人员之间的关系。

(3) 秘书与领导者之间的关系。

实训演练

一、训练目标

熟悉沟通和协调的基本概念,掌握沟通和协调的类型。

二、知识要求

(1) 了解沟通和协调的概念。

(2) 掌握沟通和协调的类型。

三、训练要求

（1）明确企业办公室沟通的类型及内容。

（2）明确企业办公室协调的类型及内容。

四、操作说明

（1）利用2学时，分小组进行。结束后，教师引导学生对每一个任务进行点评。

（2）各小组负责人合理分配任务，在小组长的统一协调下，成员相互合作，共同完成。

（3）训练前布置学生复习企业办公室沟通与协调的有关知识与要求，明确工作思路，分工合作完成训练任务。

五、操作提示

在这项训练中，学生最好通过网络搜索企业中各种类型的办公室沟通和协调的案例，并总结其得失，为本次实践活动提供借鉴。

六、任务描述

请全班同学分小组讨论自己经历过的沟通或协调的事情。思考下列问题：

（1）所经历的沟通或协调的问题属于什么类型？

（2）所经历的沟通或协调的问题是如何解决的？

任务2　有效沟通

学习目标

学习有效沟通的要素、原则和目标。熟悉有效沟通的过程。掌握有效沟通的方法和技巧。

任务描述

宏达公司分管行政的李副总找到办公室主任老张，要求他与手下的小王谈一下近来他的工作表现和态度问题。小王在最近一个月内已经有了一次旷工和两次早退的记录。李总要求老张和小王说清楚，这是最后一次警告。如果再无行动改正，就要采取断然行政手段将小王开除出公司了。

事实上，李总和老张都认为，小王这个人还是有才能的，公司也需要他这样的人。

只不过这年轻人太自由散漫。李总和老张都认为，应该尽量帮助他认识到自己的问题并改正。

下午，小王应约来到老张的办公室。老张开门见山地说："小王，你最近的工作表现可是相当糟糕呀，看来你对工作抱着消极的态度。你好像对什么事都漠不关心。这种情况必须马上改正才行。你也知道，我这么说可是为了你好，可是你要是自己也不愿意帮助自己，那我也无能为力，只能请你离开公司了。我们公司要求每一个员工都积极投入地工作。而年轻人更应该看重自己的前途与发展……"

老张在滔滔不绝地说着，小王板着脸，几乎没有什么反应，只是在老张说到"我这么说可是为了你好"时，他才轻轻地从鼻孔里"哼"了一声。老张很生气，可又无可奈何。

请问老张应如何与小王沟通？

工作处理

一、任务分析

与下属沟通时，最令人头痛的是向下属传递负面信息或者一些下属不愿接纳的信息。如指出下属工作上出现的差错，按照规章制度必须给予明确批评，甚至有时是训诫下属，期望彻底杜绝此类现象。在进行此类沟通时，下属容易产生抵触情绪甚至对领导者生出怨恨，因此要特别注意技巧。有效技巧之一就是在正式传递负面信息前，适当地铺垫一下以缓和紧张气氛，形成良好的沟通氛围。

二、有效沟通的过程

(1) 做好沟通前的准备。了解小王的个人情况，熟悉小王的优点、缺点及其性格特点等。

(2) 确认对方的需求。对方需要改正的是对待工作的态度，克服散漫习惯。

(3) 正确地阐述自己的观点。是为了帮助小王形成好的工作习惯，以利于他更好地发展。

(4) 关注对方的反应。

(5) 实施有效的提问。如对当前工作的认识怎样？工作中遇到了什么问题？业余时间有什么兴趣爱好？帮助小王分析出现迟到早退问题的原因。

(6) 积极、认真地倾听。让小王充分表达他的真实想法，才能在沟通中有的放矢。

(7) 及时确认、应对(反馈)。对他的才能、优点、好的想法及时肯定，对其某些不良思想及时提醒。

(8) 适时进行总结。总结小王的优点，肯定他的成绩，指明其前进的方向和实现途径。同时,老张要对此次沟通中的经验和教训进行总结,提高沟通能力和领导水平。

相关知识

有效沟通是相对于无效沟通而言的。凡事预则立,不预则废。带着对沟通的清晰认识和主动性进行沟通,沟通就已经成功了一半。

一、有效沟通的要素

(一)有效沟通的前提

1. 尊重

尊重是实现有效沟通的前提。秘书在待人接物中一视同仁的平等态度会鼓励对方进入轻松自由的无障碍交流,使沟通容易取得成功。

2. 理解

在沟通中进行换位思考,试着理解对方,积极了解、引导与说服对方。

(二)把握沟通的关键

有效沟通需要借助多种技能,倾听和提问是实现有效沟通的关键。

1. 有效倾听

秘书在接待中要正确地倾听来访者的要求,及时做出回应并引导客户完成预期目标。实现正确地倾听需要培训和准备;倾听者要清除杂念,专心理解对方的语义,表现出适当的体态语鼓励对方叙述,调整好情绪对信息进行思考、回馈,并准备做好记录。同时还应该做到以下几点:

(1)注意经常检查自己的倾听习惯,哪些好的习惯是要坚持的,哪些不良行为必须注意纠正。

(2)学会适时的沉默,表现出足够的耐心,以放松的、关注的面部表情鼓励对方无障碍地表述完自己的意思。

(3)克服由于各种因素造成的先入为主的偏见,避免批判对方。

(4)注意不要让自己的语言和非语言表达的错误信息干扰对方,及时向对方做出回应和反馈。

(5)对于没有听清楚的问题选择适当时机提问。

(6)接待性的倾听若不是十分必要就不必马上做笔记。但要记住关键性的问题,事后进行登记、整理。

(7)沟通结束要及时总结、思考,及时汇报处理结果。

2. 构建良好的倾听环境

良好的倾听环境对实现有效沟通会产生重要的影响。这涉及社会因素,个人的心理因素和生理因素。沟通是一个双向的交流过程。在沟通和交流中,秘书应该有意创设一种非威胁的交流环境。

(1) 以环形座位、并行座位、面对面的座位形成有平等感、有信任感的交流环境。

(2) 不受外界干扰的安全空间。有一米线的隔离、相对封闭的小客厅、相对安静的接待区域、有隔离屏风的谈话区等,保证足够的私人交流空间。

(3) 可以清晰地观察对方情绪和态势语言变化的光线条件。

(4) 足够双方沟通表达的时间。尽量鼓励对方充分表达。除非必要,不要打断对方的谈话。

(5) 避免先入为主的猜测和不假思索的结论干扰自己。

3. 克服倾听的障碍

在沟通中,秘书需要注意克服的倾听方面的障碍包括以下几个方面。

(1) 语义不清,言不达意。

(2) 预期反应,主观片面。

(3) 注意力分散,心猿意马。

(4) 匆忙下结论,缺乏耐心。

(5) 对某些信息习惯性反感,产生迅速反应。

(6) 试图回避推托,怕负责任。

(7) 信息接收重形式轻内容。

(8) 工作随意,缺乏主动思考。

4. 实现有效倾听的准备

(1) 沟通时要有意识地自我约束,力求全神贯注地去听清、听明白对方所说的一切,而不能懒散、随意,无拘无束。

(2) 做好心理准备,提醒自己去除杂念,专心致志地听。

(3) 及时调整情绪,告诫自己只评判信息而不要去批评对方。

(4) 事先准备好记录用的纸和笔。

5. 有效提问

有效提问的目标是能够得到明确的答复,通常会出现在倾听之后。实现有效的提问要掌握以下几个要素。

(1) 态度。以积极、理解的态度,认真、诚恳并准确地提出双方都能接受的问题。

(2) 时机。讲求提问的时机,适时适度,不要过早和过迟,针对当前的事情提问。

(3) 内容。提问紧扣主题,不可漫无边际;提出自己应该知道和想知道的问题。

(4) 语速。注意提问时的话语速度,应保持中等语速,使对方尽快明白你的意思。

(5) 提问要分清类别和适用的问题形式。

6. 自信地提出要求

(1) 在清楚的目标下提出要求并留有交流的余地。包括提出你需要的东西;要求本来应该属于你的东西；明确希望对方提供的具体帮助；要求对方考虑你的请求。

（2）提问要简洁，中心内容要突出。使对方在最短时间内了解你的意图；兜圈子实际是对自己所提要求不自信的表现。

（3）必要时应使用果断和坚决的手势语，协助表达要求的坚定性。语言要清晰、明确、有力。

7．学会礼貌地拒绝

（1）拒绝就是要明确地表示“不”，所以口气要坚决，避免纠缠。

（2）礼貌地拒绝，即使用委婉的语言和巧妙的方式说“不”。

（3）礼貌拒绝的前提是去除自责和担心。

（4）不要找借口，诚恳拒绝。

（5）留出时间延期答复，给人以深思熟虑的感觉。

（6）拒绝后提出替代方案。

（7）说明原因，争取对方的理解。

8．了解提问的禁忌

（1）忌问对抗性的问题。

（2）忌不看时机的提问。

（3）忌问显示自己精明的问题。

（4）忌中断别人的话题发问。

（5）忌问对方公司的商业机密。

（6）忌问老人和女士的年龄、男士的收入、女士服饰的价格、对方的婚姻状况、家庭、宗教以及政治倾向等隐私性的问题。

二、有效沟通的原则

（一）“7C”原则

（1）可信赖性(Credibility)：秘书要真诚满足沟通对象的愿望和要求，营造彼此信赖的氛围。

（2）语境(Context)：保证沟通计划与沟通环境的一致性。

（3）内容(Content)：准备好有针对性的、能对客户产生影响的信息内容。

（4）明确性(Clarity)：要用简明的、准确的语言进行沟通，以提高沟通的效率。

（5）连贯性(Consistency)：沟通是一个没有终点的连续过程。不要忽视补充新的信息内容，对客户进行必要的跟进、联系。

（6）渠道(Channel)：尽量使用已经有的，客户习惯使用、熟练使用的信息沟通渠道进行沟通。

（7）接受能力(Capabiliy of Audience)：用来沟通的信息对接受者的能力要求越

小,信息内容越简单,就越容易被较快接受。接受能力主要取决于对方的接受习惯、阅读能力和知识水平。所以,秘书要会准确判断出对方的接受能力,有针对性地传达信息。

(二) 用心去听,不要在乎对方的表达方式

由于每个人的表达方式、表达习惯不同,秘书常常会在一天中应对不同方式的沟通。为了有效地实现沟通目标、了解对方的意图就不能太在乎对方的表达方式。因此,在秘书岗位上及时的心态调整就非常必要,这也是避免冲突的重要条件。

(三) 积极去想,分析弦外之音

限于一些复杂的因素影响,有些沟通目标不会被直接表达出来,这就需要在倾听的同时开动脑筋去琢磨,所谓“锣鼓听音,听话听声”正是这个道理。

三、有效沟通的目标

1. 说明事实

包括了解对方的意图,准确地陈述事实;引起对方的思考或兴趣;影响对方的见解或态度等。

2. 表达情感

这是比上一层次更深一步的目标。秘书在与对方有了初步交流后,为了能在某些活动和特定场合深入沟通,可以说明观感、流露感情,促使对方产生感应,为进一步交流打下基础。

3. 建立联系

包括直接要求建立联系和暗示建立联系。前者往往出于工作习惯和工作程序的惯性。后者则是在秘书意识到对工作发展的某种必要性时作出的反应。

4. 和谐工作环境

秘书沟通工作的非职责限定性特点,秘书在单位各部门间承担的服务、协调、沟通、参谋等职责,使其产生了润滑剂的效果,有助于减缓、消除各种矛盾的滋生。

四、有效沟通的过程

在工作中,秘书要实现有效的沟通,不仅需要良好的职业素质和训练,也必须懂得基本的沟通环节与流程。这是从外部促使秘书职业习惯和技能形成的重要条件。

完整的沟通流程:做好沟通前的准备(明确自己的目标、对方的背景)→确认对方的需求→正确地阐述自己的观点→关注对方的反应→实施有效的提问→积极、认真地倾听→及时确认、应对(反馈)→适时进行总结。

秘书及时地、经常地对自己的沟通过程进行反思和总结,获得的经验与技巧会在

工作中形成自己的工作风格与魅力，可对沟通对象产生潜移默化的影响，推动沟通的顺利进行。

五、有效沟通的基本方法与技巧

1. 提高表达的能力

秘书要提高“说”和“写”的能力。提高“说”的能力，首先必须明确想要表达的是什么，而且使表达的内容引起听众的兴趣。秘书人员锻炼“说”的能力，可以多参加演讲，也可以学习和借鉴表达能力强的同志的交谈技巧，甚至可以将书上看来的笑话，用自己重新组织的语言讲给同事听。

提高“写”的能力，就必须多实践，多写东西，练习使用最简洁的语言，表达清楚自己的思想。只有通过长期不懈的锻炼，才能提高书面语言表达能力。

2. 积极倾听，做好记录

认真倾听对方讲话，正确理解讲话内容，是沟通的重要环节。很多的无效沟通就是不注意倾听而造成的。将听取的内容，清晰条理地用文字记录下来，是有效沟通的基本要求。

3. 有效的提问

在沟通过程中，选择适当时机，进行恰如其分的提问，有利于沟通双方深入地交换思想，提高沟通的有效性。

提问的目的，可以是证实自己的理解正确与否，也可以是就自己不清楚的问题进行询问，也可以是提出建议或意见，还可以是控制谈话方向、制止别人滔滔不绝的谈话。

4. 注重非语言沟通

根据有关研究，在面对面的沟通中，有 65%的信息是通过非语言形式传递的。如果能够准确把握并有意识地运用语调、手势、表情等非语言信息进行沟通，必然会起到减少信息损耗，增强沟通效果的作用。

5. 运用反馈手段

在很多情况下，沟通之所以不能顺利进行，是因为缺乏反馈而产生不必要的曲解、误会。没有反馈，发送者无法知道接受者接受了多少正确的信息。

发送者可以通过直接或间接的发问，来确认接受者是否完全了解信息，以便及时调整陈述方式。例如，发送者可以问：“我刚才谈了我的一些想法，你的看法呢?”“你能为我提供更多关于这件事的情况吗?”等等。

反馈不一定完全是语言形式的表述，你也可以从对方的动作、表情等方面看出。有时，这种无意识的反馈更加可靠。例如，你正在做大会发言，而听众们窃窃私语，注意力不集中，说明你的发言没有引起听众的兴趣，你需要转移话题以引起听众的注意。

6. 把握好沟通的时机

沟通的时间、地点、方式都会对沟通的效果产生重要影响。

在时间方面，如果接受者正处于情绪低落或手头有紧要工作需要完成，这时一般信息不会引起他的注意，这时与他沟通效果会很差。例如，上司因为家中有人得病住进了医院，秘书此时向他汇报工作，他可能会表示知道了，实际上他记住了多少就很难说了。

沟通的场所不同，沟通的效果也会有很大的不同。例如，上司对下属工作中的失误进行批评，如果选择在上司的办公室私下交谈，即使语言较为严厉，下属一般也能接受。如果上司当着大家的面批评他，就会损伤下属的自尊心，甚至可能当众顶撞，沟通的效果很差。

信息的沟通还要注意选择合适的方式，有的事情适合于以公开的方式或正式渠道传递，有的则适合于单独的方式或非正式沟通；有的事情适合在办公场所沟通，有的事情适合在非办公场所沟通。

实训演练

一、训练目标

(1) 能够进行有效沟通。

(2) 能够解决沟通中出现的问题。

二、知识要求

(1) 熟悉有效沟通的要素、原则和目标。

(2) 掌握有效沟通的过程和方法技巧。

三、训练要求

(1) 明确有效沟通的过程。

(2) 掌握有效沟通的方法和技巧。

四、操作说明

(1) 利用2学时，分小组进行。结束后，教师引导学生对每一个任务进行点评。

(2) 实训的准备工作需要课外完成。做好模拟有效沟通工作的前期准备非常重要，所以一定要安排好小组负责人，合理分配任务，在小组长的统一协调下，成员相互合作，共同完成。

(3) 训练前布置学生复习有效沟通的有关知识与要求，明确工作思路，分工合作完成训练任务。

五、操作提示

在这组实训过程中，同学们应注意以下情形。

(1) 作为倾听者，张总对王副总的表述是否表示出兴趣？

(2) 在倾听过程中，张总对王副总的表述能否作出客观的评价？

(3) 在沟通过程中，双方是否发生了争执？争执是如何解决的？

六、任务描述

宏达公司营销部经理张明突然辞职，对这件事情，公司张总经理和分管营销的王副总都感到十分突然。但他们现在已经没有时间去研究张明辞职的原因，摆在他们面前更重要的问题是新任营销部经理的人选。就这个问题，张总和王副总已经初步进行沟通，王副总的意思是提拔营销部的赵东。赵东今天 35 岁，身体健康，在营销部工作多年，业务熟悉，交际能力强，而且人品也不错。但张总却对赵东印象不是很好，他总是记得赵东过于时尚的穿着，还有一回他有事经过营销部，刚好看到赵东和几个女孩子打打闹闹，吵成一团。而且张总认为，这个人也似乎太年轻了些。

请按照实际情况演练张总经理与王副总的沟通，并讨论以下问题。

(1) 通过交流与倾听，张总是否意识到王副总确实想物色一名德才兼备、年富力强的管理人员？

(2) 通过交流与倾听，张总是否认识到他对赵东的了解是欠全面的？

任务 3　协调艺术

学习目标

学习协调的方法和艺术，掌握协调的步骤，能够灵活处理工作中的不同矛盾。

任务描述

萧雅是宏达公司总经理办公室秘书。一次，公司产品零售部和产品批发部两部门为了各自取得更好的业绩而产生了相互排挤。请问萧雅应如何协调这两个部门间的矛盾？

工作处理

一、任务分析

首先,秘书应该摸清楚两个部门之间矛盾的具体情况,进而分析找出矛盾的症结。然后,对症下药,采用合适的协调方法,解决两个部门间的矛盾。

二、协调的过程

1. 摸清情况

秘书萧雅分别找产品零售部和产品批发部的经理谈话,了解两个部门闹矛盾的根由。

2. 找出症结

萧雅摸清情况之后,进行分析,找出问题的关键——两个部门都想取得好的业绩而互相排挤。

3. 提拟方案

找出症结之后,秘书萧雅便提出针对性的"双赢"解决方案,说服两个部门展开良性竞争,既合作、又竞争,共同为公司争取更好的效益。

4. 反复磋商

萧雅和两个部门的负责人一起坐下来协商,双方通过反复的沟通,最终达成了共识。

5. 督促落实

在双方达成协议之后,萧雅仍然一直关注两个部门的实际行动,力求双方协议真正落实。

6. 检查反馈

落实之后,萧雅仍不敢掉以轻心,她经常听取双方的反馈意见,关注双方的工作,避免矛盾再次产生。

相关知识

一、协调的步骤

秘书的协调工作有两种情况:一种是"计划性协调",就是由领导指派或授意的协调;另一种是由秘书自己决定应予协调的,即"随机性协调",人际关系协调大多属于此类。随机性协调只能由秘书凭经验和诚意进行,计划性协调则有一定的程序和步骤。

（一）摸清情况

秘书接受协调任务后应做的第一件事就是摸清情况。可以找协调对象谈话，应诚恳、耐心地倾听，并做好必要的记录。但不可先入为主，偏听偏信。可以查阅有关资料，也可找知情人了解，以作印证。总之，一定要掌握全面的、真实的情况。

（二）找出症结

秘书在摸清情况之后，就要对情况进行分析，找出问题的关键在哪里，矛盾的焦点在哪里。也就是通常所说的，在众多矛盾中间必有一对是主要矛盾；在一对矛盾中间必有一个是矛盾的主要方面。

（三）提拟方案

找出症结之后，秘书便应提出针对性的解决方案。解决矛盾无非是三种方法：(1) 某一方让步，比如错误让步于正确，局部让步于全局，陈旧让步于新生事物等；(2) 双方让步，达成妥协；(3) 双方都得到满足，如把矛盾转移，或者双方都作努力并有突破，在新的基础上达到新的平衡、新的合作。秘书的方案可以不限定一个，尽量提出两三个，即所谓"上策、中策、下策"。秘书拟订方案后应先报领导审议、批准，然后再向协调对象摊开。

（四）反复磋商

秘书提出的方案常常不是一下子就能被接受的，需要反复磋商，在双方未取得谅解之前，由秘书进行"穿梭外交"，分别向双方进行解释、征求意见，并予以沟通，就需"跑穿鞋底、磨破嘴皮"。在双方取得初步谅解之后，秘书可安排双方面对面地坐在一起协商。也许还要经过一番讨价还价、唇枪舌剑，此时也正需要秘书发挥调解的艺术与才能。

（五）督促落实

在双方达成协议之后，秘书还应要求双方订出落实的计划。计划应有目标、步骤和方法，应排出时间表。秘书对每一步骤都要加以督促，并随时向双方通报情况，务求最终落实。

（六）检查反馈

落实之后并非一劳永逸，可能还会变卦、反复。秘书仍应听取双方的反馈意见，经常关心、检查结果，予以巩固。如果发生新的矛盾，秘书则应进行下一轮的协调。

二、协调的方法

在任何一个组织中,秘书的协调工作都是多层次多方面的,协调的方法也会因协调对象、范围和领导授权的不同而不同。协调方法可以分为基本的协调方法和具体的协调方法。

(一) 基本的协调方法

1. 行政方法

行政方法,就是秘书依靠行政组织,通过行政渠道,运用行政手段进行协调的一类方法。这类方法凭借组织之间的隶属关系,常采取下达命令、指示和决定,或运用行政法规、规章和行政措施等形式,以保障协调工作的正常运行。显然,行政方法具有较强的权威性、强制性和直接性,往往能收到令行禁止的效果。但是,秘书在运用行政方法进行协调时,要把握自己的职业角色,不能以领导者的身份发号施令。秘书的任务是传达行政命令,并协助和监督行政命令的贯彻执行。

2. 经济方法

经济方法,就是秘书依靠经济规律,运用经济手段和经济形式进行协调的一类方法。如利用税收、奖金和罚款等手段,以及经济合同、经济责任制等管理形式,使被协调者的行为与经济利益相联系,从而促进协调工作的成功。同行政方法相比,经济方法能起到它特有的作用,即能从经济利益上约束被协调的各方,推动矛盾的解决,达到和谐一致的目的。采用经济方法进行协调,要求秘书人员必须懂得经济理论、经济法规和现行的经济政策等。

3. 法律方法

法律方法,就是秘书依靠现行的法律、法令和法规,运用经济法和行政法等手段进行协调的一类方法。如利用由国家权力机关和国家行政机关制定并颁发的计划法、统计法、计量法、合同法、企业法、税法、土地法、水法、森林法和环境保护法,以及各种行政法规,来规范被协调者的行为,处理协调中的问题。采用法律方法进行协调,要求秘书人员必须懂得法律知识,特别是经济法和行政法的知识,还必须熟悉法律程序,并具备依法办事的能力。

4. 疏导方法

疏导方法,就是秘书依靠思想教育,运用各种疏导性措施进行协调的一类方法。如利用引导,即带领被协调者向着协调目标行动;劝说,即用启发、忠告、说理来说服被协调者;激励,即通过肯定、赞扬、批评来满足被协调者的某种需求。运用疏导方法,要注意针对性,富有感染力,做到合情合理。在一定意义上说,秘书协调的过程,也是一个连续疏导的过程。疏导工作做好了,协调对象的认识统一了,协调工作就有了可靠的保证。

（二）具体的协调方法

1. 信息协调方法

也叫沟通协调方法、通气法。在管理实际中出现的矛盾或失调，不少是因为信息沟通不畅或受阻，或信息传递中出现某种干扰而产生的。秘书虽不具有解决问题的强制权力和支配权力，但具有信息枢纽的优势，只要对有关各方及时传递真实、全面的信息，并促进有关各方彼此相互沟通，消除隔阂或误会，矛盾或失调问题就能得到解决，使其相互间的工作配合关系恢复到和谐状态。

采用信息协调方法主要应做到以下几点。

(1) 要准确把握造成失调的原因是否由信息沟通不畅或受阻造成，若是，采用此法才有效。

(2) 要了解隔阂或误会的消除在协调时需要何种信息，需要采用何种方式沟通，需要选择怎样的最佳时机。把这些都分析清楚，并做好充分准备之后，进行协调才能获得良好的效果。

(3) 要注重促进失调各方之间的相互沟通，这样有利于增进相互的理解，巩固协调效果。

2. 变通协调方法

在实际工作中，有时在一些非原则问题上，有关各方各执一词，互不相让，结果使矛盾激化，引起失调。秘书在协调中若发现这类既无根本的利益冲突和权力冲突，又无重大原则分歧的失调问题，即可采取变通协调方法。变通协调方法针对的是本无原则分歧的失调，采取的是肯定各方的合理部分，赞赏共同之处。

采用变通协调方法主要做到以下几点。

(1) 要肯定有关各方所坚持的看法或观点中的合理部分，特别要赞赏其中的共同之处，在肯定和赞赏中淡化各方对立的情绪，并使其心理上得到某种满足。

(2) 在肯定有关各方看法的合理部分和共同之处的基础上，避开差异之处，提出一个各方都可接受的协调方法，并强调此办法就是从各方看法中得到的启示，由此强化各方的认同感。

(3) 要强调变通协调方法对各方都有利，事业的整体利益更需要各方的协调配合，由此促进各方接受变通协调方法。

(4) 当有关各方接受变通协调办法后，要帮助有关各方认识到，他们之间原本就没有原则上的分歧和根本利益冲突，各方的利益是一致的，使相互间增进理解，加强合作，增强协调意识，避免类似失调现象出现。

3. 融合协调方法

某些权力冲突和利益冲突只不过存在于局部问题上，但由于有关各方认识上的片面性和行动上的互不相让，甚至针锋相对，引起各方在整体配合上的失调。秘书在协调此类问题时应采用融合协调方法。融合协调方法主要是共同、相近、相容之处的融合,限制失调的扩散,恢复主要方面的协调配合,然后再逐步实现整体协调。

采用融合协调方法主要做到以下几点。

(1) 从分析失调问题中的相关因素入手,将其中的共同之处、相近之处、相容之处与差异之处、对立之处分开。

(2) 要强调整体目标、整体利益的重要性,使各方都充分认识到配合失调对整体是极为不利的,也是组织整体利益、组织管理制度和纪律所不允许的,晓之以利害,使有关各方产生协调的意愿。

(3) 在找到各方相同、相近或互容之处的基础上,提出一个各方都可接受的协调方案。对差异之处以有关政策法规为依据,采取灵活折中的办法加以处理,使各方在不受损失的情况下,恢复协调配合。若差异或对立一时难以解决,可暂时搁置,首先恢复主要方面的协调配合,以免对全局工作造成重大损失;对差异或对立之处,可逐步解决,或请领导进行裁决。

4. 政策法规协调方法

在实践中的有些失调现象,是理解或执行有关政策、法规出现偏差造成的,对这类失调问题,宜用政策法规协调方法。

政策法规协调方法,是以系统完备的政策法规体系为依据的协调方法。若相关政策法规之间有模糊或局部矛盾之处,或者在理解或解释上有不确定之处,就必须以制定政策法规的领导机关的解释和评判为定论,不能在各执一词的争论中使问题长期得不到解决,更不能使失调现象扩散蔓延,影响全局工作的进程。若在实践中发现有关政策法规不完善,造成执行中的失调,就应及时向有关领导机关反映,以便按照法定程序,对其进行补充、修正和完善,使之有效地指导工作实践。

秘书受命处理此类失调问题时应注意以下几个方面。

(1) 要全面理解有关政策法规,准确把握其精神实质,并对照失调现象,具体分析在哪些方面对有关政策法规理解或执行上出现了偏差,应当如何正确理解或执行。

(2) 要同有关各方一起学习相关的政策法规,一同对照政策法规分析失调现象,提高认识水平。

(3) 在统一认识的基础上,共同研究遵照政策法规,解决恢复协调配合的具体办法。

(4) 要按照共同研究的办法,具体解决问题,并以有关政策法规为尺度,衡量和分析协调过程中政策法规把握的准确程度,严格按政策法规办事。

三、协调的艺术

协调工作是个复杂而多变的过程,在协调的过程中总会出现一些事先预想不到的情况，为了能够达到协调成功的目的，秘书一定要灵活把握一些协调艺术。协调艺术就是创造性地运用协调方法的技能与技巧。

（一）沟通的艺术

从管理学的角度看，沟通是协调的前提，协调是沟通的结果。在某种意义上说，沟通就是一种协调。因此，学会运用沟通的艺术，可以有效地促进协调。具体可从以下三个方面着手。

1．善于观察

在协调过程中，尤其是在协商阶段，协调各方的利益常常需要通过各自言谈举止表露出来。秘书人员要勤于观察，善于倾听，从语言的和非语言的信息传递中，加以判断，进行分析，以确定协调各方的态度和倾向，如谁赞成什么和为何赞成，谁反对什么和为何反对，谁保持中立和为何中立，以及协调各方必保的目标、争取的目标和让步的目标等，都可以通过观察找到根据。

2．巧用幽默

幽默是调节沉闷气氛、消除对立情绪、打破协调僵局的有效方法。心理学家指出，幽默是调节人际关系的特殊处方，会产生一种积极的力量。在协调进入关键阶段后，协调气氛会呈现紧张的状态。这时，秘书人员可使用双关语、俏皮语、轶事、故事、格言、警句、反语等幽默形式，给协调对象带来欢乐和喜悦，以冲淡或消除彼此之间的对立、僵持、争执等消极情绪。

3．私下交往

私下交往就是协调者与被协调者在非正式场合下进行接触。私下交往的形式有拜访、游玩、娱乐、宴请、探病等。私下交往的主体可以是协调者本人，也可以是协调者的委托人，如协调者的同学、同乡、老上级、部下、老朋友等。通过私下交往，进行感情投资，可以增进友谊，建立感情，互通信息，消除隔阂，通过创造良好的人际关系推动工作关系的协调。

（二）应变的艺术

协调是一个动态而多变的过程，协调者必须根据变化了的情况，随时对协调的内容、协调的程序、协调的目标和协调的方式等做出相应的调整，即所谓的应变。要想把握应变的艺术，可从以下三个方面着手。

1．一鼓作气

某些协调活动，由于协调内容比较单一，或者被协调者怀有诚意，或者协调者富有经验，常常会出现顺利的局面，无须按部就班地执行原定计划。这时秘书人员应见机行事，一鼓作气，尽快地结束协调活动。

2．迂回前进

协调过程中往往会遇到一时难以解决的问题而使协调出现僵局。这时如果急于求成,强行“闯关”,反而会欲速则不达。此时,不如采取避重就轻、迂回包抄的策略,将难题暂时挂起来,先解决其他容易达成一致的问题,待时机成熟时,再集中力量进行协调。

3. 变通执行

在各种协调活动中,常会出现这种情况:如果按照现有政策或既定方针行事,矛盾难以解决,协调也无法进行,这就需要协调者从实际出发,做出非原则性的变动,以促进协调的成功。有时,协调对象各执己见,相持不下。这时,秘书人员要善于折中,提出能为各方接受的协调方案,并积极劝说各方妥协让步,以失换得。常用的变通方法:沿用惯例、比照办理、折中行事等。特殊情况下,也不妨破例行事。

(三)驾驭的艺术

有效的协调往往伴随着有效的控制,控制是协调不可分割的组成部分。所谓驾驭艺术,就是协调中的控制艺术,如捕捉时机、把握环境和留有余地等。协调者掌握了驾驭的艺术,就等于掌握了协调的主动权。

1. 捕捉时机

任何事物的发展变化都存在着时机,即事物向着有利方向发展的时间条件。协调是一种动态的管理过程,也同样存在着时机。由于时机因人、因地、因事而异,秘书人员要驾驭有利时机,就必须有强烈的时机意识、敏锐的判断能力和见机行事的应变本领。如认准形势,当机立断;看准“火候”,立即行动;把握转机,随机应变;等待时机,东山再起等。

2. 把握环境

协调环境是协调活动赖以存在和发展的空间条件,大凡成功的协调,都与协调者能够把握协调环境有关。把握协调环境有三层含义:首先,要熟悉背景,如熟悉协调对象的组织概况、协调活动的社会动向和协调中可能发生的变化;其次,要创造气氛,如强化信息沟通、增加感情投资和运用舆论导向等;再次,要因地制宜,根据不同的对象,采取不同的方法。

3. 留有余地

在秘书协调中,有常规性协调和非常规性协调。所谓非常规性协调,就是对以往未曾出现、无现成经验、也无章可循的偶发性事件的协调。为了减少非常规性协调的盲目性,应付协调环境的意外变化,协调者在确定协调目标、拟定协调方案、实施协调计划和商定处理意见等方面都要留有余地,做多种打算,以至最坏的打算。这种“留一手”的协调艺术,可以增加协调工作的主动性,使协调者常立于不败之地。

(四)调和的艺术

调和是缓和矛盾、化解矛盾的常规方法,也是一种协调艺术。有效的调和不仅能淡化和平息对立情绪，为协调创造和谐的气氛，而且能够促进协调各方做出一定的妥协或让步，进而消除对立，重归于好。精明的协调者，应该是调和的能手。要想把握调和的艺术，可从以下三个方面着手：

1. 长于劝说

在消极协调中，对于被协调者因矛盾而产生的争议、纠纷或冲突，秘书的首要任务是防止矛盾的扩大和激化。劝说是实现这一任务的巧妙方法。劝说的核心是以理服人、使人听从。这就要求秘书人员运用劝说的技巧，如说长不道短、重提旧交情等。寻找共同点，也是一种很好的劝说方法。共同点往往是协调的突破口，双方一旦找到了共同点，协调也就成功在望。

2. 模棱两可

模棱两可就是运用模糊性语言和模棱两可的态度，处理非原则性的问题，避免在枝节问题上纠缠不清，以便集中精力解决主要矛盾。尤其是在协调双方情绪对立、意气用事、针锋相对的时候，采用模棱两可的办法，能使秘书人员避免卷入无原则的矛盾之中。在语言的运用上，可多用模糊度较大的语言，如会说圆场话，引用双关语，转变话题，佯装不知等。

3. 略试中庸

在协调中有条件地运用中庸，有时也能收到理想的效果。如双方各执己见、相持不下时，秘书人员应适当采用中庸的做法，提出能为各方接受的协调方案，并积极劝说各方妥协让步，以失换得。运用这种技巧，秘书人员要学会居中行事，折中处理；要善于诱导各方相互让步，有舍有取；要拿出妥协方案，劝说接受；要会察言观色，满足各方的心理需求等。

▶▶ 实训演练

一、训练目标

（1）能够协调公司出现的问题和矛盾。

（2）能够很好地运用各种协调方法和协调艺术。

二、知识要求

（1）掌握协调的步骤和方法。

（2）掌握协调的艺术。

三、训练要求

（1）明确不同问题矛盾的协调方法和艺术。

（2）协调的过程要求完整规范。

四、操作说明

(1) 利用2学时,分小组进行。结束后,教师引导学生进行点评。

(2) 实训的准备工作需要课外完成。做好模拟协调工作的前期准备非常重要,所以一定要安排好小组负责人,合理分配任务,在小组长的统一协调下,成员相互合作,共同完成。

(3) 训练前布置学生复习协调工作的有关知识与要求,明确工作思路,分工合作完成训练任务。

五、操作提示

在这项训练中,学生最好利用课外时间观摩公司真正的协调过程,注意观察活动的程序、协调的过程并总结其得失,为本次实践活动提供借鉴。

六、任务描述

一次,某外商要到宏达公司进行考察并商洽项目合作事宜。总经理秘书萧雅赶忙召集生产部、公关部、销售部等部门经理一起商议有关事宜。各部门经理纷纷发表自己的意见。鉴于公司办公区场地较小,公关部经理提议让两个车间的工人停工,让这两个车间的工人协助公关部把这两个车间布置好,作为展室。生产部经理却说近期正在赶着生产一批产品,不能停工。结果生产部经理和公关部经理吵了起来。

请问秘书萧雅应该如何协调他们的矛盾,从而解决问题?

第八单元

差旅安排

学习为领导的商务旅行制定行程计划，准备随行物品；领导外出期间秘书对文件及来电的处理方法，能够在领导出差期间保持单位或部门的正常工作秩序；了解办理出国旅行手续的内容和程序，能够为领导国外出差做好准备工作。

任务1　领导出差前的准备

学习目标

学习差旅日程表的制定方法及注意事项，掌握领导出差前的准备工作，熟悉出差物品的准备。

任务描述

大宇公司总经理将于5月3—7日出差到广州，出席全体分公司经理会议及全体销售部经理会议。另单独会见几名公司经理和客户。还将赴深圳开分公司会议。除了公务，总经理还将拜访朋友。

总经理要求秘书为他制定一份旅行日程表。

工作处理

一、任务分析

总经理的这次商务旅行是参加公司内的各种比较大的活动，如各种会议、会谈、访问等。在日程安排的过程中，要与各部门密切配合，并随时向上司本人请示汇报。

二、制订计划

秘书接到任务后,根据以往为上司出差的准备经验,迅速草拟了一份旅行计划,向总经理请示后做了进一步修改,并与分公司各部门进行了沟通。

大宇公司总经理旅行日程表

上海—广州—深圳

2016 年 5 月 3—7 日

5 月 3 日	星期二
上午 6:00	乘中国民航 301 次航班由上海到广州。
上午 7:50	抵达广州(李芳小姐接机,共进早餐)。
	住东方宾馆预约房间(确认预约信件在 AA 票据信封内)。
下午 3:00	全体分公司经理会议(需用的 1 号文件,在公文包里)。
下午 6:00	在东方宾馆,公司聚餐(2 号文件内附有演讲稿)。
5 月 4 日	星期三
上午 10:15	与王康林先生在公司办公室约会。
中午 12:00	与王先生共进午餐。
下午 3:00	全体销售部经理会议(3 号文件)。
下午 6:00	与广州分公司经理李海民先生共进晚餐。
5 月 5 日	星期四
上午 9:50	乘 98 次快车去深圳(头等车,用午餐)。
下午 1:10	抵达深圳。住深圳湾大酒店(订一间带有浴室的双人套房)。
	公司经理方路先生接车,并送总经理到饭店。
下午 3:00	在分公司开会(4 号文件)。
下午 6:30	A. J. 迈斯托森先生到旅馆接总经理,与迈斯托森夫妇共进晚餐。
5 月 6 日	星期五
上午 9:00	离开饭店去观光。参观游览“锦绣中华”。
上午 11:30	乘 100 次快车离开深圳去广州(车上用午餐)。
下午 2:30	抵达广州(李小姐在车站迎候,将总经理送到中国大酒店)。
下午 6:00	约定在 J. 凯斯威先生家进晚餐(电话 7774511 转 730)。
5 月 7 日	星期六
上午 9:15	乘中国民航 302 次班机离开广州返上海。
上午 10:15	抵达上海。

三、督促实施

旅行计划确定后，总经理秘书及时与广州、深圳联系所涉及的每一个部门，并在总经理到达前做好最后确认，使领导的行程有条不紊顺利进行。

▶▶ 相关知识

一、制定差旅计划

1. 了解领导要求

制定差旅计划要事先了解领导意图，秘书必须明确领导出行的以下信息。

1）目的地

这里既指旅行抵达地点，还包括旅行过程中开展的各项活动或工作的地点。

2）往返具体时间

一方面，指旅行出发、返回时间，包括因商务活动须要到两个或两个以上的国家或地区的抵离时间和中转时间；另一方面，指旅行过程中各项活动或工作时间，尤其要了解领导希望第一次商务约会的时间及最为合适的旅行时间。

3）交通工具

这里指领导希望的具体交通工具及等级。

4）食宿安排

根据公司食宿标准及领导喜爱安排。

5）活动内容

领导须参加的公务活动及私人事务活动。

2. 熟悉单位差旅制度

不同级别的领导所享受的差旅待遇是不同的，在拟定旅行计划前，还须了解有关制度规定，如差旅费如何解决、差旅费限额、差旅费报销方式、本单位与交通部门或旅行社有无挂钩联系等。

3. 了解出差所在地

在与对方联系的同时，也可以通过其他的渠道，如自己的子公司或政府主管旅游观光的部门等，了解对方所在地的环境、气候、街道、交通、风俗等方面的情况，这对安排日程表也有重要的参考作用。如果与对方是初次接触，那么，让对方在什么地方接站，或者什么时候登门拜访对方，这些细节问题秘书都要事先考虑好，因为这往往容易影响本公司和领导本人的形象。

4. 预定车票

在准备预订车票（或机票）的时候，一定要查用最新的列车时刻表和飞机航班时刻表，以防订不上票。订飞机票时要注意选择起飞时间和到达时间合适的航班，必要时根据领导喜好选择航空公司。如果目的地不能直达,在中转站的选择上尽量选择环境舒适的大站,中转时间尽量安排得宽裕些。

5. 安排住宿

根据公司规定、领导个人的爱好和习惯来决定住宿酒店,如安排单人间还是标准间,安排三星级还是五星级酒店,安排交通方便的市区还是风景宜人的郊区等。

如果出差的地方有分公司或部门的话,则可以由他们安排住宿。

6. 制定详细旅行日程表

内容主要包括日期、时间、地点、交通工具和备注等。

1) 日期

指某年、某月、某日、星期几。

2) 时间

一是指旅行出发、返回时间,包括因商务活动须要到两个或两个以上的国家或地区的抵离时间和中转时间;二是指旅行过程中各项活动或工作需要的时间;三是指旅行期间就餐、休息的时间。

3) 地点

一是指旅行抵达的目的地(包括中转的地点),目的地的名称既可以详写,即哪个国家、哪个地区、哪个公司,也可以略写,即直接写到达的公司名称;二是指旅行过程中开展的各项活动或工作的地点;三是指食宿地点。

4) 交通工具

一是指出发、返回的交通工具;二是指商务活动使用的交通工具。

为了预防意外,在日程表上要注明其他交通工具,如飞机起飞、轮船起航的时间,这样能根据实际情况,及时灵活地换乘其他交通工具。

5) 具体事项

一是指商务活动具体安排,如访问、洽谈、会议、宴请、娱乐活动等;二是指私人事务活动。

6) 备注

记载提醒领导注意的事项,诸如休息时间,飞机起飞的时间,或需要中转时转机机场的名称、时间,或者某国家为旅客提供了特殊服务,或者展开活动、就餐时要注意携带哪些有关文件契约,应该遵守对方民族习惯的注意事项等。

7. 制定差旅计划应注意的事项

(1) 日程表尽量详细、有条理,按时间顺序排列,做到一目了然。

(2) 编排计划时,在时间一栏中必须考虑时差的变化,买机票(车票、船票)时也要注意时差;旅行行程工作计划表制作要清楚离开和到达的时间都应以当地时间为准。

(3) 拟定几个旅行方案,与上司共同讨论,最后选定最佳方案。

(4) 时间的安排上要留有余地,日程不能太紧凑,影响领导休息,也不能让领导闲得无聊、浪费时间。如有观光计划可安排在空闲时间。

(5) 商务旅行日程表安排好后应多复印几份,给领导、单位负责日常工作的有关人员各送一份,如需要还要给领导家属一份。

二、与接待方联系

与对方的秘书联系,把活动的时间和地点约好,商议具体细节。

三、准备旅行物品

临行前,秘书要将文件资料及用品按公与私分别列出清单,请领导过目,避免遗漏。根据准备物品的清单,秘书与领导分别做相应的准备。领导商务旅行常用物品清单如表 8-1 所示。

表 8-1 常用商务旅行物品清单

商务活动文件资料(秘书准备)	差旅相关资料(秘书准备)	办公用品(秘书/领导准备)	个人物品(秘书/领导准备)
谈判提纲 合同草案 协议书 演讲稿 有关讨论问题的信件 备忘录 日程表 科技、产品资料 公司简介 对方公司相关资料	目的地交通图 旅行指南 请柬 介绍信 通讯录 对方的向导信函 日历 世界各地时间表	笔记本电脑 光盘或磁盘 微型录音机及磁带 照相/摄像机 文件夹 笔、笔记本 公司信封及信纸 手机 名片 现金、信用卡、支票	护照 签证 身份证 信用卡 替换衣物 洗漱用品 急救药品 旅行箱 车船票、机票

四、出差前的工作安排

为保证出差期间单位工作的正常运转,领导要对自己的工作进行授权或交代。领导的授权书要在领导出差前一天以复印件或电子邮件的形式发给有关部门和人员。

▶▶ 实训演练

一、训练目标

(1) 能够为领导预订机票和宾馆。

(2) 与出差地接待方联系、协调。

(3) 细心周到地为领导准备出行物品。

(4) 能够制定商务旅行日程表。

二、知识要求

(1) 掌握订机票和宾馆的一般方法。
(2) 掌握与上司出差地接待方联系的一般方法。
(3) 熟悉商务旅行日程表的制定方法。

三、训练要求

(1) 差旅计划表要求详细具体、条理性强。
(2) 与接待方商议具体细节。
(3) 随行物品的准备要少而精,进行简单分类,列清单。

四、操作说明

(1) 利用 4 学时,分小组进行。结束后,教师引导学生对每一个任务进行点评。

(2) 本实训可选择在模拟办公室或教室等场所进行,每个同学最好能按照实训内容设计演练的台词,并给本小组成员分派角色。

(3) 训练前布置学生复习出差准备工作的有关知识与要求,明确工作思路,分工合作完成训练任务。

五、操作提示

这项训练中,学生按照实际情况演练,涉及的工作内容比较复杂,对学生能力的提高能够起到很好的促进作用。

六、任务描述

(1) 在总经理办公室,李总:"小王,我计划下周一到周三去合肥出一趟差,实地考察一下公司在那里设分部的可能性。你先草拟一份我这次商务旅行的计划。"

(2) 上午十点半,公司负责市场的副总裁从会议室出来后对秘书小于说,他明天下午要去广东拜访客户,时间是 3 天。他让小于帮他订明天下午 4 点至 6 点之间的飞机,并帮他订好宾馆。与他同行的还有市场部经理、销售部经理及一名研发部工程师。按公司规定,只有副总裁有资格坐头等舱。于是小于马上在网上订了机票和宾馆。

(3) 公司副总裁一行 4 人将于明天下午乘坐 5:20 的飞机去广东,秘书小于为他们在东方大酒店订了一个套间和两个标准间。订好机票和宾馆后,小于给广东接待方的总裁办公室发了一份传真,告知副总裁一行的到达时间、预定的宾馆和行程安排。随后又给对方总裁办公室的秘书打电话,请她安排人员接机,并对副总裁在广东的行程进行了落实。

（4）副总裁要到广东出差 3 天，主要目的是通过广东的客户建立公司在意大利的销售渠道，把公司产品打入意大利市场。之后，副总裁还要去深圳。秘书小于为副总裁准备出差材料及物品。

任务 2　领导外出期间的工作处理

学习目标

学习领导外出期间秘书对文件及来电的处理方法，能够在领导出差期间保持单位或部门的正常工作秩序。

任务描述

公司副总裁到广东出差去了，虽然领导不在，但是每天的信件和电话一点儿也没减少。作为公司副总裁秘书的小于该如何处理这些来信和来电呢？

工作处理

一、来信的处理

领导出差期间，秘书应准备好一个专用的文件夹，把领导出差期间的来信、留言条等予以保管，也可以用一个待阅文件夹，按日期顺序保管好领导出差期间收到的文件和信件。如果是一些紧急的信件，秘书应用快递的方式给领导寄去，并电话告知领导。具体事项按领导指示办理。

二、来电的处理

在领导出差期间，凡是找领导的来电，秘书都要做好电话记录，对已授权的事项可以向相关领导汇报，比较重要的事情要及时电话联系领导本人进行汇报，按领导指示办理相关工作。

相关知识

（1）及时整理收到的信件和资料。应按轻、重、缓、急分类，相关授权事项及时转告被授权人。重要情况、紧急情况，应随时与领导本人取得联系。

① 处理来电。

在领导出差期间，如果有找领导的电话，秘书要把来电的时间和内容记录下来，如果情况比较紧急，直接打领导手机汇报，如果事情不急，等领导回来上班后再汇报。

② 处理信件。

将领导出差期间的来信和资料按日期、时间顺序保管好。如果是紧急的信件,秘书应用快递方式给领导寄去,在信封上要写上“亲启”等字样,并电话告知领导。如领导没有特别交代,一般只寄复印件,原件留在单位保存。

(2) 抓紧时间将未完成的工作做完。领导回来后,将会带回更多工作任务,所以要利用领导不在、相对空闲的时间尽快处理完手头工作。

(3) 将领导和自己的办公室、办公桌进行整理,使领导回来后有焕然一新的感觉。

(4) 检查办公设备,及时更换、补充办公用品。

(5) 与领导随时保持联络,既作必要的情况通报,又可以及时获得帮助和支持。最好能与领导约定每天在一个固定的时间通电话,向他汇报单位的工作。

为便于当有突发事件发生时能够及时联系领导,要对领导的行程进行跟踪,但不要随便向人透露领导行踪。

实训演练

一、训练目标

能够处理领导出差期间的信件和电话等工作内容,保证领导出差期间公司工作的有序性。

二、知识要求

掌握领导出差期间信件、资料的保存方法和处理办法。

三、训练要求

对待信件和来电要细心甄辨,即使不是紧急情况也要记录、保存,不能有所遗漏。

四、操作说明

(1) 利用2学时,分小组进行。结束后,教师引导学生对每一个任务进行点评。

(2) 本实训可选择在模拟办公室或教室等场所进行,每个同学最好能按照实训内容设计演练的台词,并给本小组成员分派角色。

(3) 训练前布置学生复习对信件及电话或其他工作事务处理的有关知识与要求。

五、操作提示

这项训练中,学生要按照实际情况演练,对学生能力的提高起到锻炼和促进作用。

六、任务描述

某食品机械厂赵厂长于11月20日到邻市一食品加工厂谈合作事宜，预计下午5点后才能回来，上午10:20秘书小张收到一封信，邀请赵厂长参加11月30日的研讨会。在上午11:10时小张又接到一个电话说，下午3点左右另外一个有合作意向的食品加工厂的厂长在副市长的陪同下要来参观工厂。小张该怎么处理？

任务3　出境差旅工作

学习目标

了解办理出国旅行手续的内容和程序，熟悉要为领导国外出差而进行的准备工作。

任务描述

公司总经理李寿两个月后要去法国考察市场，给秘书小王提供了一些基本信息后要求小王为其办理手续并做好相关准备。

工作处理

一、任务分析

拟写国外出差的差旅日程表与国内差旅日程表的区别不大，关键是要了解出国商务旅行的手续及要做的准备。

二、了解出国商务旅行的手续

(1) 撰写出国申请：包括事由、路线(所在国名)、日程安排、人数等，并附有关说明。

(2) 办理护照：携带相关证件和照片去公安机关或有关机构，填写有关卡片和申请表，仔细检查护照并签字。

(3) 办理签证：交护照并填签证表；检查签证；办理《国际预防接种证书》(即“黄皮书”、“健康证书”)，凭护照和签证到当地卫生检疫部门进行卫生检疫和预防接种后领取黄皮书，并仔细检查一遍。

(4) 办理出境登记卡：凭护照、户口簿、居民身份证办理。

(5) 订购机票：须出示护照并仔细查对机票。

(6) 办理保险：通过代理人直接由保险公司安排。

(7) 出行前准备：编制旅行方案；了解外汇信息，办理兑换；随身物品；相关文件；

相关证件;了解所去国背景资料。

(8) 出入境:边防检查、海关检查、安全检查、健康检查等。

相关知识

一、办理出国申请

办理出国旅行手续的内容和程序。主要有七项:递呈出国申请书、办理护照、申请签证、办理健康证书、办理出境登记卡、订购机票、办理保险等。

1. 撰写出国申请

(1) 出国事由;

(2) 出国路线(外国公司所在国名称);

(3) 出国日程安排,包括出国时间,在国外活动时间、地点,回国时间等;

(4) 出国组团的人数。

申请文书后面要附出国人员名单和外国公司所发的邀请函(副单),出国人员名单要写清姓名、年龄、性别、职务、职称等内容。

2. 办理护照

(1) 携带主管部门的出国任务批件,出国人员政审批件,所去国有关公司的邀请书,2 寸正面免冠半身相片等。

(2) 国家公务人员因公出国人员的护照,应到外交部或其授权的机关办理;非国家公务人员和因私出国人员的护照,由公安部授权的机关办理。

(3) 认真填写有关卡片和申请表。

(4) 拿到护照后,应检查姓名、出生年月、地点是否填写正确,并在签字栏上签名。

3. 办理签证

(1) 因私持普通护照出入国境的中国公民必须办理有关的签证。

(2) 因公出国的人员前往国家的签证可到前往国驻我国大使馆或领事馆,直接联系申办签证;或是委托权威的可靠的签证代办机构代办;也可以委托前往国家洽商的公司到前往有关国家的使领馆办理。

(3) 办理签证要交上护照并填写一份签证表。

(4) 取得签证后,检查签证的有效期及是否签字盖章。

4. 办理《国际预防接种证书》

(1) 出国人员在办理了有效护照和签证后,应持单位介绍信到所在地的卫生检疫部门进行卫生检疫和预防接种,并领取黄皮书。

(2) 拿到黄皮书后,应该进行认真查验。查验内容:填写的内容是否符合本人情况(姓名、出生日期和性别),医生的签字、检疫机关的盖章是否清晰,应该接种的项目是否填写。

5．办理出境登记卡

在办妥了上述各项手续后，秘书携带出国人员的护照、户口本、居民身份证办理临时出国登记手续。

6．订购机票（船票、车票）

（1）可在国内各航空公司及其售票代理点办理购票手续，也可在外国航空公司驻我国的办事处购买。

（2）购买国际机票须要出示护照。

（3）拿到机票后必须对票面查验。查验的程序：查验姓名的拼音是否与本人护照或其他有效证件中的拼音相符；全部航程的每次航班是否都有乘机联，每一联的黑粗线框内是否与原旅行计划相一致；每次航班起飞和降落的时间，机场名称；是否在定座栏内填好“OK”；是否有涂改或填写不清楚的地方，是否盖有公章。

如果所到之处对方有接待，这时候就可以发出通知，最好以书面形式通知。内容包括航班，航船号，火车的车次，启程地点，到达机场、口岸或车站的名称和时间，前往的人数等。

7．办理保险

通过代理人直接由保险公司安排，使用于意外事故，如医疗及行李丢失等。

二、出行前的准备

（1）编制几种旅程方案，供上司选择；选定最佳方案后，将其打印成文。

（2）了解外汇信息，办理兑换外币。

（3）准备随身携带物品，包括服装、拖鞋、洗漱用品等。

（4）根据旅行目的，为上司准备必须携带的各种文件。同时，还要为上司提供有关国家的风土人情及各种礼节，使上司的商务活动顺利完成。

（5）检查相关的文件：护照、签证、黄皮书、机票、外语名片（且不可忘记）、外币以及其他必需的出国文件、证件等。

（6）收集所到国的背景资料。

在国际交往中，无论是出国考察或是商贸洽谈，都会遇到各种不同的情况。掌握所到国家和地区的文化、习俗、礼节等常识，可以使出访者在处事中，既能维护尊严，不卑不亢，又不失礼仪之邦的风范，以诚相待，以礼相待。

三、出入境手续

1．边防检查

出入国境人员要填写出入境登记卡，交验护照，检查签证。边防人员确认无误，在护照内页盖上注明出境口岸和日期的验讫章。有的国家入境时就填好一式两份的出入境卡，入境时收走一份，另一份放在护照内等办理出境手续时再收走。

2. 海关检查

填写海关申报单，包括姓名、性别、职业、国籍、护照号、发照日期、入境口岸、入境日期、逗留地址、行李件数及所带物品的数量。大多数申报单还要求填写外币旅行支票、信用卡的数量等。

然后将所带行李连同申报单一起到海关处，由海关人员根据申报单进行检查。

3. 安全检查

主要禁止携带武器、凶器、爆炸物、剧毒物和液态物等。所以在准备行李、礼品时应避免携带违规违禁物品，以减少不必要的麻烦。

4. 健康检疫

即交验黄皮书，对未接种的旅客会采取隔离、强制接种等措施。

实训演练

一、训练目标

能够办理出国差旅手续。

二、知识要求

熟悉办理出国旅行手续的内容和程序。

三、训练要求

在为国外出差做准备时，熟悉申请出国的所有程序，做好细致的准备工作。

四、操作说明

(1) 利用2学时，分小组进行。结束后，教师引导学生对每一个任务进行点评。

(2) 训练前布置学生复习境外差旅的有关知识，明确工作思路和内容，分工合作完成训练任务。

五、操作提示

这项训练中，学生要按照实际情况演练，对学生能力的提高起到锻炼作用。

六、任务描述

某省政府接到利物浦市邀请函，经研究决定副省长一行12人于10月份前往利物浦考察项目。省政府办公室秘书王明负责这次领导出国考察的准备工作，他该做些什么？

第九单元

值班工作

在经济建设中,"时间就是生命,时间就是金钱",这已经是大家公认的事实,值班工作就是要保证组织运转不中断,保证不因节假日、休息日给组织带来损失。值班室管理工作是秘书部门的日常工作之一,要求秘书具备全面业务技能,有独当一面、应付复杂局面的能力,还要具有临危不惧、善于应变的良好心理素质。本章学习值班工作的主要内容,了解值班工作的主要程序,掌握值班工作的基本要求,熟悉应对突发事件的应急处理办法。

任务1　值班工作安排及要求

学习目标

学习值班工作的基本内容及值班要求与管理,掌握值班日志的撰写,熟悉值班原则。

任务描述

国庆节期间,H公司按照国务院的有关规定,放假3天。为了加强国庆期间公司的安全保卫工作,公司安排了值班。10月3日,轮到办公室秘书小王值班。凌晨2点多,王秘书接到保卫的电话,说有一个自称是张总亲戚的陌生男子有急事要找张总。王秘书接到电话后该怎么做?

工作处理

一、任务分析

随着生产力和科学技术的发展,组织业务联系范围的愈加广泛,人员往来、信息传递、自然变化等都无法控制在工作时日内发生,尤其是国际交往、世界性业务还涉及不同国家、不同时区,往往会在公休时间出现一些工作事项,因而需要有人值班。国庆放假,H公司当然也得要安排人员值班,以确保整个单位正常运转。

二、任务实施

(1) 记录电话内容,接待客人。了解清楚客人身份、单位、来访意图,然后视事情缓急程度,灵活处理。由于是非工作时间,来访者的要求未必能够得到满足。但值班人员不能将来访者拒之门外,对能够解决的问题尽量解决。一时无法解决的要说明情况,耐心解释。

(2) 记清《值班登记表》(见表9-1) 和来访登记表(见表9-2)。

表9-1　值班登记表

<table>
<tr><td>值班时间</td><td colspan="3"></td><td>值班人员</td><td colspan="2"></td></tr>
<tr><td>工作内容</td><td colspan="6"></td></tr>
<tr><td rowspan="2">交接班记录</td><td colspan="6"></td></tr>
<tr><td>交班人</td><td></td><td>接班人</td><td></td><td>交接时间</td><td></td></tr>
</table>

表9-2　来访登记表

<table>
<tr><td>来访者姓名</td><td></td><td>来访者单位</td><td></td></tr>
<tr><td>接待时间</td><td colspan="3">年　月　日　时　分至　年　月　日　时　分</td></tr>
<tr><td>内容</td><td colspan="3"></td></tr>
<tr><td>拟办意见</td><td colspan="3"></td></tr>
<tr><td>批办意见</td><td colspan="3">领导签字:</td></tr>
<tr><td>处理结果</td><td colspan="3">值班人签字:</td></tr>
</table>

(3) 记清值班处理事务的方法及结果。

(4) 上班时把详细情况汇报给领导。

▶▶ 相关知识

值班工作是秘书部门的日常工作之一,值班室是进出单位的通道、连接内外的枢纽、集散信息的窗口。加强值班的工作,对于维护单位的正常工作和生产、保证安全、畅通与外部的联系有着重要的作用。

一、值班的主要任务

1. 文电处理

对于值班期间收到的文件、电话、和电报，秘书人员应及时处理。尤其是对一些急件，要及时拆阅，对重要、紧急的文电要立即交到领导或当事人手中。对于接听的电话的内容，要做好完整、准确的记录。

2. 信息传递

秘书人员值班的一个重要任务就是接收和传递值班期间往来的信息。对来自各方面的的信息，秘书人员要认真整理、鉴别和筛选，分清所得到信息的价值，以便有关部门能及时利用和处理。

3. 接待来访

值班期间接待来访人员也是秘书人员一项常规性工作。若是在非工作时间，有些来访者的要求未必能够满足，但秘书人员不应以此为借口将来访者拒之门外，对自己能够解决的问题应尽量解决，一时无法解决的要说明情况、耐心解释，并对来访者所反映的问题和情况做认真的登记，并提出拟办意见交有关部门办理(如表 9-3 所示)。

表 9-3　接待记录

来访人姓名	王　明	来访人单位	海明公司
接待时间	2016 年 5 月 25 日 9:40		
内　　容	谈代理事宜		
拟办意见	请来访者留下该公司资料及代理条件的纸件报总经理阅并转业务部信息科着手调查该公司的资信		
领导意见	经电话请示，领导同意值班秘书的处理意见		
处理意见	按拟办意见处理，并做好记录和资料留存		

4. 临时性、突发性事务的处理

秘书人员在值班过程中若遇到突发事件或紧急情况应如何处理呢?

一要快。凡是报到值班室的突发事件、重大事件，以及有损单位安全，或直接关系到员工生命和单位利益的安危的事件，值班人员必须重视，办事迅速，并及时向领导请示、报告。再有，秘书人员要对值班室的常用通讯设备进行定期维护和保养，如对讲机、手持电话平时要充好电，专用交通工具平时要加好油;交通图册、重要联络电话及其他基础装备，平时要随身携带。

例如：总值班的工作人员通过监控发现公司二楼营业区有起火点，要迅速通知二楼值班人员赶往出事地点，以备用灭火设备控制火势，然后马上请示主管领导："监控显示二楼区域有明火，情况不是很严重，原因不明，目前火势已得到控制，没有报火警,正在抢救现场财务,无人员伤亡,请您指示下一步工作。”

二是要准。就是要对突发事件 或紧急情况的时间、地点、影响范围、损失大小等了解得十分清楚,否则就会贻误工作。要想达到办事准确的效果,必须通过各种渠道把情况尽可能了解清楚,收听情况时要努力听清记准,对听不清楚或怕搞不准确的情况要逐字问清,如地名、人名、数字等关键信息绝不能满足于“大概”“差不多”。

例如:正在值班的总值班员接到电话说公司地下负一层出现渗水现象,要迅速安排人替班。然后总值班员应亲自赶往现场查看,或以电话等其他方式进行初步调查,以便在请示主管领导时能够做到对事故情况心中有数,同时值守人员不空岗。

经初步调查后至电主管领导:“王总,晚九时发现地下负一层出现渗水,初步检查是消防栓失灵引起的,目前已转移了该区存放的商品。工程技术人员已开始了抢修。”

或:“王总,晚九时发现地下负一层出现渗水,初步检查是上水管线出现了断裂……”

要说明的是如果当时的处理能解决问题,如例子中的渗水事件,也可第二天再通报主管领导,值班人员要有处理应急突发事件的能力。

三是要加强预测,积极主动。有些突发事件或紧急情况是不可预知的,而有些则可以通过日常工作了解情况、掌握信息、综合分析,对事物的变化发展进行预测,以做到防患于未然,使损失减小到最低限度。做好预测,就要求值班人员平进要注意积累经验,遇到紧急情况时要善于做出及时妥善的处理。

例如:夜间值班人员在巡场时,根据经验会发现一些危险事故的先兆;休息日值班人员在接到电话、传真,接待来访时要有分辨信息重要程度的能力,既不要为了一些无关紧要的事情去屡屡打扰领导也不可对一些重要的业务擅自处理或没有给予足够的重视。

5. 做好值班记录

值班记录是值班人员处理事务、接听电话、接待来访的原始记录,一般有三种形式:值班日志、接待记录和电话记录。值班记录应力求完整详细,要清楚地反映出值班日发生的重要事件、接收到的重要信息、接待的重要来访者等,全面反映当日的重要工作。当然值班记录也应该注意言简意赅,不必在其中进行描述和讨论,只要将有关情况说明即可。(填写范例见任务实施)

6. 搞好交接班

为了值班工作能够前后衔接,避免情况不通,值班人员彼此要做好交接工作。交接工作可以是口头交接,也可以通过“值班日志”书面交接,对一些重要事项或正在进行的工作务必要交待清楚,以便工作的正常进行。交接班通常有两种方式:

(1) 集体交接班,即值班公司全体人员在一起交接班。交班人员汇报值班时间内发生了的大事、上司的指示、办理情况、需要接班人员做些什么工作等,各员工也可把各自的工作简要讲一下。

(2) 交班的值班人员单独交接,接班人员明白接班之后必须做些什么工作,交班的目的就已达到。

例如：前例出现的渗水事件的交接工作可以这样做。

第一步：做好值班记录(如表 9-4 所示)

表 9-4　值班日志

时　间	6 日 18 时 30 分—7 日 7 时 30 分	值　班　人	王　明
记　事	6 日 21 时地下负一发生上水管断裂造成的渗水事故，已报修并组织人员抢救存放商品	待办事项	民航货运处来电让公司去取货，请通知运输处协同采购处办理
备注：	经请示领导，同意值班人员对渗水事件的处理，取货事项只做了备案尚未上报	接班人签字	赵阳
处理结果	渗水处已修好，受损货物尚未处理完毕		

第二步：对上表中无法完全反映的事项做以口头补充。

二、值班制度和组成形式

值班制度是要求值班人员共同遵守的规程或行为准则，才能保证做好值班工作。

值班工作具有明显的岗位责任性质，必须建立严格的制度。

值班制度应根据本公司的工作性质和具体情况制订，一般有这些方面的内容：值班人员的职责和权限，各项值班工作的程序，值班人员应遵守的规定，交接班时间和方法等。

值班的组织形式根据工作需要和人员情况而定。大体上有三种形式：

1. 设有专门的值班室，或配备专职值班人员，负责本公司的全部值班工作。大型企业一般采用这种形式。

2. 工作人员轮流值班，主要做好节、假日的值班工作。

3. 专兼职值班结合的形式，即白天有专人值班、晚上由工作人员轮流值班；平时有专人值班，节、假日由工作人员轮流值班。

三、值班记录的编写

1. 值班日志

值班日志以一天为单位，记录值班中遇到的情况和工作经历。凡值班期间的来人、来电、来函、领导批示、领导交办事项、值班人员办理事项，都要摘要记录在值班日志上。值班日志有利于下一班值班人员了解工作情况，保持上、下班工作的连续性；有利于领导了解、检查、考核值班工作；有利于编写情况反映、工作简报、大事记录等提供参考资料。表 9-5、表 9-6 是《值班日志》的范例。

表 9-5 值班日志(一)

时　　间	9 月 6 日 18 时 30 分—9 月 7 日 18 时 30 分	值　班　人	王丽、李浩
记　　事	一切正常	待办事项	运输处取货
承办事项	海天公司业务员来访,询问代理条件	接班人签字	曹爱华
处理结果	取货通知单已送交运输处,向海天公司业务员介绍公司其本公司的代理条件,并请他在周一来公司找业务处工作人员详谈		

表 9-6 值班日志(二)

时　　间	9 月 7 日 18 时 30 分—9 月 8 日 18 时 30 分	值　班　人	孟醒、曹爱华
记　　事	二楼客梯发生故障	待办事项	修理电梯
承办事项	晚报前来预约报道公司十一大型促销活动,已做登记	接班人签字	袁海岩
处理结果	二楼客梯已与生产厂商联系报修,修好前已做停用并做了显著标志		

2. 请示汇报

值班期间发生重大情况或突发事件,值班人员应立即向领导报告,必要时可形成书面值班报告送领导审批。对把握不准的其他问题也是请示领导,不得擅自越权处理。领导批示后,值班人员应按领导意见办理。值班报告一般为单张正反面两页式,容量较小,把主要情况和拟办意见写清楚即可,不要过多地分析原因、危害等内容。

3. 来访登记

在办公时间和生产时间来单位的外来人员及其自带的车辆、物品和在非办公时间或非生产时间进出单位的人员及车辆、物品都要认真地登记。登记可以由来访人员自已完成,也可由值班人员代为登记。(外来人员登记表参见表 9-7)。

表 9-7 外来人员登记表

序号	姓名	性别	单位	车号	自带物品	办理事项	进入时间	出门时间	备注
1	姜丽	女	宏发物资公司		样货一箱	申请代销	2016 年 5 月 25 日 9:00	10:20	无预约
2	宋刚	男	市地税局	京 AD××××		联系中期审计事宜	2016 年 5 月 25 日 9:15	10:00	有预约

4. 电话记录

电话是值班室使用最频繁的对外联系工具，值班室反映情况、联系事情也多用电话。对于这些电话的内容，必须认真地做好准确的记录。发电话通知，事先要拟好通知稿。通知稿要简明、扼要、口语化，避免或尽量少用同意字、怪僻字。在通话过程中要做必要的解释，发完后要对方复述一遍。注记下通知完毕时间、受话人姓名等备查。接上传下，通话内容核实后，记录者要签字负责。记录电话及办理情况，要用统一格式的专用记录本（如表 9-8 所示）。

表 9-8　电话记录

编号：0036　时间：2016 年 5 月 25 日 16 时 25 分到 16 时 30 分			
来电单位	省农业银行	发话人姓名	张明
来电单位电话号码	2323××××	值班接话人姓名	赵芳
通话内容摘要：	通知财务处办理贷款担保事宜		
领导意见：	转财务总监处理		
处理结果：	电话告知财务总监，并及进填写了电话记录		值班人签字：许龙

实训演练

一、训练目标

（1）能够熟练处理值班工作。

（2）能够撰写值班工作日志、来访登记表和值班电话记录表等。

（3）能够协调和其他值班部门相关的工作。

二、知识要求

（1）熟悉值班工作各项内容。

（2）掌握值班工作基本要求及值班工作管理制度。

三、训练要求

（1）值班日志的撰写要详尽。

（2）做好值班交接工作。

四、操作说明

（1）学生每 15 人为一组，每组分 5 个小组。实训在模拟公司办公室进行。

第一个场景，学生 3 人一组，分别扮演陈秘书、小李和小宋。要轮流扮演一次。

第二个场景,学生 3 人一组,分别扮演陈秘书、小张和吕丽。要轮流扮演一次。

第三个场景,每位学生需在电脑上制作出值班日志,并打印成文稿。

第四个场景,每个小组由教师任选一名学生完成演示,演示结束后,随即进行点评。

(2) 每组演示时间不超过 15 分钟,制作打印文稿不超过 30 分钟。

五、操作提示

(1) 值班人员在值班工作中必须准确传递信息,对本公司的有关业务进行提醒、通知,及时地将信息传达到相关部门和单位,并督促有关人员落实工作任务。

(2) 值班工作担负着处理社会性事件的任务。值班人接到突发事件的紧急报告后,对于属于自己职责范围内的可按照有关规定处理;对自己把握不准的问题,要及时向领导或有关部门报告、请示,并按照指示迅速开展工作;对来不及请示领导答复的问题,可视情况先做应急处理工作,再向领导报告。

(3) 值班人员在接听值班电话时,态度要和蔼、谦虚、有礼貌。遇到询问应耐心热情地回答,要熟记常用的电话号码,对重要电话要详细记录内容。

(4) 值班日志以一天为单位,记录值班中遇到的情况和工作经历。

(5) 下班时推迟十分钟离开办公室,将手头资料整理一下,按主次放好,关闭所有办公设备(传真除外),切断电源、关好门窗,保持办公环境整洁、美观。仔细检查一遍,再锁门离开办公室。

六、任务描述

2011 年 5 月 15 日星期日,金喜鹊鞋业有限公司主管秘书陈小姐在公司值班。值班当天工作分 4 个场景。

场景 1:

陈秘书翻开记事本,发现今天有两次记了技术部的工作任务:

今天上午 9:00,到第一分公司检查新产品的样品质量;

下午 14:00,到第二分公司,修理设备。

因为今天是休息日,技术部门只有技术员小李一人值班,工程师小宋今天正好轮休。陈秘书如何电话督促技术部门完成任务,请演示秘书的处理方式。

场景 2:

值班当天上午 10:00,接到五马专卖分店营业员小张的电话,说顾客很多,N12 型号男鞋缺货。陈秘书翻看仓库记录,发现仓库也没有存货,此时只有从新桥分店调货。因此,陈小姐先打电话与新桥店店长吕丽联系,得知有此型号的男式皮鞋,要求调货给五马店。随后营业员小张请顾客留下地址、电话与押金,并为其开出收货凭证,请其回家等候,承诺一小时后将上门服务。秘书怎样应对值班电话?

场景 3:

当天下午 5:30,还有半小时就可以下班了。所有事情已做完,陈秘书觉得有必要将今天的值班情况整理一下，编写在值班日志里。请完成一份当天的值班日志。

场景 4：

6:00 已到，陈秘书准备下班。办公室物品有桌椅、电脑、传真机、复印机、电话、花卉、纸篓、空调、报刊、文件资料、水瓶、茶杯及日历等。请演示一下陈秘书的下班过程。

任务 2 突发事件处理

学习目标

了解值班人员应对突发事件及紧急事件的准备工作，熟悉对办公室值班过程中突发事件的处理方式。

任务描述

某矿区办公室秘书小王夜里在办公室值班时，接到省长打来的电话，得知 5 小时后矿后牛头峰即将发生山体滑坡。现公路塌方，风大云厚，飞机无法提供空中支援，而省市组织的支援力量 10 小时后才能到达。矿长出差考察，现任矿区负责人方副矿长去市里开会，领导都不在矿区，秘书小王临危受命。省长要求小王担任处理这一事件的总指挥，组织好抢险力量，确保群众的生命安全，并将矿区财产的损失降到最低。

工作处理

一、任务分析

这是一起突发事件，考验秘书的应变能力及敏捷的思维。突发事件中有许多特殊处理手段，领导都不在，省长要求果断处理。此时秘书小王也就不能推脱责任了。如果不接受省长授权，而是临时召开紧急会议，推选临时负责人，貌似公允无私，实则延误战机。

二、安排部署

（1）让矿区立即停止矿下作业，矿区领导召集矿区全体职工 15 分钟内到矿办开会，不服从命令者立即撤职。

（2）传达省长命令，宣布就职。向职工介绍紧急情况，传达省长电话通知的精神，以便开展工作。

（3）矿区治安队立即全副武装，加强巡逻，对趁机浑水摸鱼、搞破坏、拒不撤离者采取强制措施。

(4) 地质科全体出动,监视后山滑坡山体的情况,随时通报,没有命令,不许撤离。

(5) 全体党员、干部不准回家,充当抢险队伍骨干。

(6) 财务科负责现金和账目簿的转移。治安队派两名武装人员护送。

(7) 技术科、仪表科负责转移重要资料和贵重仪器。

(8) 文教卫生科负责撤离幼儿园孩子、学校学生和医院病人。

(9) 李云任井下各工段队长,配合机修厂工人,转移精密仪器和贵重设备。指派负责人现场指挥。

(10) 通讯班总机室全体人员坚守岗位,确保线路畅通,与省市领导密切联系,及时了解各方面情况,每半小时向总指挥报告一次。指派负责人坐镇指挥,接到命令才能撤退。

(11) 剩余的党员、干部,一人跟一辆车,运送撤离人员和物资,到矿区南面22公里处牛背岭集中。第一批撤离病人,第二批撤离孩子和老人,第三批撤离职工家属,第四批撤离非党员职工,第五批撤离党员。矿党委委员与总指挥在全体撤离后清点矿区,对油库、煤气站、电路做安全处理,最后撤离。

(12) 鼓舞士气,安抚群众,强调纪律。

(13) 在最短的时间内向在外出差的矿领导汇报情况,获得进一步指示后,继续开展工作。

三、监督实施

布置任务后,要求每项任务的负责人及时汇报执行情况,以便总指挥了解全局。撤离时要清点人数,最后要进行巡查。应对复杂局面,更要心思缜密。大灾过后,群众的情绪容易不安,秘书小王及时传达了省长的新指示,对群众今后的工作、生活做了简要安排,使群众稳定了情绪,看到了希望。

▶▶ 相关知识

在高级首脑机关或要害部门值班,随时都有可能有突发性的事件上报到值班室。有许多紧急事件无规律可循,必须随时准备应付复杂情况和处理突发性事件。秘书人员在值班过程中若遇到突发事件或紧急情况应做到以下几点。

一、做好准备

值班室的常用通讯设备定期进行维护和保养,如对讲机、手持电话、播音设备等平时要充足电。专用交通工具平时定期保养、加足油。掌握最新值班室电话号码表及单位领导人的住址、电话。了解在本地区、本组织基层单位检查工作的领导的行踪及生活接待情况，掌握领导去向，以便随时保持联系。另外，交通地图、雨衣、手电筒、收音机等要作为值班室的基础装备，做到有备无患。

二、迅速部署

值班人员接到有关生产、交通事故、火灾、盗窃或暴雨、地震等突发事件、重大事故，以及威胁单位安全或直接关系到职工生命、单位利益的事件，值班人员应遇事不慌、处变不惊、沉着冷静，但应该迅速反应，并及时向领导报告，接受领导指示，迅速部署工作。

三、核实信息

通过各种渠道，对突发事件、紧急情况的时间、地点、性质、影响范围、损失程度等了解清楚。收听情况时要努力听清记准，对听不清楚或怕搞不清楚的情况要反复核实，如地名、人名、数字等，不能满足于“大概”、“差不多”。

四、加强预测

有些突发事件或紧急情况是不可预知的，而有些则是可以通过日常工作了解情况、掌握信息、综合分析，对事态的变化发展进行预测，以做到防患于未然，使损失减小到最低限度，如汛期的防汛、干燥气候的森林防火。作出预测后，要根据情况提前作出应急处置方案，如《防台风、防汛应急处置行动方案》、《突发传染病疫情应急处置方案》、《突发中毒事件应急处置方案》等。对突发性或紧急性情况做好预测，要求值班人员平时积累经验，遇到情况时善于分析、冷静思考、妥善处理。

实训演练

一、训练目标

(1) 培养处变不惊的良好心理素质。
(2) 学会迅速灵敏、沉着冷静、有条不紊地处理好突发事件。

二、知识要求

(1) 了解值班人员的常规工作。
(2) 熟悉对突发事件的处理方式。

三、训练要求

(1) 明确不同工作事务的处理重心和要求。
(2) 部署方案要求严谨规范。

四、操作说明

(1) 利用2学时,分小组进行,完成2个值班任务。结束后,教师引导学生对每一个任务进行点评。

(2) 实训的准备工作需要课外完成。做好模拟值班工作的前期准备非常重要,课前了解各部门的工作职责,安排各部门负责人,合理分配任务,在小组长的统一协调下,成员相互合作,共同完成。

(3) 训练前布置学生复习值班工作的有关知识,明确工作思路和内容,分工合作完成训练任务。

五、操作提示

这次训练主要针对工厂办公室值班人员处理车间工人的突发状况,在训练中由一部分同学扮演当事工人。演示结束后,对实际情况的处理进行总结,完善应急处理方案。

六、任务描述

(1) 中兴玩具厂办公室副主任刘桂春晚上在值班室值班,接到车间负责人的电话,一名湖南籍工人王山和另外一名山东籍工人宋岗在车间发生了争执,动手打架。随后又有数名湖南籍、山东籍工人加入,引发了群殴。目前打架的人数已经达到10人,围观职工越来越多。刘桂春在接到电话后该如何处理这起突发事件?

(2) 12月13日,多姿涂料厂14名夜班工人因高烧未能出勤,发烧人数占到所有夜班工人的1/3。车间主任将这一情况报告给值班室,值班人员应该怎样做?

第十单元 工作效率和时间管理

本单元主要学习如何通过有效的时间管理来提高领导及秘书的工作效率。工作效率是指工作的投入与产出比，提高工作效率就是用尽量少的投入获得尽量多的产出。对秘书来说，就是能够科学合理地做出各种时间安排，正确迅速地处理日常事务与突发事件。秘书工作繁杂且时间多不能自主，树立正确的时间管理观念，熟练使用“ABCD时间管理法”、“80/20法则”等，能大大提高工作效率。

任务1 时间管理方法

学习目标

树立正确的时间观念，掌握科学的时间管理方法。

任务描述

刘一大学毕业后应聘到一家小型私企，她一向勤奋也肯吃苦，工作上非常努力。但她每天都手忙脚乱，到很晚才能休息，一堆一堆的事情似乎永远也做不完。这令她感到前所未有的疲惫。

周末加班后，她在MSN上向自己的一个在外企同样做秘书的同学赵玉诉说自己这一段时期的状态。赵玉说：“其实主要是时间没利用好。这样吧，你把你下一周要做的事都列出来，我们一块儿安排一下。”

刘一决心要把自己的整个状态扭转过来。回到家中，便把堆积着的事情全部列出，并做了一个安排发给了赵玉。

下一周的5天中她要做的事情如下。

(1) 有两张订货单上还有细节问题，须要沟通后厂子才能继续生产。

(2) 下周该发员工的工资了，95个工人的工资单还没核对，大概需要4个小时。

(3) 眼镜框不小心压歪,还勉强能戴,但看东西很别扭。

(4) 一直没回家,有一个多月没和父母联系了。

(5) 明天上午 9 点到 11 点是公司例会。

(6) 周三晚上恋人出差回来,定好晚上在住所为其接风,但吃的用的东西都还没有准备。

(7) 每月一期的公司简报还差一点儿,要在周五之前完成,大概需要 2 个小时。

(8) 朋友推荐了一份兼职,需要在周三或周四晚上七点之前去面试,估计要花 1 个小时。

(9) 上司负责的一个工地项目要在明天下午 6 点钟开一个临时会议,需要参加。

(10) 一位很久没联系的朋友正好得了两张音乐会的票,周二或周三晚上的,邀请自己一起去听,7 点开始,全场需要一个半小时。

(11) 下周六要参加会计考试,至少需要用 13 个小时突击一下,只能利用业余时间。

(12) 上司留下一张便条,要自己尽快与他见面。

(13) 明晚有个公司聚餐。

(14) 有个广州客户周一下午 4 点钟到,须要去机场迎接,并为其安排食宿。

(15) 明晚有个自己特别想看的电视节目,8 点到 9 点半。

(16) 上司周五出差,须要为其买好飞机票。

(17) 住所的一个房间里的顶灯坏了。

(18) 身上的钱不多了,须要取钱。

(19) 上司出差须要随身携带一份发言稿,完成这份发言稿大概需要 2 个小时。

(20) 会计周三前要到银行办理一笔支付款项。因工作需要,要求本人陪同前去,最近的银行来去也要 1 小时。

注:每天上班时间为 8—12 点,13～18 点(含往来交通时间,中午有 1 小时休息)

▶▶ 工作处理

一、任务分析

这是一项考查时间管理能力的任务。作为一名秘书,每天所面临的事情比一般人要更为复杂。如何取舍,如何将所有要做的事情都安排得井井有条,如何能够从容不迫地应对工作中常有的突发事件,是一件需要秘书人员认真思考不能随意而行的事。

二、形成方案

刘一将所有要做的事情一一列出后,按自己的习惯大致排了个顺序发给了赵玉。赵玉给她介绍了 ABCD 时间管理方法后,先让她用这个方法再重新排一下顺序。然后,又发给她一个表格(见表 10-1),请她将内容填入表格。经过赵玉的指点,刘一最后形成了自己的周时间安排表(见表 10-2)。

表 10-1 周时间安排表

时间	星期一	星期二	星期三	星期四	星期五
8:00					
9:00					
10:00					
11:00					
⋮					

表 10-2 第五周时间安排表

<table>
<tr><th>时间</th><th>星期一</th><th>星期二</th><th>星期三</th><th>星期四</th><th>星期五</th></tr>
<tr><td>08:00</td><td>见上司</td><td rowspan="4">为上司拟写发言稿</td><td></td><td></td><td rowspan="3">做上司出差前的准备</td></tr>
<tr><td>08:30</td><td></td><td rowspan="4">核算 48 名员工工资</td><td rowspan="4">核算剩余员工的工资</td></tr>
<tr><td>09:00</td><td rowspan="4">公司例会</td></tr>
<tr><td>09:30</td><td></td></tr>
<tr><td>10:00</td><td rowspan="4">陪会计去银行支付款项,顺路修眼镜框</td><td></td></tr>
<tr><td>10:30</td><td></td><td></td><td></td></tr>
<tr><td>11:00</td><td rowspan="2">11:15 沟通订单上的细节问题</td><td></td><td></td><td></td></tr>
<tr><td>11:30</td><td></td><td></td><td></td></tr>
<tr><td>12:00</td><td></td><td>请人修理住所顶灯</td><td></td><td></td><td></td></tr>
<tr><td>13:00</td><td>为下午来的客户订旅馆</td><td></td><td></td><td></td><td></td></tr>
<tr><td>15:30</td><td>取钱、接客户、为上司订机票</td><td></td><td></td><td></td><td></td></tr>
<tr><td>18:00</td><td rowspan="2">上司的项目会议</td><td rowspan="2">给父母打电话,准备明晚吃的用的</td><td rowspan="5">为恋人接风</td><td rowspan="2">兼职面试</td><td rowspan="6">准备会计考试</td></tr>
<tr><td>18:30</td></tr>
<tr><td>19:00</td><td rowspan="3">公司聚餐</td><td rowspan="4">准备会计考试</td><td rowspan="4">准备会计考试</td></tr>
<tr><td>19:30</td></tr>
<tr><td>20:00</td></tr>
<tr><td>20:30</td><td>准备会计考试</td><td>准备会计考试</td></tr>
</table>

三、督促实施

周计划表安排出来以后,刘一参照计划行事,目标明确,效率自然提高,事情虽多,但不再漫无头绪,有意外情形发生时,因心里“有谱儿”也能镇定、灵活地处理,一周时间过得有条不紊,而且完成的工作也比以前更多、更好,精神上也感觉轻松了许多。

▶▶ 相关知识

所谓时间管理,就是指在同样的时间消耗下,为提高时间利用率和有效性,选择一切可以利用的科学方法和手段,进行的一系列的时间分配工作。

1. 树立正确的时间管理观念

1) 时间是一种宝贵的资源

在所有的支出中,浪费时间是最奢侈和代价最昂贵的。时间的价值是用效果来衡量的,它取决于在有限时间内取得的成果。柬埔寨民谚说:“时间像弹簧,可以缩短也可以拉长。”有效地对时间进行管理,可以让分分秒秒都发挥出最大的效益。

2) 明确目标是时间管理的关键

西方谚语说:“一个跛脚但方向正确的人,可以赶超一个健步如飞却误入歧途的人。”明确目标比提高效率更重要。明确了目标就可以明确在哪些地方可以有权使用时间,在什么地方无权滥用,从而能正确把握时间。明确目标还可以提高效率,为自己要做的事订下一个期限,会自然生出一些压力和动力,全心全意去执行,就能大大提高办事的效率。

3) 运用科学方法合理规划时间

管理时间一定要讲究科学的方法,如“ABCD 时间管理法”、“80/20 法则”等,不能手忙脚乱,劳而无功。

4) 有效控制时间规划的执行

人的心理很微妙,一旦知道时间很充足,注意力就会下降,效率也会跟着降低,所以明确时间规划的目标,严格地限制时间,这样反而能使精力集中,更快地解决问题。

5) 评估时间管理状况

不时评估自己的时间管理状况,反思不足和缺点,以对时间进行更好的管理。

2. 时间管理的一般原则

1) 把握精力最佳的时间

把最重要的任务安排在精力最充沛、最有效率的时间做,能收到事半功倍的效果。

2) 把握最佳的时机

在完成某件事情的最佳时机内完成这件事情,就能收到最大效果,否则可能大大贬值或毫无意义。

3）80/20 原则

80/20 法则认为，重要的东西只占一小部分，只要集中处理占整体 20%的重要的事务，就可以解决 80%的问题。所以，要有意识地要求自己，把精力和时间，首先并主要用来处理那些最重要同时也是最困难的事情。

4）严格规定完成期限

巴金森在其所著的《巴金森法则》中说道："你有多少时间完成工作，工作就会自动变成需要那么多时间。"严格规定任务的完成期限，能够使你产生紧迫感，会更迅速有效地完成任务。

5）保持时间利用的相对连续性

分析工作性质，重要、复杂的工作最好在大块时间完成，以免精力和思考被中断后还须要再重新集中。

6）使用"A・D"原则

A 指 Analog，意为"连续"；D 指 Digital，意为"分段、数位"，"A・D"法则是指每隔一段时间，要更换工作环境、工作方式或工作内容，以保持大脑新鲜感，提高工作效率。因为大脑细胞长时间接受一种信息刺激，会导致工作效率降低。如果穿插进行其他内容的活动，人体原有的兴奋区产生抑制点，在其他部位出现新的兴奋区，就会提高工作效率。

7）时间安排要有弹性

把任务安排在 60%的工作时间里，留下 40%的弹性时间去处理未纳入计划和不期而至的事情。

8）批次处理原则

一段时间处理同一性质的事，可多件累积到一定数量再处理，比如复印不紧急的文件等。

9）有效利用零碎时间

比如在等车或排队买票的时间里读份报纸或舒展一下四肢，在乘车时间里构思一份文件或闭目养神等。利用好琐碎时间并不难，但容易被人忽视，善于利用零碎时间，一时获益或许不大，但长期积累，差距就会产生。

3. 时间管理的方法

1）ABCD 管理法

又叫四象限法。将待办事项按重要与紧急程度分为以下 A、B、C、D 四个等级（如图 10-1），然后依次完成任务。重要性是指非常有助于达到目标，如果不能完成，后果将十分严重；紧迫性是指须要立刻行动起来去做。

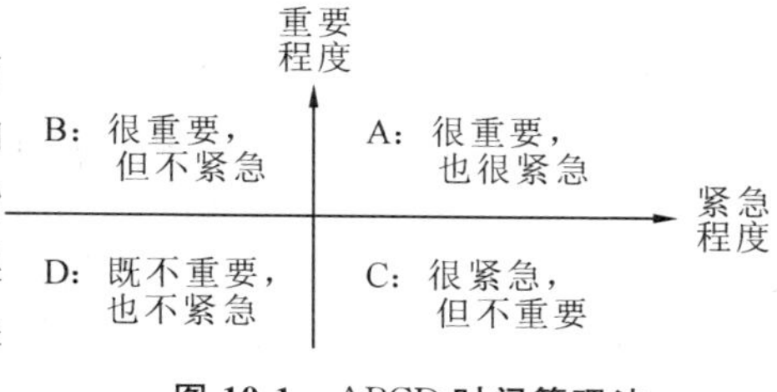

重要程度
B：很重要，但不紧急
A：很重要，也很紧急
紧急程度
D：既不重要，也不紧急
C：很紧急，但不重要

图 10-1　ABCD 时间管理法

A 类：既重要又紧急。应全力以赴投入

时间精力先完成。

B类:重要但不紧急。虽不需现在就做,但过一段时间,这类事务可能会升级为A类事务。此类工作宜集中精力专门处理。

C类:不重要但紧急。可设法尽快解决,但要考虑授权。

D类:既不重要也不紧急。这类事务如果完成固然好,它可能会让你有意外收获。但不完成也没有关系,也可以不把它们列入计划。

在以上的划分基础上,还可以将各个级别进一步细分,比如将A分为A1、A2、A3……当然,A1要比A2更重要一些,A2也比A3更重要一些,其他类事务也是如此。

另外,优先顺序排出后,在执行中有时还需灵活处理,比如A级事务要完成得需两个小时,而C级中有一些是请别人做的一些小事,那就应该在处理A级事务之前,先用几分钟的时间把这些小事分配出去,以使被分配的人相对有更多的时间去做。也就是说,有时有些紧急的事务虽不重要,但也可先处理。

2) 制定时间计划表

将一段时间内须要做的事情具体制定成年度计划表、月计划表、周计划表或日志,有助于统观全局,有条不紊地完成工作。

3) 适当转交

对于那些不需要自己去做的事务,或者有其他人比自己更能胜任的工作,可以根据工作性质和个人情况选择接受转交的人。转交时要清楚地交代任务,不时关注一下接受转交者的工作进程。

4) 学会说"不"

秘书在社会交往中,经常会遇到许多社会组织、群体或个人有求于你的时候,这些需求多数情况下又是不能全部满足的。例如,朋友请你聚会,你却不得不加班;上司让你晚上加班,你却必须照顾身边无人照料的生病的孩子;邻居托你出差时捎带东西,你却因日程太紧,没有时间关照此类事情;外单位来你公司要求采购紧俏商品,而你公司确已无能为力;某公司代表的请求有违国家法规等。遇到这种情况,该怎么办呢?一概承诺?不可能,也办不到,如果都答应下来,最后只能落得个"言而无信"的坏名声。支支吾吾,不置可否?也不合适,对方会以为你不负责任,缺乏能力。

(1) 保持简单回应。如果你要拒绝,要坚决而直接。一种方式,可使用短语,如"感谢你看得起我,但现在不方便"或"对不起,我不能帮忙"。另一种方式,尝试用你的身体语言强调"不",对此类事情不需过分道歉。记住,你不需允许才能拒绝。

(2) 给自己一些时间。打破"是"的循环观念,多给自己一些时间思考,不要急于回答。在空闲时考虑,你会更有信心地拒绝。

(3) 区分拒绝与排斥。你说"不"是拒绝请求,而不是排斥这个人。通常人们都会明白,你有拒绝的权利,就像是他们有权利要求帮助。

(4) 不要为拒绝他人感到愧疚。

（5）做回自己。要明确什么是你真正想要的，更好地认识自己才能让自己更加自信。

4. 时间管理的电子工具

时间管理常用的工具有备忘录、待办文件夹、商务通、布告板等，现在还多采用各种时间管理软件，以下是几款在线的时间管理软件。

Backpack　是一个简单的网络服务，具有日历和提醒功能，可把想做的事情做成一个清单发送电子邮件或通知到手机上，时间可以自己来定。当然，也可以把任务计划发给同事或朋友与他们一起共享。

Scheduler　可以帮助用户建立日程并进行跟踪，还可以通过 E-mail 及 MSN（微软网络服务）的方式提醒用户即将到来的日程。Scheduler 还提供了完整的计划制订、跟踪和回顾的机制，帮助用户制订计划并分解长期的目标将之转化成日程。

RescueTime　能准确地判断你在电脑上的各项操作花费了多少时间，不用录入数据，就可以收集你的事务数，并有迅速而即时的数据分析。例如，在 Word 输入和排版上用了多少时间，在浏览网页上用了多少时间等；通过每日或每周对你完成任务的情况作出总结。

GTD（Getting Things Done）　它不仅可以帮你安排好时间从而提高你个人的工作效率，还可以和你的客户和同事协作一同完成项目。它提供了一种通过协同工作而从大规模项目运作中解脱出来的办法。

实训演练

一、训练目标

掌握时间管理的原则和方法。

二、知识要求

（1）掌握轻重缓急事项的区分。

（2）学会使用 ABCD 时间管理法。

三、训练要求

（1）明确工作事务的处理重心和要求，准确判断重要及紧急程度。

（2）合理使用时间管理方法。

四、操作说明

（1）利用 2 学时，分小组进行，结束后，教师引导学生对每一个任务进行点评。

（2）训练前布置学生复习时间管理工作的有关知识，明确工作思路，分工合作完成训练任务。

五、操作提示

本次训练主要针对办公室工作中常态性的事务性工作，把它视为自己工作的一部分，因此工作的处理要充分考虑现实中的后果。

六、任务描述

1. 假设你午饭后回到办公室，你计划着下午的日程。有两项工作要做。第一项是处理一大堆琐碎又重要的事，如口述信件、查看日常事务备忘并处理它们，给某人打电话或是查看疑难问题。另外一项是关于一个重要而富有挑战性的技术问题。这个问题需要你和他人一起分析、讨论并解决。对于这个问题你非常有把握，因为它刚好属于你特长的领域。

你有两个助手，他们都能做好第二项工作，原则上你可以让他们中的任何一个去完成，而琐事只能你自己处理。并且你只有完成这两项工作中一项的时间。你面临的问题是决定先做哪项工作。

请从下列选项做出自己的选择，并分析原因。

A. 选择先处理技术问题，希望稍后能挤出时间来处理那堆琐事。

B. 选择先处理那堆琐事，让自己的一个助手来解决那个重要的、有挑战性的技术问题。

C. 把那堆琐事按照是否要自己亲自处理划分出来。自己集中精力处理需要自己处理的琐事，另一部分由自己的一个助手处理；另一个助手来解决那个重要的富有挑战性的技术问题。

2. 小张觉得自己快要累垮了！在公司担任程序设计师的他，工作非常出色，可谓前程无限。作为部门中唯一的单身汉，每逢加班赶工的紧急时刻，大家总会想起他。部门领导或同事遇到急事也总会找他帮忙，他也乐此不疲。小张觉得做人本来就该互相帮助，能帮就帮吧。渐渐地，每个人都习惯了找他帮忙，他也一概来者不拒。

然而最近一段时间，小张感到自己胃部经常疼痛，而长期的熬夜赶工，也让自己分内的工作质量大打折扣，压力感倍增。这天下午，又一个同事过来，要小张帮忙分担一些工作。小张觉得自己实在累得快喘不过气来了，想说“不”，却又开不了口。

他这样下去如何是好呢?

任务2　辅助管理领导的时间

▶▶ 学习目标

掌握制订年度计划表、月计划表、周计划表、日志等时间管理的工具和方法，并能够熟练使用。

任务描述

小陈初到一家私企做总经理秘书。总经理的事情很多，小陈常忙得团团转，而且稍有不慎，就会顾此失彼。一些小的失误，尚可谅解；但偶尔也会出现大的失误，这让小陈很自责。例如，有一次总经理的一位老友临时来访，二人相谈甚欢，以致总经理忘了早已订好的下午4点的飞机。小陈因忙于他事，也忘了及早提醒。当总经理想起时，已距飞机起飞时间仅剩30分钟。总经理来不及批评小陈，告别老友火速赶往机场，险些误了第二天的总部会议。

类似这样不该犯的错误有了几次之后，小陈开始反思自己工作的失误，向其他部门的同事请教后发现，原来是自己的工作方法有问题。她须要注意时间管理方法，辅助上司管理好他的时间，并配合上司的时间安排做好自己的时间计划。

工作处理

一、任务分析

秘书工作的根本作用是辅助上司，使其能集中精力处理更为重要的事情。因此，秘书工作内容繁杂琐碎，被动应付往往会顾此失彼。作为一名秘书人员就须要做事比别人更有条理，不能被工作淹没。在千头万绪的大量工作内容面前，仅凭不错的记忆力和热情也容易出现漏洞，更需要行之有效的管理方法。

二、解决办法

同事告诉小陈，要做好秘书工作，一定要先有计划。每天、每月，甚至每年都应该有计划安排表，还要备有日志、备忘录、计算机化台式日志等辅助手段，这样才能把事情完成得有条不紊。自此以后，小陈开始认真学习制作各种计划表，这让她在以后的工作中失误越来越少，领导也对她越来越满意，她也从临时秘书升为正式秘书，成为领导的得力助手。

相关知识

秘书的重要职责之一，就是辅助领导者管理时间，制订时间计划表是实现这一职责的基本手段。制订合理有效的时间计划表，有助于提高领导的工作效率，有助于提高秘书的工作准确性和主动性，有助于各部门整体上的配合协调。时间计划表有会议日程表、旅行日程表等专用的计划表（见办会、商务旅行等相关内容），还有年度计划表、月计划表、周计划表和日志等时间表。

一、制订计划表的一般步骤

(1) 明确单位或公司的例行安排,如年终总结大会、每周例会等。

(2) 通过会议文件或分别向领导和各部门负责人征询意见来收集该阶段所要进行的所有工作和活动。

(3) 确定列入计划表的工作内容。

(4) 发现工作内容上有冲突,主动与负责人沟通协调,加以调整。

(5) 绘制表格,计划表一般要包括时间、地点、人员、内容、备注等栏目。

(6) 请领导或上司审阅。

(7) 确定计划表的内容,按计划开展工作。

二、几种常规计划表

1. 年度计划表

年度计划表是体现本单位或公司全年工作的整体安排,一般只列出有关全局的重大活动或主要业务,如职工代表大会、大型会展等。

年度计划表要力求一目了然,使领导和部门负责人能清楚地看出一年中的主要工作和活动,以便配合全局,早做准备(见表 10-3)。

表 10-3 天地公司 2010 年度计划表

月份	内容	备注
1月	6日 董事会 10日 全体总结大会	
2月	10日 职工代表大会 22—25日 产品展销会	
⋮	…	

2. 月计划表

月计划表是在年度计划表的基础上,将领导在当月中的重要活动体现出来,包括会议、会谈、出差、访问等,以便领导的工作按计划从容进行(见表 10-4)。

表 10-4 天地公司 2011 年 6 月份工作计划表

日	星期	内容	备注
1	三	上午 到总公司开交流会	
2	四	上午 参加销售部会议 下午 会见 M 公司总经理	
⋮	⋮	…	
29	三	上午 参加某产品展销会开幕式	
30	四	上午 去洛阳出差	

3. 周计划表

周计划表要在月计划表的基础上制定。除了要记入领导的例行工作和重要活动外，涉及他人的已经约定的活动也要记入，内容要具体、详细。

周计划表一般要在前一个周末制定出来，与领导协商后确定，它是领导活动的具体实施计划，秘书部门也要根据此计划做相应准备，以便为领导提供及时有效的服务（见表 10-5）。

表 10-5 某经理周计划表

第七周

星期	内 容		备 注
一(8 日)	9:00—10:00 10:30 14:00—15:30	公司例会，小会议室 M 公司刘经理来访，会客室 到车间查看生产流程	
二(9 日)	8:30—10:30 18:00	到 N 公司与该公司经理谈销售业务 在长城大酒店设宴，款待上海考察人员	
⋮	…		
五(12 日)	9:00	在机场欢送考察人员一行回上海	

4. 日志

日志是根据周计划表写出领导一天中的活动计划，时间以时、分为单位，地点、工作内容等都要尽可能的具体、细致（见表 10-6）。

表 10-6 某经理工作日志

2011 年 5 月 13 日 星期五

时间	工 作 内 容	备 注
9:00	部门负责人例会	小会议室
10:00	接待光达厂负责人高经理，协商工程进度方面问题	经理办公室
11:30	出发到锦江饭店与重要客户王先生共进午餐	司机小王在公司门口等候
14:30	审阅显影液项目投标书	
15:00	为参加郑州的经销商招聘会做准备	
16:00	去机场	司机小王在公司门口等候

为有效辅助上司，秘书需要根据上司的日志安排，合理规划自己的时间。如根据

表10-6,秘书可制定个人工作日志(见表10-7)。

表10-7 某经理秘书工作日志

2011年5月13日 星期五

时间	工作内容	备注
8:00	检查9:00部门负责人例会材料,并为上午经理与光达厂高经理的会谈准备相关事宜	
9:00	部门负责人例会	小会议室,带相关会议文件
10:20	打电话到锦江饭店,确认预订房间、座位	午餐在12:00,“兰亭”包间
11:00	电话提醒司机小王在公司门口等候,并嘱咐下午送经理去机场的事宜	
11:20	提醒经理准备出发与重要客户王先生共进午餐	
12:00	经理与王先生一行共进午餐,餐间服务	
14:00	向经理提供审阅显影液项目投标书的相关资料	
15:00	为经理参加郑州的经销商招聘会做准备,检查所带资料、机票等	
16:00	送经理去机场	司机小王在公司门口等候

三、辅助领导制订时间计划表的原则

1. 务实有效

现代社会竞争激烈,领导时间精力宝贵,各种时间计划表要根据现实的需要制定,要能切实帮助领导者提高工作效率。对那些没有任何意义的应酬、表面文章之类的形式主义要给予把关,力戒排场。

2. 统筹兼顾

制定时间计划表的目的是要在关注全局的前提下,有效分配时间和精力。因此,要针对整体情形,兼顾领导者的实际,分清主次、轻重和缓急,精心考虑,统一筹划。

3. 张弛有度

时间计划表的活动安排要注意张弛相间,这样既可以使领导得到必要的休息,也可以为临时情况的出现留有调整余地。

4. 尊重领导

时间计划表是为领导者服务的,因此要符合领导者的习惯和要求。在制订之前要征询领导者本人的意见,制订后要请领导把关,根据领导意见进行调整。

四、时间计划表的落实

1. 时间计划表的落实

为保证领导活动顺利进行，必须对计划表中各计划事项的准备工作要事前加以落实。

(1) 以电话来决定会见、会谈的预定计划时，应根据备忘录，尽早以文书形式落实。

(2) 在会议和访问的前一天或两天，与会议主持者和访问对象联系一下，再次落实时间和地点。

(3) 秘书和领导者在周末应该核对下周的日程表，或每天早晨核对当天的日程安排表，以免出错。

(4) 在月末或周末，将下一月或下一周的日程安排表送给领导者，或每天早晨送给领导者日程安排备忘录，对重要的计划事项提醒领导者不要忘记。

(5) 当领导者担任会议主持人时，最晚在开会前两三天就要落实一下会议室。如果请上级领导者参加，秘书要用电话再落实一下。

(6) 会议和会谈的资料，秘书必须在会前头一天准备完毕。有特别重要的会议时，一定要帮领导者核对清楚。

(7) 如果会议、会谈时间延长，迫近下一预定计划时，可将其要点写一便条，递给会议中的领导者，让领导者简单书写一下就可回答。如“原定 4 点会见王功科长，还让他在接待室等候吗？是　否”；或“还会见王功科长吗？是　否”。

(8) 领导要用单位车辆时，秘书应把领导外出一周的时间、地点写清楚，在前一周交给司机，使其有所准备。尤其是周六、周日用车时，更要尽早与司机联络。迎送、场所、时间等容易引起联络误会的环节，秘书更要向司机交代详细、清楚，以免发生误会。

2. 时间计划表的变更和调整

有时会因预想不到的事或对方的原因而必须改变计划安排。计划安排的改变往往会造成许多有形或无形的影响，甚至会影响今后的相互依赖关系。因此，秘书应尽量把计划变更限制在最小的范围内。

一般的变更包括原定结束时间延长，追加紧急的或新添的项目，项目的时间调整、变更，项目终止或取消。

处理类似上述情况时，秘书具体应注意以下几点。

(1) 如果时间计划表的安排需要变更和调整，秘书要加强与领导人的联系，并要写进领导和个人的日程表，再把变更情况通知有关领导人。

(2) 载入时间计划表的计划事项，如要取消，应立即与领导人联系，以便另行安排其他活动。

(3) 如因计划变更涉及其他单位和人员时，秘书应尽早通知有关单位领导者和有关人员，并向对方说明计划变更的原因，以求得对方的理解与合作。

(4) 秘书应以谦虚豁达的态度,谨慎处理计划中的变更事项,避免引起有关人员的误解。

(5) 再次检查工作计划表是否已经将变更后的信息记录上,不要漏记和不做修改。

实训演练

一、训练目标

掌握辅助领导进行时间管理的原则和方法。

二、知识要求

(1) 掌握时间计划表的制作步骤及方法。
(2) 学会时间计划表的变更和调整中应注意的工作。

三、训练要求

工作要具有前瞻性,能正确判断一段时期内工作重点,并能将其以“工作计划表”的形式进行编排,帮助领导合理安排工作时间,处理工作事务。

四、操作说明

(1) 利用2学时,分小组进行,结束后,教师引导学生对每一个任务进行点评。
(2) 训练前布置学生复习领导时间管理工作的有关知识,明确工作要求,分工合作完成训练任务。

五、操作提示

本次训练主要针对公司中正常工作进度,把它视为自己工作的一部分。因此,工作的处理要充分考虑现实中的后果。

六、任务描述

(1) 以下是某企业在八月份的活动内容,请将内容补充完整,并将其制成简明的月计划表。

8月2日　　　　　　德福木业建厂三周年厂庆。
8月6—9日　　　　经理和副经理到郑州参加经销商招聘会。
8月15日　　　　　迎接相关部门安全检查。
⋮

(2) 以下是某公司一周的活动内容,请将其制成简明的周计划表。

星期一 9:00　　　　公司例会。

星期二 9:00　　　　迎接市环保局检查。

⋮

星期五 9:00—11:00　　各地经销商交流会。

(3) 以下是某小型私企经理一天的活动内容,请进行合理安排并制成日志。

各部门沟通会议。

到某工地查看工人施工情况。

外地来的老客户王先生要求与经理见面,并已订好明天下午 4 点返回的车票。

某合同草案需经理审阅。

了解最近客户投诉的处理情况。

任务 3　个人时间管理

学习目标

秘书时间管理的困难在于自主的时间不多。所以,作为秘书更要讲究时间管理的方法,学会利用多种时间管理工具制定时间表;并在工作过程中反思,积累经验,不断改进。

任务描述

周一上班,秘书小周迅速地投入工作,搞得手忙脚乱,临近下班时间,仍有部分工作没有完成。一天内,小周需要完成如下的工作。

(1) 给某客户打电话,告知对方上司下周四将与他约会的事宜。

(2) 复印下午部门经理会议所要讨论的报告及会议日程表,每人一份(8 人,每份 10 页)。

(3) 向人力资源部门写报告,申请今年的休假日。

(4) 复印一份将要给某客户的答复信以备存,原件邮寄给对方。

(5) 拆封、分类和传递今天收到的邮件。

(6) 布置下午要使用的会议室,准备茶水和咖啡。

(7) 为上司预定周末去天津的火车票(北京出发),并制订旅程表。

(8) 将财务部新发的办公经费报销规定复印一份备存,原件放置于文件传阅夹中给部门同事传阅。

(9) 在做这些事情的同时,她还接待了 3 位访客、接应电话等。

小周忙得晕头转向,但与她一起进公司的同学小刘虽然和她是同样的工作,看起来却总是从容不迫的样子。更让小周有些心理不平衡的是,到月底工作量一统计出来,自己还不如小刘高。小周很苦恼:每天忙忙碌碌,却老是忙而无功;感觉付出很多,却总是得不到老板的赞赏;没有一刻空闲,到总结时却说不出自己做出的成绩。

工作处理

一、任务分析

秘书的工作内容和性质决定了秘书的时间分配会比较琐碎,而且工作过程易受打断。如果缺乏时间管理的意识,不会运用时间管理的方法技巧,必然会被工作淹没,穷于应付,辛苦但难见成效。

二、形成方案

可根据 ABCD 法则,排出事件处理的先后顺序,写入备忘录。

(1) 用较少时间拆封、分类和传递今天收到的邮件。

(2) 复印下午部门经理会议所要讨论的报告及会议日程表,每人一份(8 人,每份 10 页)。

(3) 布置下午要使用的会议室,准备茶水和咖啡。

(4) 为上司预定周末去天津的火车票(北京出发),并制订旅程表。

(5) 给某客户打电话,告知对方上司下周四将与他约会的事宜。

(6) 复印一份将要给某客户的答复信以备存,原件邮寄给对方。

(7) 将财务部新发的办公经费报销规定复印一份备存,原件放置于文件传阅夹中给部门同事传阅。

(8) 向人力资源部门写报告,申请今年的休假日。

优先顺序排好后,可根据时间利用的连续性原则,将 2、6、7 三件事一并完成,这样可节省复印机操作和往返时间。

更具指导意义的办法是将工作内容制订成日志,可参考表 10-8。

表 10-8 经理秘书工作日志

时间	工作内容	备注
9:00	处理邮件	
9:30	复印部门经理会议上要讨论的报告及日程表 8 份、客户答复信 1 份、办公经费报销规定 1 份	答复信复印件备存,原件寄给对方;办公经费报销规定复印件备存,原件放入文件传阅夹
10:30	为上司预定火车票,制订旅程表	火车票为周末、从北京到天津的
12:00	午餐	
14:00	与某客户电话联系下周四上司与他约会一事	
15:00	向人力资源部门写报告,申请今年的休假日	

相关知识

一、秘书自我时间管理的基本观念

1. 配合上司的风格，形成默契，高效地辅助上司

比较常见的领导时间管理的风格有以下几种。

1）直线型

具有这种时间管理风格的人喜欢彻底完成一个项目后再着手进行下一个。

2）通盘全局型

具有这种时间管理风格的人喜欢同时进行多项任务。

3）“短跑运动员”型

这种人工作时很有爆发力，须要通过一些舒缓的活动或休息来为身体“充电”。

4）“越野”型

这种人善于平均分配体力，可以一整天都在一种状态下工作。

作为辅助者的秘书，首先应了解上司的行事风格，调整自己的时间管理风格。这样才能在工作中避免重复处理类似的工作，从而真正做到配合上司，成为得力助手。

2. 永远以“人际第一”的原则来谈时间管理

秘书的成败，很大程度上取决于人际关系的好坏。所以，秘书一定要尊重他人，要清醒地认识到秘书没有“权力”，只有“执行力”。不能因为工作紧急，就把上司的“上方宝剑”拿出来乱砍一阵，这样即使当时能完成任务，以后也早晚会有“反弹”，造成日后工作更难推动。所以，秘书要用心把握人际交往技巧，尤其遇到难以沟通的人，更要有耐心、讲方法。否则，没有他人的协作自己再怎么做好时间管理都没有用。

3. 严格训练自己，遵守时间管理的优先顺序

做事前要有周密计划，不要把等待的时间白白浪费。

4. 将日常工作与非日常工作区分开来

先将日常工作时间大体固定，然后再合理安排其他事务，这样能够避免不必要的混乱和干扰。

5. 为处理突发事情预留时间

如果将所有的时间都排得满满的，那么一旦出现临时性的工作或意外情形，整个原定的计划就很有可能会被打乱，从而影响到整个工作的顺利进行。然而，秘书工作的被动性，决定了秘书的时间安排尤其须要为处理意外的不确定性事件预留时间。

6. 学会洞察先机、未雨绸缪

对将来的预期是建立在对过去和现在的认识基础上的。对身边事情了解得越多，就越可能对将来要发生的事情有预见能力。所以，秘书要用心总结工作规律、经验，一些常规性的工作要及早准备，当事情突然发生时就不会忙得晕头转向。

二、日常事务工作中节约时间的技巧

(一) 文件处理

(1) 扔掉过期、不用、无归档价值的文件。
(2) 分门别类管理文件。
(3) 不积压文件。
(4) 运用一天中最清醒的时间撰稿,集中回复来函。
(5) 根据不同的材料采取不同的阅读方式。
(6) 使用适当的文具档案设备。
(7) 整理办公桌。每天下班前用5分钟整理办公桌,使其简洁、有序。

(二) 电话处理

(1) 将手边各类电话号码簿合而为一。
(2) 常用电话号码放在易找之处。
(3) 集中回复电话,并分出先后顺序。
(4) 通话内容要明确、扼要,避免通话时间过长。
(5) 信息沟通准确充分。
(6) 为说明一件小事,发一个简讯会比通一个电话更省时间。

(三) 应对不速之客

(1) 避开浪费时间的人。
(2) 找出打扰的主体,并针对无意义的打扰事先制定对策。
(3) 到对方的地方去,处理必须处理的事情,可以自己控制时间。
(4) 限制打扰时间。可以说“对不起,我只有10分钟的谈话时间”,或通过不停看表或站立谈话等方式暗示尽早结束谈话。

三、秘书时间管理中常见的误区及改善方法

1. 时间分配不合理

学会运用时间管理的基本原则和方法,灵活使用时间管理工具。

2. 拖延

不急的事情一拖延就会变成紧急的事情。所以,要养成速战速决的习惯。有些事情令人感到为难,但它非做不可,这种情况下要改变思维:立即将它做完,以便尽早将它忘掉。有些事情属于大块的任务,这时可以将事情切成几块小的任务,然后逐一完成;或者先完成容易的部分,让事情有进度,看起来像做完80%一般,再完成关键

的 20%。

3. 有求必应

不自量力而接受他人请托只有两种结果：一是累垮自己；二是信用受损。要善于说"不"。

4. 与主管默契不够

了解主管的行事风格，主动适应配合。

5. 情绪影响效率

提高认识并管理自己情绪的能力。每天至少完成一件事，特别是在工作情绪低潮的时候。

实训演练

一、训练目标

(1) 能够合理制定时间计划表。

(2) 时间计划表切实可行并能积极落实。

二、知识要求

(1) 熟悉时间管理的原则和方法，体现个人工作安排对领导工作的辅助性。

(2) 熟悉制定各种时间计划表的方法。

三、训练要求

(1) 明确不同工作任务的性质，合理安排优先顺序。

(2) 体现时间管理原则，以使时间利用更高效。

四、操作说明

(1) 利用 2 学时，每个成员先自行练习，然后商量出统一的草案，再提交给教师。最后，教师与学生共同对每一个任务进行点评。

(2) 对内容比较复杂的任务可将训练过程分为确定优先顺序、制定时间表格等步骤。

五、操作提示

在这项训练中，为使方案切实可行，除了要求学生合理运用时间管理的原则方法外，还需要学生对所要安排的工作任务有一定的了解，如某些任务将涉及哪些部门、哪些人，会有什么样的环节等。从而能把握任务的轻重，估计任务所需时间的长短，避免将任务想得过于简单。所以，学生最好在课外对真实的秘书工作内容有所了解，或者由教师做必要的描述或提醒。

六、任务描述

(1) 请根据自己情况,将自己最近一周的学习、生活、人际交往等内容制作成一个周计划表。

(2) 以下是某小型私企秘书一天的活动内容,请帮其制成日志。

计算80名员工的工资(三天后发),大概需要两小时。

去税务局报税。

山西某客户订单细节须要沟通确认后,厂里才能投入生产。

石家庄专卖店订单快到期,须到厂里催促生产进度。

经理和副经理明天要到郑州去参加经销商招聘会,须为其做准备,如装订500份宣传资料、核实机票时间、抵达郑州后的路线等。

通知郑州有意做经销商的李某明天与经理和副经理在某宾馆会面。

参考文献

[1] 中国就业培训技术指导中心. 秘书国家职业资格培训教程[M]. 北京:中央广播电视大学出版社,2006.

[2] 张小慰,冯俊伶. 秘书工作综合流程解析[M]. 北京:北京大学出版社,2005.

[3] 廖金泽. 高级秘书手册:秘书职业标准大全[M]. 深圳:海天出版社,2002.

[4] 张浩. 新编办公室事务管理执行标准[M]. 北京:蓝天出版社,2007.

[5] 杨群欢,李强华. 秘书理论与实务[M]. 重庆:重庆大学出版社,2010.

[6] 陆瑜芳. 秘书学概论[M]. 上海:复旦大学出版社,2008.

[7] 金正昆. 社交礼仪教程[M]. 北京:中国人民大学出版,2009.

[8] 张岩松. 现代交际礼仪[M]. 北京:清华大学出版社,北京交通大学出版社,2008.

[9] 吴跃平. 秘书与办公室工作[M]. 北京:人民出版社,2008.

[10] 李来宏. 时间管理知识全集[M]. 北京:金城出版社,2007.

[11] 石咏琦. 谈天才秘书[M]. 太原:北岳文艺出版社,2003.

[12] 谭一平. 秘书工作案例分析与实训[M]. 北京:中国人民大学出版社,2007.

[13] 董继超. 普通秘书学[M]. 北京:中央广播电视大学出版社,1997.

[14] 鲁雅萍. 新编秘书实务[M]. 大连:大连理工大学出版社,2004.

[15] 高海生. 秘书基础[M]. 北京:高等教育出版社,2002.

[16] 孙伯杨. 秘书实训[M]. 北京:人民出版社,2007.